핵심만 쏙쏙 예제는 빵빵

DIAT
멀티미디어제작
Photoshop CS4 + GOM Mix Pro

초판 발행일 | 2019년 11월 30일
저자 | 해람북스 기획팀
펴낸이 | 박재영
총편집인 | 이준우
기획진행 | 유효섭

㈜해람북스   **주소** | 서울시 마포구 양화로 125, 8층 (서교동, 경남관광빌딩)
문의전화 | 02-6337-5419   **팩스** 02-6227-1334
홈페이지 | http://www.hrbooks.co.kr

발행처 | ㈜에듀파트너   **출판등록번호** | 제2016-000047호

ISBN 979-11-88450-41-1

이 책은 저작권법에 따라 보호받는 저작물이므로 무단전재와 무단복제를 금지하며,
이 책 내용의 전부 또는 일부를 이용하려면 반드시 저작권자와 ㈜에듀파트너의 서면동의를 받아야 합니다.

※ 잘못된 책은 바꾸어 드립니다.
※ 책 가격은 뒷면에 있습니다.

DIAT 시험안내

● DIAT란?
- Digital Information Ability Test의 약자로, 정보통신 관련 프로그램의 활용능력을 검정하는 자격시험입니다.
- **자격 종류** : 국가공인자격
- **공인 번호** : 제2016-2호
- **자격발급기관** : 한국정보통신진흥협회
- **검정내용 변경** : DIAT(디지털정보활용능력) 검정내용 변경공인 승인(제2013-006호, 2013.02.13)

● 도입 목적 및 필요성
- 디지털 경제시대에 범용의 방송통신 관련 기능의 활용 능력을 객관적이고 종합적으로 평가하여 문제해결 능력을 점수로 등급화하여 방송통신 실무 관리 능력을 인증하고자 도입되었습니다.
- 고급 수준의 정보 활용 능력을 갖출 수 있는 교육훈련 참여를 유도하고자 하는 필요성에 의해 만들어졌습니다.

● DIAT 특징
- 실무프로젝트 중심형 시험
- 다양한 계층이 접근 가능한 평가시스템
- 공정성, 객관성, 신뢰성 확보
- 다양한 시험과목 제공
- 체계적이고 과학적인 관리 시스템

● 시험과목별 문항수

구분	검정과목	검정내용	검정방법	문항수	제한시간	배점
1과목	정보통신상식	컴퓨터 이해 정보통신 이해 정보사회 이해	CBT (객관식 사지선다)	40	40분	100점
2과목	워드프로세서	한글, MS워드	실기 (작업형)	2	40분	200점
3과목	스프레드시트	MS엑셀		5	40분	200점
4과목	프리젠테이션	MS파워포인트		4	40분	200점
5과목	인터넷정보검색	정보검색		8	40분	100점
6과목	멀티미디어제작	이미지 제작 디지털 영상 편집		3	40분	200점

※ 총 6개 과목 중 한 회차에 최대 3개 과목까지 선택 응시가 가능합니다.

※ **입실완료시간** : 1교시(08:50), 2교시(10:00), 3교시(11:10), 4교시(12:20)
   ▶ 응시인원에 따라 운영교시 조정가능
   ▶ 입실완료시간 지각자 응시불가, 신분증 미지참시 응시 불가

※ 워드프로세서, 프리젠테이션, 스프레드시트 프로그램 버전은 2010 입니다.

※ 멀티미디어제작 프로그램 버전은 포토샵(CS5), GOM Mix Pro 입니다.
   (단, 시험장에 설치된 프로그램을 고려하여 포토샵 CS2~CS6 공통 출제)

※ **장애인 응시 편의** : 시험일 기준 10일전 사전연락하신 경우에 한하여 시험시간 추가, 시험지 확대가 제공 됩니다.

Digital Information Ability Test

● 검정기준

검정분야	검정기준
초급	컴퓨터와 방송통신 기반기술의 기초적인 지식 및 초급수준의 정보 처리 능력을 갖고 있으며, OA프로그램을 제한적으로 활용할 수 있는 능력의 유무
중급	상기지식과 기술 및 정보처리에 대한 일반적인 처리 능력과 웹페이지에 대한 기본적인 지식 보유, OA프로그램을 일상생활, 학습 활동 등에 무리 없이 사용할 수 있는 능력의 유무
고급	상기지식과 기술 및 정보처리에 대한 고급 수준의 능력과 OA프로그램을 이용한 정보처리/가공능력을 보유하고 전산업무를 원활하게 처리할 수 있는 능력의 유무

● 합격기준

- **고급** : 해당과제의 80% ~ 100% 해결능력
- **중급** : 해당과제의 60% ~ 79% 해결능력
- **초급** : 해당과제의 40% ~ 59% 해결능력

● 응시지역/응시자격

- **응시지역** : 전국(원서접수시 응시지역 선택 가능)
- **응시자격** : 제한 없음(학력, 연령, 경력)

● 검정일정

홈페이지(www.ihd.or.kr)에 접속 후 [검정안내]-[연간일정]을 참고하세요.

● 검정수수료

1과목	2과목	3과목
16,500원	30,000원	40,000원

※ 자격증 발급수수료 : 5,800원

※ 결제서비스 이용료 : 신용카드(650원), 계좌이체(650원), 가상계좌(300원)

※ 환불규정 : 시험일 10일전(사유없이 100% 환불), 이후 시험일까지(증빙서류 제출 시 100% 환불, 개인사유 불가), 이후 불가

● 기타안내

- **접수 방법** : 해당 자격시험 접수기간 중 협회 자격검정 홈페이지(http://www.ihd.or.kr)로 접속 후 On-Line으로 단체 및 개인별 접수
- **입금 방법** : 홈페이지에 고지된 입금기간 내에 신용카드/계좌이체/가상계좌 입금 방법 중 하나를 선택 후 검정 수수료 입금
- **조회 방법** : 수검번호, 입금 여부, 시험장, 합격 여부 등 각종 조회는 협회 자격검정 홈페이지 (http://www.ihd.or.kr) 접속 후 [자격시험]에서 [검정원서접수] - [접수/입금확인]

● DIAT 스킬인증제도

한국정보통신진흥협회에서는 국가공인 DIAT 자격검정의 활용범위를 확대하고 글로벌 시대의 리더를 양성하고자 다음과 같이 DIAT 스킬인증제도 및 KAIT-CPI(공인강사) 제도를 실시합니다.

구분	대상	검정기준
DIAT-MASTER	DIAT 3과목 고급 취득자	- 증서 및 카드제공(15,000원)
DIAT-GOLD MASTER	DIAT 4과목 고급 취득자	- 증서 및 카드제공(15,000원) - 협회 자격검정 1차(온라인) 시험 무료
DIAT-EXPERT (예비강사)	DIAT 5과목 고급 취득자	- 증서 및 카드제공(15,000원) - 협회 자격검정 1차(온라인) 시험 무료 - 만 20세 이상 공인강사 신청시 자동 전환
KAIT-CPI 공인강사 (만 20세 이상)	DIAT 3과목 고급 + 강사재직증명서	- 증서 및 카드제공(20,000원) - 지역본부별 강사취업 알선 - 협회 자격검정 감독위원 활용

DIAT 취득 시 혜택
- 각 과목별 생활기록부(교육행정정보시스템; NEIS) 등재
- 대학의 교양필수, 선택과목으로 채택되어 학점인정 및 졸업인증
- 국가기술과 동등한 위치 확보에 따라 기업체, 기관, 행정기관 등의 채용, 승진 및 인사고과시 우대
- 대학입학 전형자료로 활용되는 학생정보소양인증 자격(한국교육학술정보원)

답안전송프로그램 사용 방법

● 답안전송프로그램 로그인

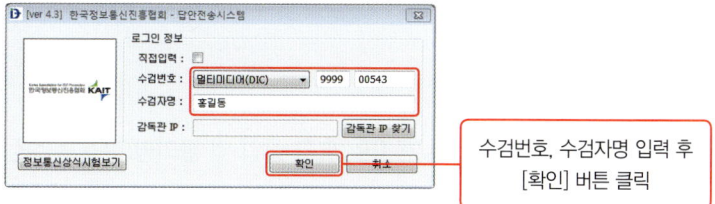

수검번호, 수검자명 입력 후
[확인] 버튼 클릭

● 수검자 유의사항 확인

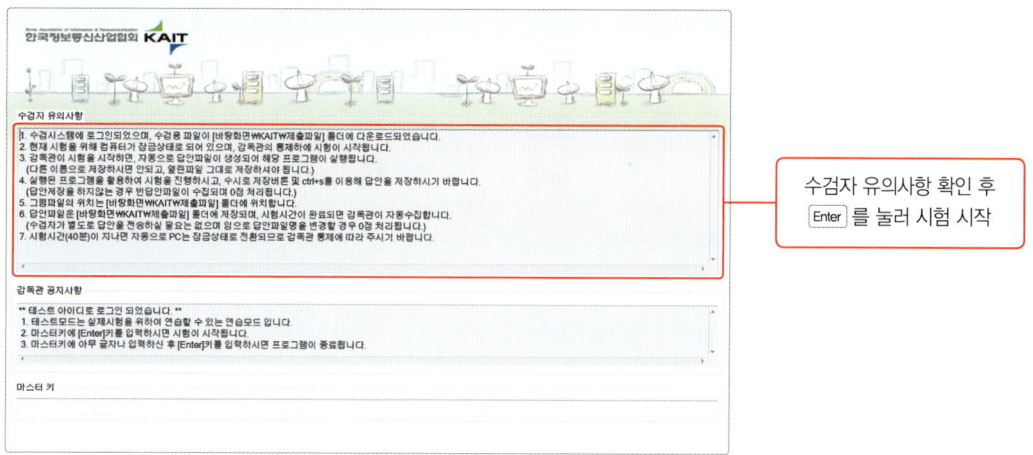

수검자 유의사항 확인 후
Enter 를 눌러 시험 시작

• 시험장에서는 감독관에 의해 시험이 시작되며, 프로그램이 자동 실행됩니다.

● 시험 진행

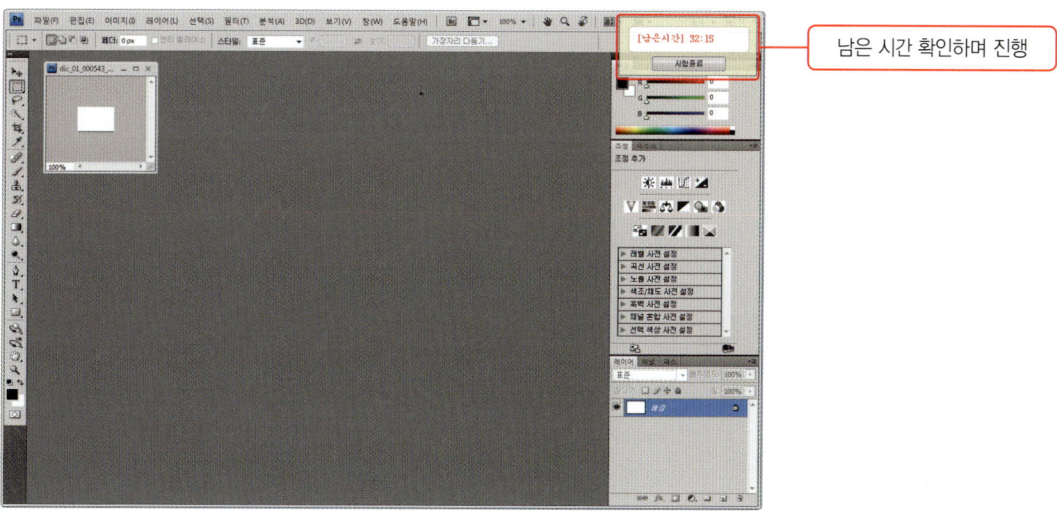

남은 시간 확인하며 진행

• 답안 전송 프로그램에서 자동으로 파일명이 생성되므로, 임의의 파일명을 변경하지 않도록 합니다.

• 답안 파일은 시험 종료 후 감독관에 의해 자동 전송됩니다.

이 책의 목차

CONTENTS

Part 01 유형사로잡기

유형 01	캔버스 크기/배경색 변경	008	유형 09	도구 삽입 및 클리핑 마스크 설정 ... 050
유형 02	이미지 제거/복사	012	유형 10	레이어 마스크 설정 ... 056
유형 03	이미지 색 보정	018	유형 11	이미지 합성 ... 061
유형 04	이미지 밝기 조정	023	유형 12	동영상/이미지 순서 지정 ... 068
유형 05	이미지 필터 효과 적용	027	유형 13	동영상 편집 및 텍스트 넣기 ... 072
유형 06	이미지 크기 변경 및 파일 저장	031	유형 14	이미지 파일 설정 ... 078
유형 07	모양 도구 이용	039	유형 15	오프닝 만들기 ... 082
유형 08	텍스트 입력	045	유형 16	음악 파일 삽입 및 파일 저장 ... 087

Part 02 실전모의고사

제 01 회	실전모의고사	095	제 09 회	실전모의고사 ... 127
제 02 회	실전모의고사	099	제 10 회	실전모의고사 ... 131
제 03 회	실전모의고사	103	제 11 회	실전모의고사 ... 135
제 04 회	실전모의고사	107	제 12 회	실전모의고사 ... 139
제 05 회	실전모의고사	111	제 13 회	실전모의고사 ... 143
제 06 회	실전모의고사	115	제 14 회	실전모의고사 ... 147
제 07 회	실전모의고사	119	제 15 회	실전모의고사 ... 151
제 08 회	실전모의고사	123		

Part 03 최신기출유형

제 01 회	최신기출유형	156	제 06 회	최신기출유형 ... 176
제 02 회	최신기출유형	160	제 07 회	최신기출유형 ... 180
제 03 회	최신기출유형	164	제 08 회	최신기출유형 ... 184
제 04 회	최신기출유형	168	제 09 회	최신기출유형 ... 188
제 05 회	최신기출유형	172	제 10 회	최신기출유형 ... 192

유형 사로잡기

유형 01 캔버스 크기/배경색 변경
유형 02 이미지 제거/복사
유형 03 이미지 색 보정
유형 04 이미지 밝기 조정
유형 05 이미지 필터 효과 적용
유형 06 이미지 크기 변경 및 파일 저장
유형 07 모양 도구 이용
유형 08 텍스트 입력
유형 09 도구 삽입 및 클리핑 마스크 설정
유형 10 레이어 마스크 설정
유형 11 이미지 합성
유형 12 동영상/이미지 순서 지정
유형 13 동영상 편집 및 텍스트 넣기
유형 14 이미지 파일 설정
유형 15 오프닝 만들기
유형 16 음악 파일 삽입 및 파일 저장

캔버스 크기/배경색 변경

핵심만 쏙쏙 ❶ 캔버스 크기 변경 ❷ 캔버스 배경색 설정

시험에서는 캔버스 크기를 변경하는 형태와 캔버스 크기를 변경한 후 캔버스 배경색을 설정하는 형태로 출제되고 있습니다

- **연습파일** : 유형01-01.psd, 유형01-02.psd
- **완성파일** : 유형01-01(완성).psd, 유형01-02(완성).psd

≪결과파일≫

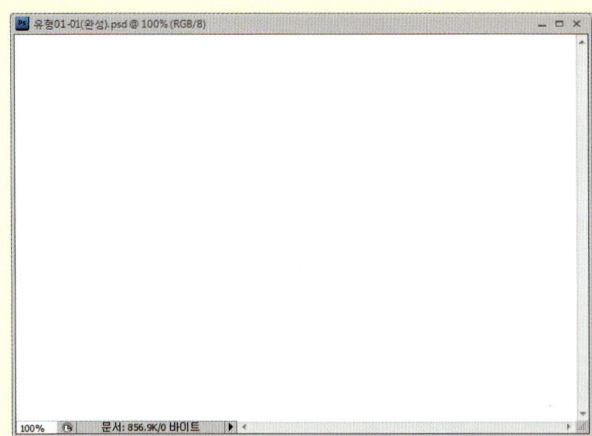
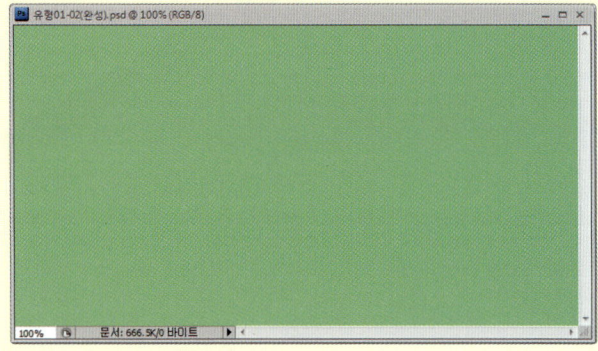

≪처리조건≫

[출제유형 01] ▶ 다음과 같이 캔버스 크기를 변경하시오.
- 캔버스 크기[Canvas Size] ⇒ 가로(650 픽셀[Pixels]) X 세로(450 픽셀[Pixels])

[출제유형 02] ▶ 다음과 같이 캔버스를 변경하시오.
- 캔버스 조정 ⇒ 캔버스 크기[Canvas Size] : 가로(650 픽셀[Pixels]) X 세로(350 픽셀[Pixels])
  캔버스 배경색(색상 : #91f596)

클래스 업

시험에서 〈캔버스 배경색〉을 설정하는 형태는 [문제2]의 레이어 마스크를 활용하는 경우에만 출제되고 있습니다.

핵심만 쏙쏙

❶ 캔버스 크기 변경   ❷ 캔버스 배경색 설정

01 캔버스 크기 변경

❶ 포토샵 프로그램을 실행하고 [파일]-[열기] 메뉴(Ctrl+O)를 누른 후 파일('유형01-01.psd')을 불러옴

❷ 캔버스 크기를 변경하기 위해 [이미지(Image)]-[캔버스 크기(Canvas Size)] 메뉴 선택

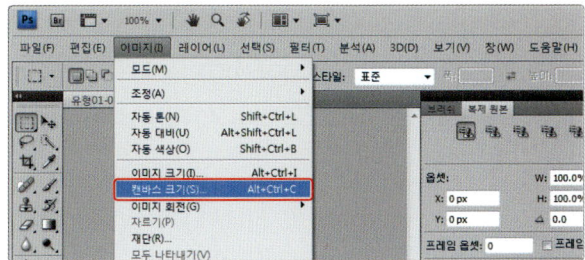

❸ [캔버스 크기(Canvas Size)] 대화상자에서 조건에 제시된 값 설정(폭 : 650 픽셀, 높이 : 450 픽셀)

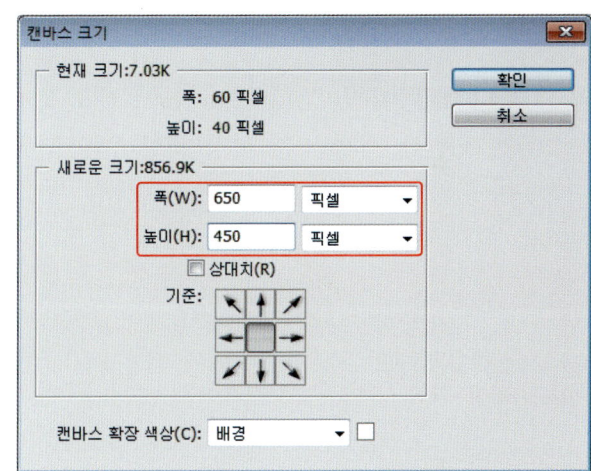

Tip

단축키 Alt+Ctrl+C를 눌러 [캔버스 크기(Canvas Size)] 대화상자를 불러올 수도 있으며, 단위를 [픽셀(Pixels)]로 변경한 후 조건에 제시된 값을 입력하도록 합니다.

알아두세요!

실제 시험장에서 문제 작성 방법

포토샵 또는 곰 믹스 프로 프로그램을 실행하고 [바탕화면-KAIT-제출파일] 폴더에 있는 답안 파일을 불러와 〈처리조건〉에 따라 답안을 작성합니다. (권장사항)

[문제1]	dic_01_수검번호(6자리)_이름.PSD
[문제2]	dic_02_수검번호(6자리)_이름.PSD
[문제3]	dic_03_수검번호(6자리)_이름.GRP

기본 전경색과 배경색

포토샵 프로그램을 실행한 후 전경색/배경색이 기본 값이 아닐 경우 단축키 D를 눌러 전경색(검은색)/배경색(흰색)을 기본 값으로 변경한 후 작업하도록 합니다.

※ 포토샵 프로그램을 실행하고 캔버스를 새로 생성한 후 〈처리조건〉에 따라 답안을 작성할 수도 있습니다.
• 캔버스 생성 : 반드시 해상도(72 픽셀/인치)와 색상 모드(RGB 색상/8비트) 등을 확인해야 함
• 파일 저장 : [바탕화면-KAIT-제출파일] 폴더의 해당하는 답안 파일에 덮어쓰기로 저장해야 함

02 캔버스 배경색 설정

❶ 포토샵 프로그램을 실행하고 [파일]-[열기] 메뉴(Ctrl+O)를 누른 후 파일('유형01-02.psd')을 불러옴

❷ [이미지(Image)]-[캔버스 크기(Canvas Size)] 메뉴 선택 후 조건에 따라 캔버스 크기 변경(폭 : 650 픽셀 X 높이 : 350 픽셀)

❸ [도구 상자(Tool box)]에서 [전경색(Set foreground Color)] 선택

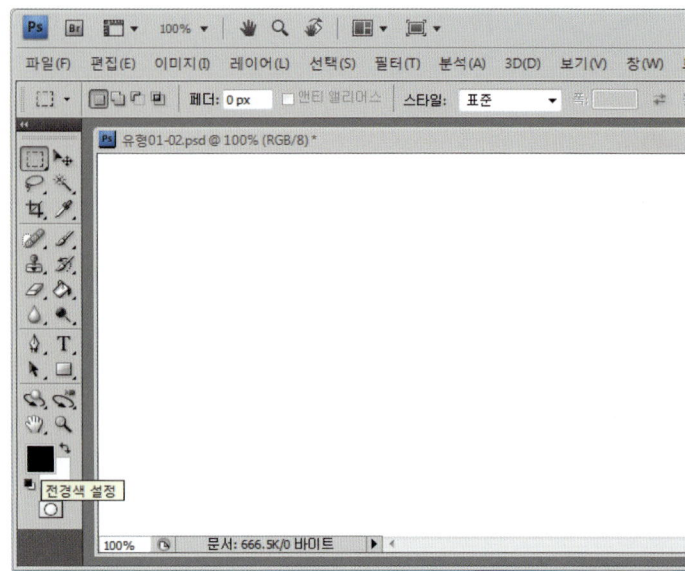

❹ [색상 피커(Color Picker)] 대화상자에서 조건에 제시된 값 설정(색상 : #91f596)

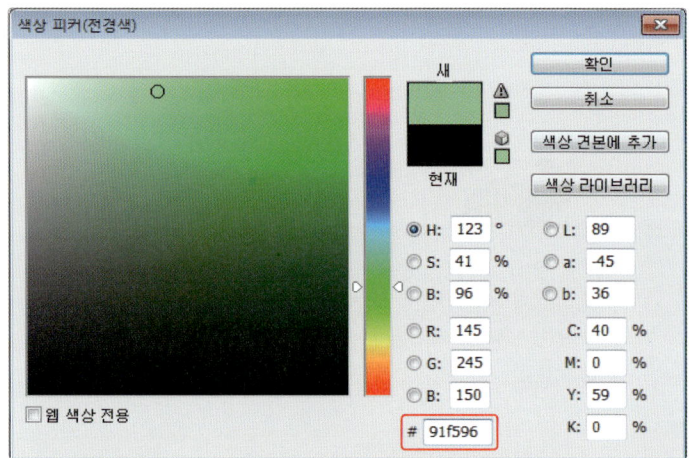

❺ [도구 상자(Tool box)]에서 [페인트 통 도구(Paint Bucket Tool)]를 선택하고 캔버스 클릭

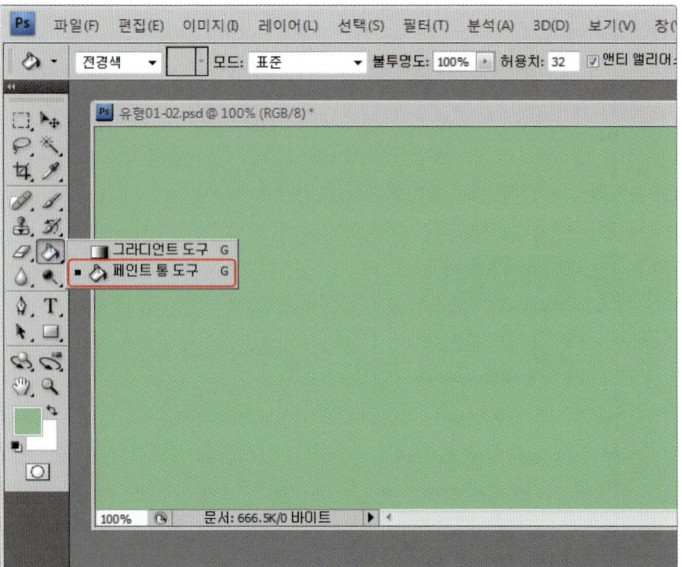

 **빵빵한 예제로 기본다지기**

01 '기본1-1.psd' 파일을 불러와 다음과 같이 캔버스 크기를 변경해 보세요.
• 연습파일 : 기본1-1.psd
• 완성파일 : 기본1-1(완성).psd

≪처리조건≫
▶ 캔버스 크기[Canvas Size] ⇒ 가로(650 픽셀[Pixels]) X 세로(450 픽셀[Pixels])

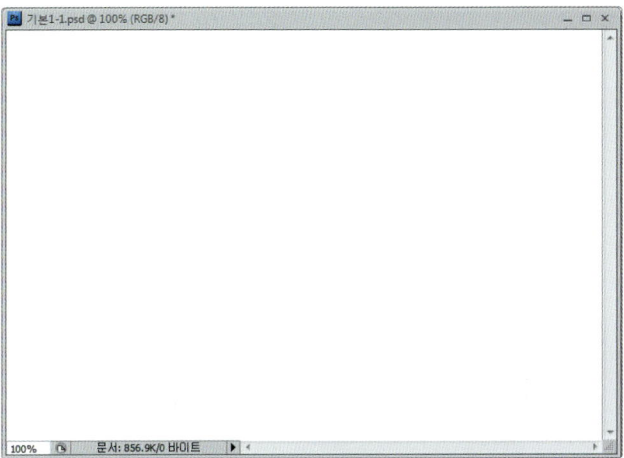

02 '기본1-2.psd' 파일을 불러와 다음과 같이 캔버스 크기를 변경해 보세요
• 연습파일 : 기본1-2.psd
• 완성파일 : 기본1-2(완성).psd

≪처리조건≫
▶ 캔버스 조정 ⇒ 캔버스 크기[Canvas Size] : 가로(650 픽셀 [Pixels]) X 세로(350 픽셀[Pixels])
캔버스 배경색(색상 : #c069b1)

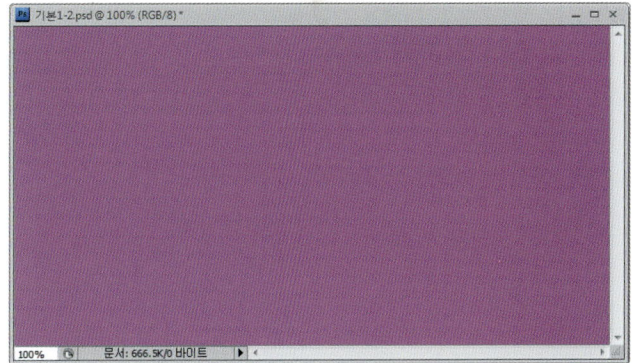

03 '기본1-3.psd' 파일을 불러와 다음과 같이 캔버스 크기를 변경해 보세요
• 연습파일 : 기본1-3.psd
• 완성파일 : 기본1-3(완성).psd

≪처리조건≫
▶ 캔버스 조정 ⇒ 캔버스 크기[Canvas Size] : 가로(600 픽셀[Pixels]) X 세로(300 픽셀[Pixels])
캔버스 배경색(색상 : #faf15c)

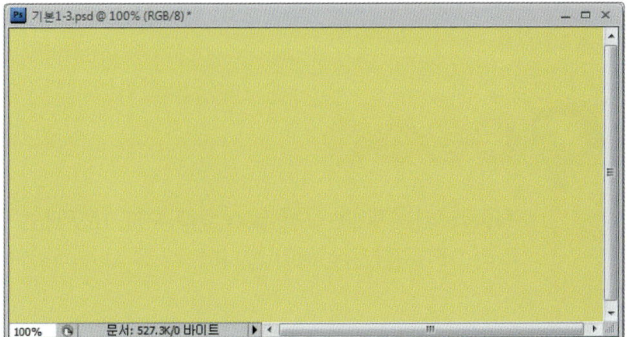

유형 02 이미지 제거/복사

핵심만 쏙쏙 ❶ 전체 이미지 복사　❷ 이미지 부분 제거　❸ 이미지 부분 복사

이미지를 불러와 기존 캔버스에 복사한 후 〈처리조건〉에 따라 이미지를 부분 제거하거나 부분 복사해 이미지를 완성해야 합니다.

핵심 짚어보기

• **연습파일** : 유형02.psd, 유형02.jpg　　• **완성파일** : 유형02(완성).psd

≪원본파일≫	≪결과파일≫

≪처리조건≫

▶ '사진1.jpg' 이미지를 불러와 기존 캔버스에 복사한 후 다음과 같이 처리하시오.
- ① ⇒ 복구 브러쉬 도구[Healing Brush Tool]를 이용하여 이미지 제거　[출제유형 01]
- ① ⇒ 복제 도장 도구[Clone Stamp Tool]를 이용하여 이미지 복사　[출제유형 02]

클래스업

시험에서 [문제1]은 '사진1.jpg' 이미지를, [문제2]는 '사진2.jpg' 이미지를 불러와 기존 캔버스에 복사한 후 〈처리조건〉에 따라 이미지를 완성해야 합니다.

 ## 핵심만 쏙쏙
❶ 전체 이미지 복사　❷ 이미지 부분 제거　❸ 이미지 부분 복사

전체 이미지 복사

❶ '유형02.psd' 파일을 실행한 상태에서 [파일]–[열기] 메뉴()를 누른 후 조건에 해당하는 이미지('유형02.jpg')를 불러옴

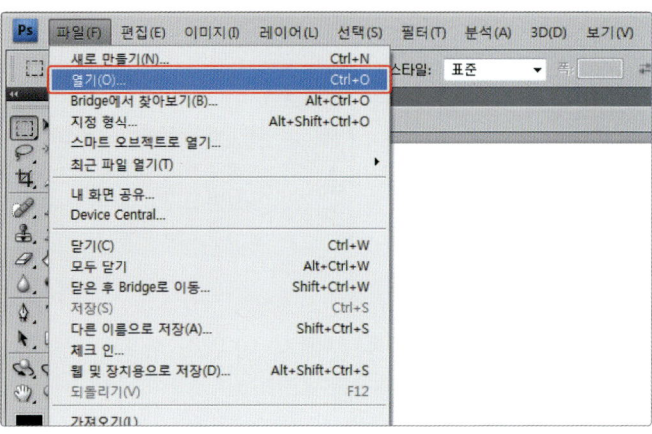

> **Tip**
> 시험에서는 [바탕화면]–[KAIT]–[제출파일] 폴더에서 조건에 해당하는 파일을 불러옵니다.

❷ 단축키(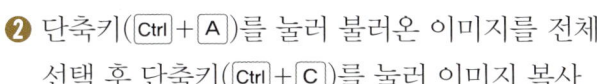)를 눌러 불러온 이미지를 전체 선택 후 단축키()를 눌러 이미지 복사

> **Tip**
> **메뉴 이용 방법**
> ① [선택(Select)]–[모두(All)] 메뉴 → ② [편집(Edit)]–[복사(Copy)] 메뉴 → ③ 붙여 넣을 캔버스 선택 → ④ [편집(Edit)]–[붙이기(Paste)] 메뉴

❸ 빈 캔버스를 선택한 후 단축키()를 눌러 복사한 이미지를 붙여넣기

> **Tip**
> 이미지를 복사하여 빈 캔버스에 붙여넣기 한 후에는 해당 원본 이미지 창은 닫도록 합니다.

02 이미지 부분 제거

❶ [복구 브러쉬 도구(Healing Brush Tool)]를 선택하고 제거하려는 이미지 바깥 부분에서 Alt+마우스 왼쪽 버튼 클릭

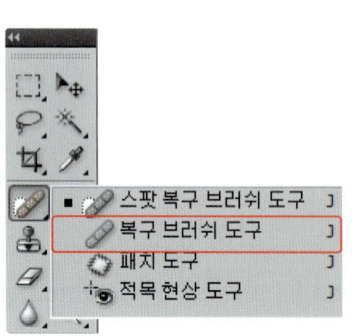

❷ 제거하고 싶은 곳에서 마우스 왼쪽 버튼을 누른 상태로 드래그

Tip

현재 작업 중인 상태를 변경하고자 할 경우에는 다음과 같은 단축키를 이용하도록 합니다.
- 다음 단계 : Shift + Ctrl + Z
- 이전 단계 : Alt + Ctrl + Z

알아두세요!

브러쉬 크기 조정

- 브러쉬 크기는 상황에 따라 적당한 크기로 변경하여 작업하면 편리합니다.
- [옵션 바]에서 [브러쉬 피커]를 연 후 [직경]을 조절합니다.

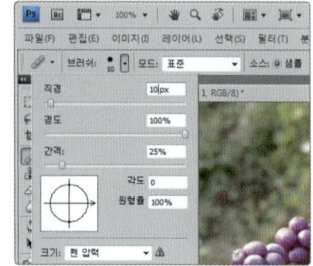

이미지 확대 조정

[돋보기 도구(Zoom Tool)]를 이용하거나 비율을 조정하여 이미지를 확대한 상태에서 작업하면 편리합니다.

03 이미지 부분 복사

① [복제 도장 도구(Clone Stamp Tool)]를 선택하고 복사하려는 이미지 부분 위에서 Alt +마우스 왼쪽 버튼 클릭

② 복사하고 싶은 곳에서 마우스 왼쪽 버튼을 누른 상태로 드래그

02 빵빵한 예제로 기본다지기

01 원본파일을 처리조건에 따라 결과파일로 완성하시오.

• 연습파일 : 기본2-1.psd, 기본2-1.jpg
• 완성파일 : 기본2-1(완성).psd

≪원본파일≫	≪결과파일≫
	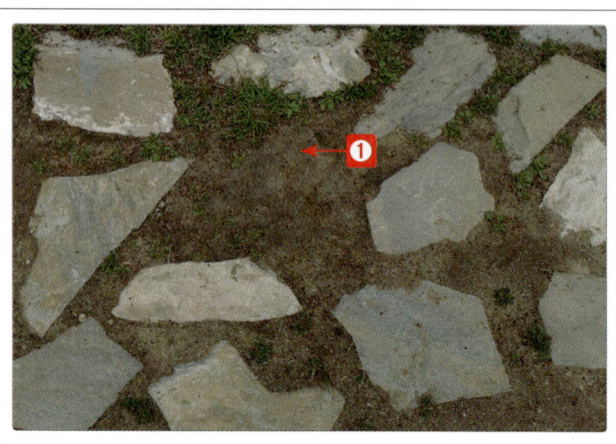

≪처리조건≫

▶ '기본2-1.jpg' 이미지를 불러와 기존 캔버스에 복사한 후 다음과 같이 처리하시오.
  • ① ⇒ 복구 브러쉬 도구[Healing Brush Tool]를 이용하여 이미지 제거

02 원본파일을 처리조건에 따라 결과파일로 완성하시오.

• 연습파일 : 기본2-2.psd, 기본2-2.jpg
• 완성파일 : 기본2-2(완성).psd

≪원본파일≫	≪결과파일≫

≪처리조건≫

▶ '기본2-2.jpg' 이미지를 불러와 기존 캔버스에 복사한 후 다음과 같이 처리하시오.
  • ① ⇒ 복구 브러쉬 도구[Healing Brush Tool]를 이용하여 이미지 제거

원본파일을 처리조건에 따라 결과파일로 완성하시오.

• 연습파일 : 기본2-3.psd, 기본2-3.jpg
• 완성파일 : 기본2-3(완성).psd

≪처리조건≫

▶ '기본2-3.jpg' 이미지를 불러와 기존 캔버스에 복사한 후 다음과 같이 처리하시오.
  • ① ⇒ 복제 도장 도구[Clone Stamp Tool]를 이용하여 이미지 복사

 원본파일을 처리조건에 따라 결과파일로 완성하시오.

• 연습파일 : 기본2-4.psd, 기본2-4.jpg
• 완성파일 : 기본2-4(완성).psd

≪처리조건≫

▶ '기본2-4.jpg' 이미지를 불러와 기존 캔버스에 복사한 후 다음과 같이 처리하시오.
  • ① ⇒ 복제 도장 도구[Clone Stamp Tool]를 이용하여 이미지 복사

이미지 색 보정

핵심만 쏙쏙 ❶ 색조/채도   ❷ 색상 균형

문제에 제시된 〈처리조건〉에 따라 이미지의 특정 부분을 다른 색으로 보정하여 이미지를 완성해야 합니다. 여러 가지 색으로 보정해 보세요.

핵심 짚어보기   • 연습파일 : 유형03.psd   • 완성파일 : 유형03(완성).psd

《원본파일》

《결과파일》

《처리조건》
- ① ⇒ 색조/채도[Hue/Saturation]를 이용하여 초록색 계열로 보정
- ② ⇒ 색상 균형[Color Balance]을 이용하여 빨간색 계열로 보정

 클래스 업

- 시험에서는 [색조/채도] 또는 [색상 균형]을 이용해 이미지 색을 보정하는 형태의 〈처리조건〉이 2개 제시됩니다.
- 흰색과 같이 색이 없는 이미지는 주로 [색상 균형]을 이용하는 형태로 출제되고 있습니다.

 # 핵심만 쏙쏙
❶ 색조/채도　❷ 색상 균형

01 색조/채도

❶ '유형03.psd' 파일을 실행 후 [다각형 올가미 도구(Polygonal Lasso Tool)] 또는 [자석 올가미 도구(Magnetic Lasso Tool)]를 이용하여 색을 보정할 부분 선택

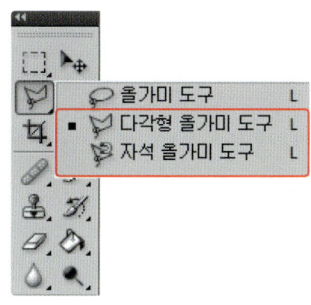

❷ [이미지(Image)]-[조정(Adjustments)]-[색조/채도(Hue/Saturation)] 메뉴 선택

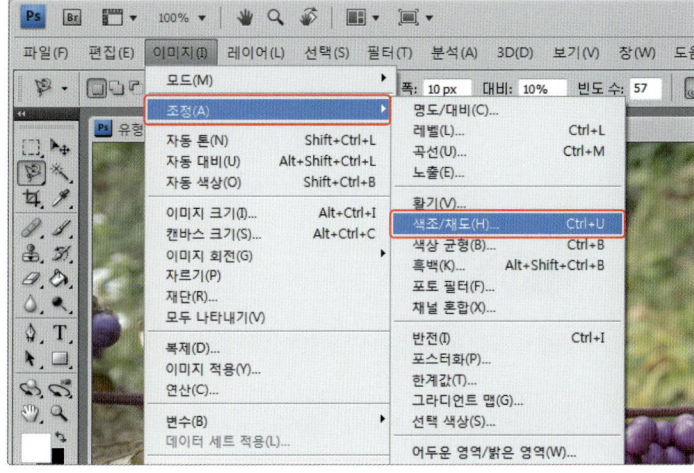

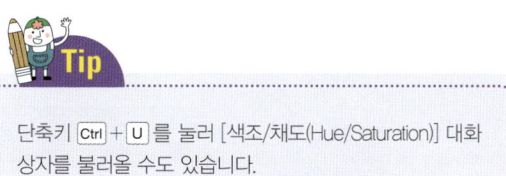

단축키 Ctrl + U 를 눌러 [색조/채도(Hue/Saturation)] 대화상자를 불러올 수도 있습니다.

❸ [색조/채도(Hue/Saturation)] 대화상자에서 슬라이더를 조정하여 제시된 색상 계열로 보정

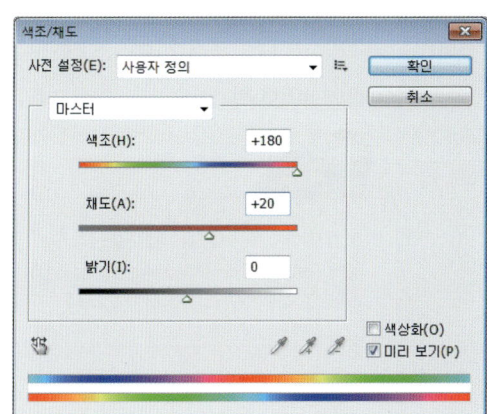

시험에서는 색 보정에 대한 별도의 수치 값이 주어지지 않으므로 〈처리조건〉에 제시된 색상 계열이 되도록 〈결과파일〉을 확인하면서 조절하면 됩니다.

 **색상 균형**

❶ [다각형 올가미 도구(Polygonal Lasso Tool)] 또는 [자석 올가미 도구(Magnetic Lasso Tool)]를 이용하여 색을 보정할 부분 선택

Tip
[올가미 도구(Lasso Tool)] 사용 시에 선택 영역을 추가하려면 Shift+드래그를, 선택 영역을 일부 삭제하려면 Alt+드래그를 이용합니다.

❷ [이미지(Image)]-[조정(Adjustments)]-[색상 균형(Color Balance)] 메뉴 선택

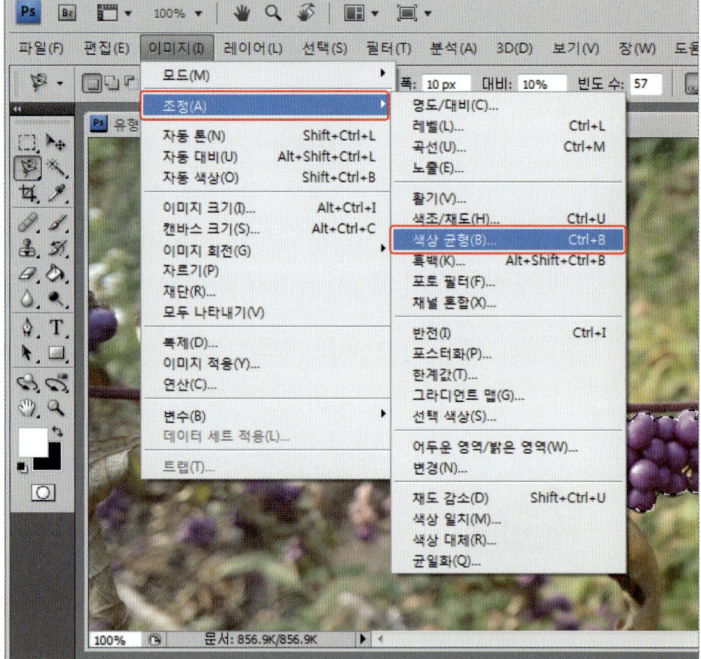

 **Tip**
단축키 Ctrl+B를 눌러 [색상 균형(Color Balance)] 대화상자를 불러올 수도 있습니다.

❸ [색상 균형(Color Balance)] 대화상자에서 슬라이더를 조정하여 조건으로 제시된 색상 계열로 보정

 **Tip**
시험에서는 색 보정에 대한 별도의 수치 값이 주어지지 않으므로 〈처리조건〉에 제시된 색상 계열이 되도록 〈결과파일〉을 확인하면서 조절하면 됩니다.

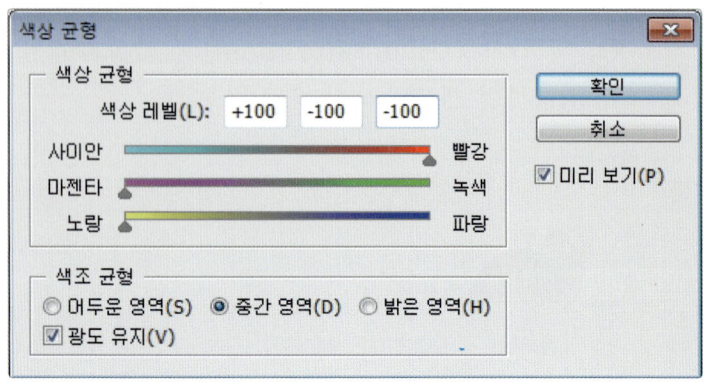

03 빵빵한 예제로 기본다지기

01 원본파일을 처리조건에 따라 결과파일로 완성하시오.

- 연습파일 : 기본3-1.psd
- 완성파일 : 기본3-1(완성).psd

≪처리조건≫
- ① ⇒ 색조/채도[Hue/Saturation]를 이용하여 빨간색 계열로 보정
- ② ⇒ 색조/채도[Hue/Saturation]를 이용하여 초록색 계열로 보정

02 원본파일을 처리조건에 따라 결과파일로 완성하시오.

- 연습파일 : 기본3-2.psd
- 완성파일 : 기본3-2(완성).psd

≪처리조건≫
- ① ⇒ 색조/채도[Hue/Saturation]를 이용하여 보라색 계열로 보정
- ② ⇒ 색조/채도[Hue/Saturation]를 이용하여 노란색 계열로 보정

03 원본파일을 처리조건에 따라 결과파일로 완성하시오.

• 연습파일 : 기본3-3.psd
• 완성파일 : 기본3-3(완성).psd

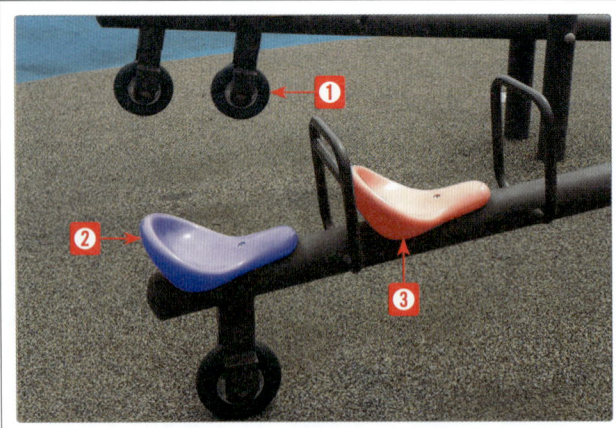

≪처리조건≫

- ① ⇒ 복제 도장 도구[Clone Stamp Tool]를 이용하여 이미지 복사
- ② ⇒ 색조/채도[Hue/Saturation]를 이용하여 파란색 계열로 보정
- ③ ⇒ 색조/채도[Hue/Saturation]를 이용하여 빨간색 계열로 보정

04 원본파일을 처리조건에 따라 결과파일로 완성하시오.

• 연습파일 : 기본3-4.psd
• 완성파일 : 기본3-4(완성).psd

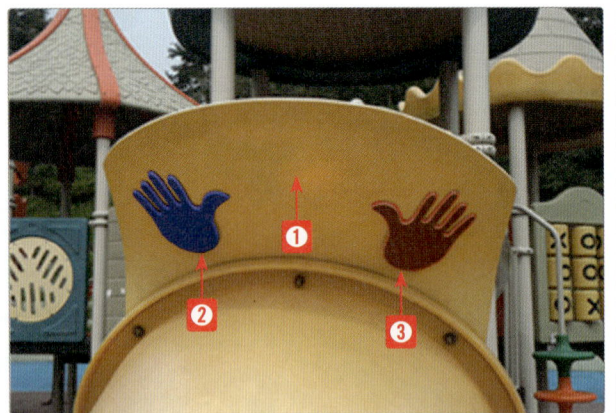

≪처리조건≫

- ① ⇒ 복구 브러쉬 도구[Healing Brush Tool]를 이용하여 이미지 제거
- ② ⇒ 색상 균형[Color Balance]을 이용하여 파란색 계열로 보정
- ③ ⇒ 색상 균형[Color Balance]을 이용하여 빨간색 계열로 보정

유형 04 이미지 밝기 조정

핵심만 쏙쏙 ❶ 곡선(Curves) 조정

문제에서 제시하는 조건에 맞춰 이미지의 밝기를 조정해 봅시다. 밝기를 조정해 이미지를 더욱 생동감 있게 만들 수 있습니다.

핵심 짚어보기

• 연습파일 : 유형04.psd   • 완성파일 : 유형04(완성).psd

《원본파일》	《결과파일》

《처리조건》
• 밝기 조정 ⇒ 곡선[Curves]을 이용하여 이미지 조정 (Input : 80, Output : 120)

클래스업

시험에서는 [곡선(Curves)]을 이용하여 이미지 밝기를 조정하는 문제가 주로 출제되고 있습니다. 하지만 다양한 연습을 위해 [레벨(Levels)]을 이용하는 방법도 함께 알아두도록 합니다.

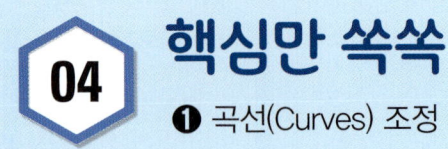

04 핵심만 쏙쏙
❶ 곡선(Curves) 조정

01 곡선(Curves) 조정

❶ '유형04.psd' 파일을 실행 후 [이미지(Image)]-[조정(Adjustments)]-[곡선(Curves)] 메뉴 선택

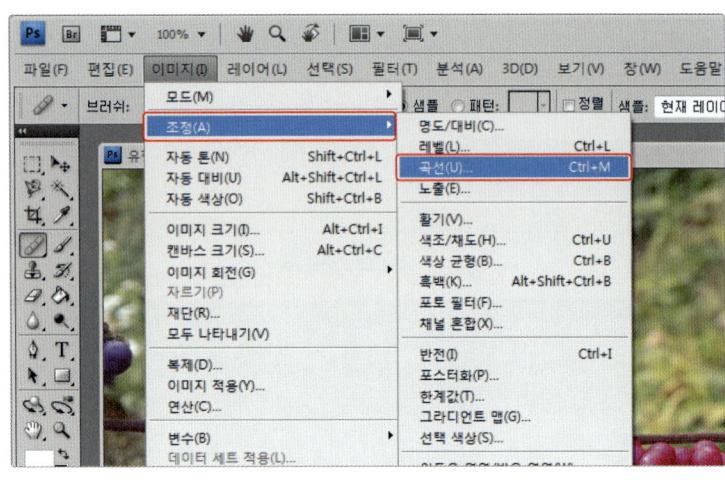

Tip
단축키 Ctrl + M 을 눌러 [곡선(Curves)] 대화상자를 불러올 수도 있습니다.

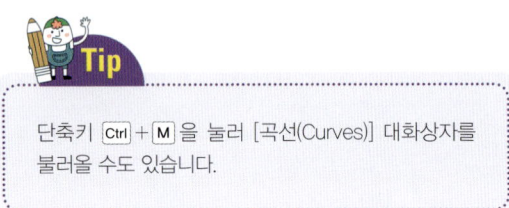

❷ [곡선(Curves)] 대화상자에서 수치 값을 입력하기 위해 선 중간 부분을 클릭

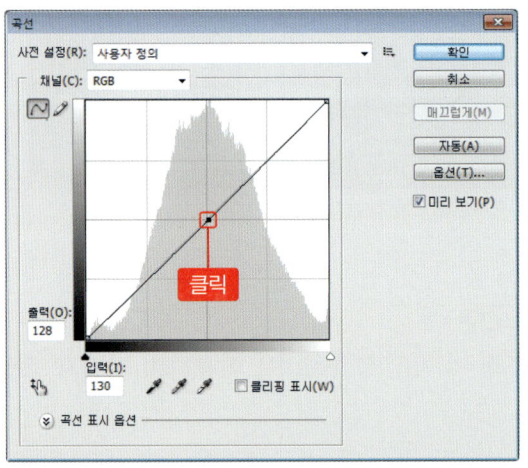

Tip
[곡선(Curves)] 대화상자에서 선 부분을 클릭하면 수치 값을 입력할 수 있는 텍스트 상자가 활성화됩니다.

❸ 〈처리조건〉에 제시된 [입력(Input)]과 [출력(Output)]의 수치 값을 입력(Input : 80, Output : 120)

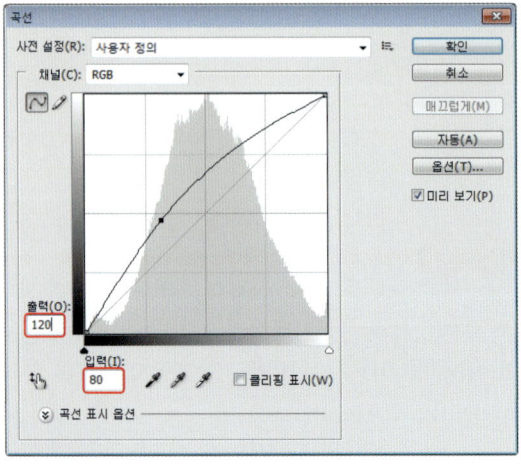
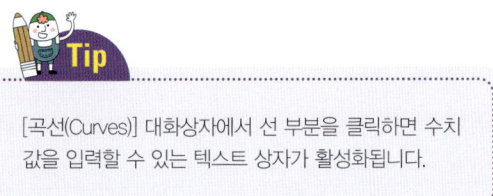

04 빵빵한 예제로 기본다지기

01 원본파일을 처리조건에 따라 결과파일로 완성하시오.

- 연습파일 : 기본4-1.psd
- 완성파일 : 기본4-1(완성).psd

≪처리조건≫
- ① ⇒ 색조/채도[Hue/Saturation]를 이용하여 보라색 계열로 보정
- 밝기 조정 ⇒ 곡선[Curves]을 이용하여 이미지 조정 (Input : 80, Output : 120)

02 원본파일을 처리조건에 따라 결과파일로 완성하시오.

- 연습파일 : 기본4-2.psd
- 완성파일 : 기본4-2(완성).psd

≪처리조건≫
- ① ⇒ 색상 균형[Color Balance]을 이용하여 노란색 계열로 보정
- 밝기 조정 ⇒ 곡선[Curves]을 이용하여 이미지 조정 (Input : 90, Output : 130)

원본파일을 처리조건에 따라 결과파일로 완성하시오.

・연습파일 : 기본4-3.psd
・완성파일 : 기본4-3(완성).psd

≪원본파일≫　　　　　　　　≪결과파일≫

≪처리조건≫

- ① ⇒ 복제 도장 도구[Clone Stamp Tool]를 이용하여 이미지 복사
- ② ⇒ 색조/채도[Hue/Saturation]를 이용하여 주황색 계열로 보정
- 밝기 조정 ⇒ 곡선[Curves]을 이용하여 이미지 조정 (Input : 80, Output : 130)

 원본파일을 처리조건에 따라 결과파일로 완성하시오.

・연습파일 : 기본4-4.psd
・완성파일 : 기본4-4(완성).psd

≪원본파일≫　　　　　　　　≪결과파일≫

≪처리조건≫

- ① ⇒ 복구 브러쉬 도구[Healing Brush Tool]를 이용하여 이미지 제거
- ② ⇒ 색조/채도[Hue/Saturation]를 이용하여 초록색 계열로 보정
- 밝기 조정 ⇒ 곡선[Curves]을 이용하여 이미지 조정 (Input : 90, Output : 120)

이미지 필터 효과 적용

핵심만 쏙쏙 ❶ 필터(Filter) 효과

문제에서 제시하는 조건에 맞춰 이미지에 다양한 필터를 적용해 봅시다. 이미지에 필터를 적용해 예술적인 느낌을 줄 수 있습니다.

핵심 짚어보기

• 연습파일 : 유형05.psd   • 완성파일 : 유형05(완성).psd

≪원본파일≫	≪결과파일≫

≪처리조건≫
- 필터 효과 ⇒ 그물눈[Crosshatch]을 이용하여 필터 적용
  (선/획 길이[Stroke Length] : 5, 선명도[Sharpness] : 10, 강도[Strength] : 1)

 클래스업

시험에서 제시된 필터의 세부적인 〈처리조건〉을 정확히 지정해야 합니다. 단, 〈처리조건〉으로 제시되지 않은 부분은 기본값을 그대로 적용하도록 합니다.

핵심만 쏙쏙
❶ 필터(Filter) 효과

01 필터(Filter) 효과

❶ '유형05.psd' 파일을 실행 후 필터를 적용하기 위해 [필터(Filter)]-[브러쉬 선(Brush Strokes)]-[그물눈(Crosshatch)] 메뉴 선택

선택 영역이 지정된 경우에는 선택한 부분에만 필터 효과가 적용됩니다.

❷ [그물선(Crosshatch)] 대화상자에서 조건으로 제시된 수치 값 설정(선/획 길이[Stroke Length] : 5, 선명도[Sharpness] : 10, 강도[Strength] : 1)

- 필터 효과 대화상자에서 Ctrl 을 누르고 있으면 [취소(Cancel)] 버튼이 [기본 값(Default)] 버튼으로 변경됩니다.
- 시험에서는 렌즈 플레어[Lens Flare], 그물눈[Crosshatch], 그레인[Grain], 텍스처화[Texturizer], 드라이 브러쉬[Dry Brush] 등의 필터 효과가 자주 출제되고 있습니다.

빵빵한 예제로 기본다지기

 01 원본파일을 처리조건에 따라 결과파일로 완성하시오.

- 연습파일 : 기본5-1.psd
- 완성파일 : 기본5-1(완성).psd

≪처리조건≫

- 필터 효과 ⇒ 렌즈 플레어[Lens Flare]를 이용하여 필터 적용
  (명도[Brightness] : 130%, 렌즈 유형[Lens Type] : 35mm 프라임[35mm Prime])

02 원본파일을 처리조건에 따라 결과파일로 완성하시오.

- 연습파일 : 기본5-2.psd
- 완성파일 : 기본5-2(완성).psd

≪처리조건≫

- 필터 효과 ⇒ 그레인[Grain]을 이용하여 필터 적용
  (강도[Intensity] : 20, 대비[Contrast] : 30, 그레인 유형[Grain Type] : 반점[Speckle])

03 원본파일을 처리조건에 따라 결과파일로 완성하시오.

• 연습파일 : 기본5-3.psd
• 완성파일 : 기본5-3(완성).psd

≪원본파일≫

≪결과파일≫

≪처리조건≫

- 밝기 조정 ⇒ 곡선[Curves]을 이용하여 이미지 조정 (Input : 80, Output : 120)
- 필터 효과 ⇒ 텍스처화[Texturizer]를 이용하여 필터 적용
  (텍스처[Texture] : 삼베[Burlap], 비율[Scaling] : 80%, 부조[Relief] : 5)

 04 원본파일을 처리조건에 따라 결과파일로 완성하시오.

• 연습파일 : 기본5-4.psd
• 완성파일 : 기본5-4(완성).psd

≪원본파일≫

≪결과파일≫

≪처리조건≫

- 밝기 조정 ⇒ 곡선[Curves]을 이용하여 이미지 조정 (Input : 90, Output : 130)
- 필터 효과 ⇒ 드라이 브러쉬[Dry Brush]를 이용하여 필터 적용
  (브러쉬 크기[Brush Size] : 5, 브러쉬 세부[Brush Detail] : 5, 텍스처[Texture] : 3)

유형 06 이미지 크기 변경 및 파일 저장

핵심만 쏙쏙 ❶ 이미지 크기 변경/JPG 파일 저장 ❷ 이미지 크기 변경/PSD 파일 저장

문제에서 제시하는 조건에 맞춰 이미지 크기를 변경하고, 답안을 전송하기 위해 JPG와 PSD 파일로 저장해야 합니다.

핵심 짚어보기

- 연습파일 : 유형06.psd
- 완성파일 : dic_01_12345678_홍길동.jpg, dic_01_12345678_홍길동.psd

≪처리조건≫

▶ 다음과 같은 규칙으로 JPG 파일과 PSD 파일을 각각 저장하시오.
- 저장위치 : 바탕화면 – KAIT – 제출파일 폴더

JPG	파일명	dic_01_수검번호(6자리)_이름.JPG	PSD	파일명	dic_01_수검번호(6자리)_이름.PSD
	이미지 크기	600 X 400 픽셀[Pixels]		이미지 크기	65 X 45 픽셀[Pixels]

(예 수검번호가 DIC-XXXX-000000인 경우 "dic_01_000000_이름.JPG"과 "dic_01_000000_이름.PSD"로 저장할 것)
(* dic_01_000000_이름.JPG와 dic_01_000000_이름.PSD 파일 중 하나라도 누락시 "0점" 처리 됨)

≪결과파일≫

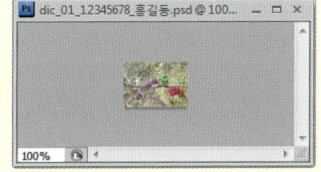

클래스업

시험에서는 [문제1] 또는 [문제2]의 답안을 완성한 후 파일 저장 규칙에 따라 [바탕화면-KAIT-제출파일] 폴더에 JPG 파일과 PSD 파일을 순서대로 정확히 저장해야 합니다.

핵심만 쏙쏙

❶ 이미지 크기 변경/JPG 파일 저장   ❷ 이미지 크기 변경/PSD 파일 저장

이미지 크기 변경/JPG 파일 저장

❶ '유형06.psd' 파일을 실행 후 [이미지(Image)]–[이미지 크기(Image Size)] 메뉴 선택

단축키 Alt + Ctrl + I 를 눌러 [이미지 크기(Image Size)] 대화상자를 불러올 수 있습니다.

❷ [이미지 크기(Image Size)] 대화상자에서 조건으로 제시된 수치 값 설정(이미지 크기 : 600 X 400 픽셀[Pixels])

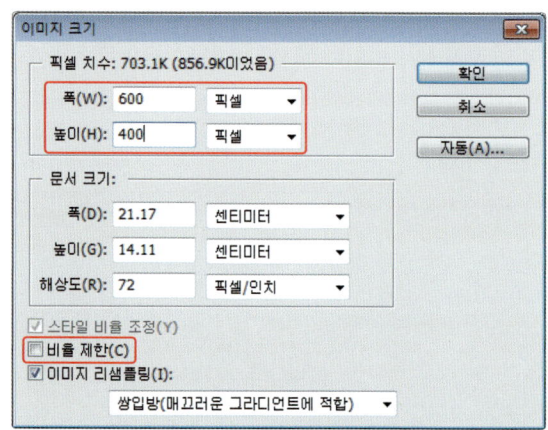

[비율 제한]을 체크 해제해야 폭과 높이를 다른 비율로 변경할 수 있습니다.

❸ [파일(File)]–[다른 이름으로 저장(Save As)] 메뉴 선택

단축키 Shift + Ctrl + S 를 눌러 [다른 이름으로 저장(Save As)] 대화상자를 불러올 수 있습니다.

❹ [형식(Format)]으로 'JPEG'를 선택하고 파일명을 지정한 후 저장

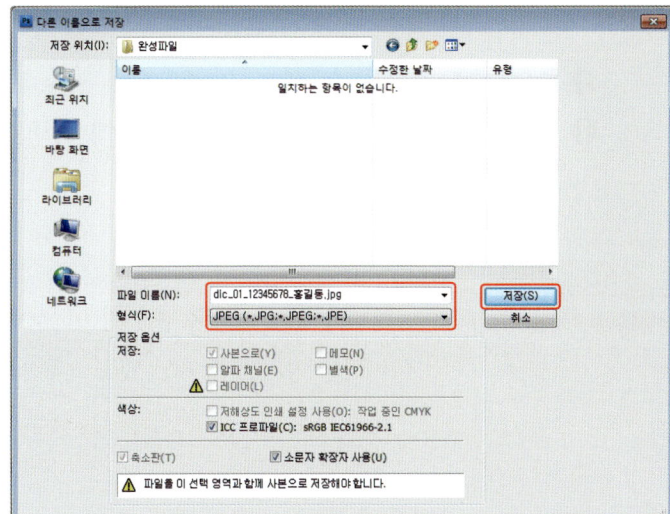

시험에서는 〈처리조건〉에 맞춰 파일명을 지정 및 확인한 후 [바탕화면-KAIT-제출파일] 폴더에 저장하면 됩니다.

❺ [JPEG 옵션(Options)] 대화상자의 [이미지 옵션(Image Options)]에서 [품질(Quality)]을 '10'으로 설정

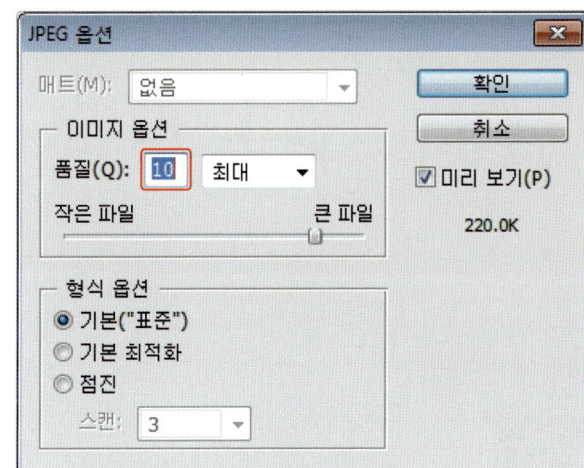

시험에서는 [품질(Quality)]에 대한 별도의 조건이 없으므로 임의로 적당히 조절하여 저장하도록 합니다.

 **알아두세요!**

실제 시험장에서 문제 작성/저장 방법

① 포토샵 프로그램을 실행하고 [바탕화면-KAIT-제출파일] 폴더에 있는 답안 파일을 불러와 〈처리조건〉에 따라 답안을 작성합니다. (권장사항)

▶ 불러올 파일

[문제1]	dic_01_수검번호(6자리)_이름.PSD
[문제2]	dic_02_수검번호(6자리)_이름.PSD

② 답안 파일을 완성하고 파일 저장 규칙에 따라 이미지 크기를 변경한 후 [바탕화면-KAIT-제출파일] 폴더에 JPG 파일과 PSD 파일을 순서대로 정확히 저장합니다.
  • PSD 파일을 먼저 저장 후 JPG 파일을 저장하면 이미지 화질이 떨어질 수 있으므로 반드시 JPG 파일을 먼저 저장 후 PSD 파일을 저장하도록 합니다.
  • 답안 작성 중에도 수시로 Ctrl+S를 눌러 답안을 저장하도록 합니다.

이미지 크기 변경/PSD 파일 저장

❶ [이미지(Image)]-[이미지 크기(Image Size)] 메뉴 선택
❷ [이미지 크기(Image Size)] 대화상자에서 조건으로 제시된 수치 값 설정(이미지 크기 : 65 X 45 픽셀[Pixels])

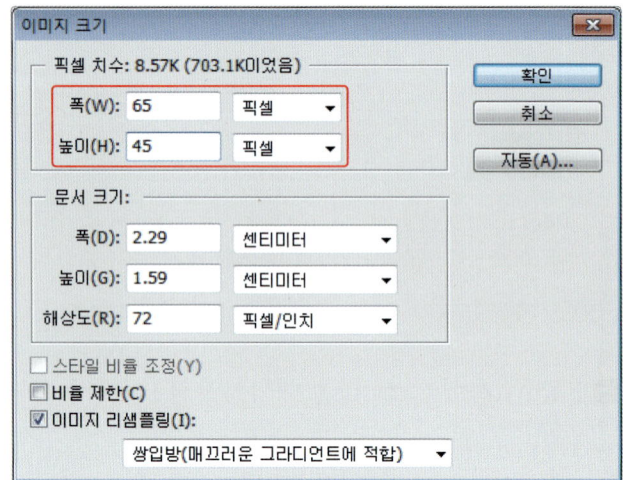

❸ [파일(File)]-[다른 이름으로 저장(Save As)] 메뉴 선택 후 파일 저장 규칙에 따라 PSD 파일 저장

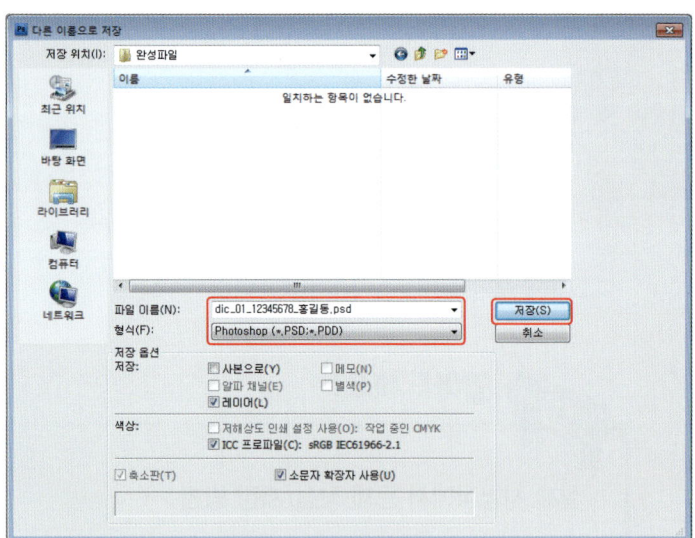

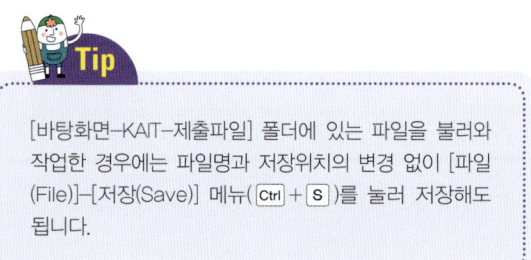

[바탕화면-KAIT-제출파일] 폴더에 있는 파일을 불러와 작업한 경우에는 파일명과 저장위치의 변경 없이 [파일(File)]-[저장(Save)] 메뉴(Ctrl + S)를 눌러 저장해도 됩니다.

빵빵한 예제로 기본다지기

 다음과 같은 규칙으로 JPG 파일과 PSD 파일을 각각 저장하시오. • 연습파일 : dic_01_000123_홍길동.psd

≪처리조건≫

JPG	파일명	dic_01_수검번호(6자리)_이름.JPG	PSD	파일명	dic_01_수검번호(6자리)_이름.PSD
	이미지 크기	600 X 400 픽셀[Pixels]		이미지 크기	65 X 45 픽셀[Pixels]

○ dic_01_000123_홍길동.jpg   ○ dic_01_000123_홍길동.psd

다음과 같은 규칙으로 JPG 파일과 PSD 파일을 각각 저장하시오. • 연습파일 : dic_01_000345_홍길동.psd

≪처리조건≫

JPG	파일명	dic_01_수검번호(6자리)_이름.JPG	PSD	파일명	dic_01_수검번호(6자리)_이름.PSD
	이미지 크기	600 X 400 픽셀[Pixels]		이미지 크기	65 X 45 픽셀[Pixels]

○ dic_01_000345_홍길동.jpg   ○ dic_01_000345_홍길동.psd

03 다음과 같은 규칙으로 JPG 파일과 PSD 파일을 각각 저장하시오.　　· 연습파일 : dic_02_000567_홍길동.psd

≪처리조건≫

JPG	파일명	dic_02_수검번호(6자리)_이름.JPG	PSD	파일명	dic_02_수검번호(6자리)_이름.PSD
	이미지 크기	600 X 400 픽셀[Pixels]		이미지 크기	65 X 45 픽셀[Pixels]

○ dic_02_000567_홍길동.jpg　　　　　　　　　○ dic_02_000567_홍길동.psd

04 다음과 같은 규칙으로 JPG 파일과 PSD 파일을 각각 저장하시오.　　· 연습파일 : dic_02_000789_홍길동.psd

≪처리조건≫

JPG	파일명	dic_02_수검번호(6자리)_이름.JPG	PSD	파일명	dic_02_수검번호(6자리)_이름.PSD
	이미지 크기	600 X 300 픽셀[Pixels]		이미지 크기	65 X 35 픽셀[Pixels]

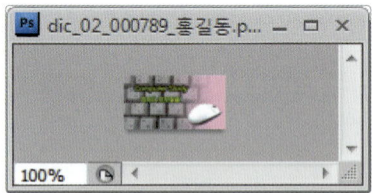

○ dic_02_000789_홍길동.jpg　　　　　　　　　○ dic_02_000789_홍길동.psd

빵빵한 예제로 실전다지기

 원본파일을 처리조건에 따라 결과파일로 완성하시오.   • 연습파일 : dic_01_000001_홍길동.psd, 실전01.jpg

≪**처리조건**≫

▶ 다음과 같이 캔버스 크기를 변경하시오.
- 캔버스 크기[Canvas Size] ⇒ 가로(650 픽셀[Pixels]) X 세로(450 픽셀[Pixels])

▶ '실전01.jpg' 이미지를 불러와 기존 캔버스에 복사한 후 다음과 같이 처리하시오.
- ① ⇒ 복구 브러쉬 도구[Healing Brush Tool]를 이용하여 이미지 제거
- ② ⇒ 색상 균형[Color Balance]를 이용하여 빨간색 계열로 보정
- ③ ⇒ 색조/채도[Hue/Saturation]를 이용하여 초록색 계열로 보정
- 밝기 조정 ⇒ 곡선[Curves]을 이용하여 이미지 조정 (Input : 80, Output : 120)
- 필터 효과 ⇒ 그물눈[Crosshatch]을 이용하여 필터 적용
  (선/획 길이[Stroke Length] : 3, 선명도[Sharpness] : 7, 강도[Strength] : 1)

▶ 지시사항이 없는 경우는 기본값을 적용하시오.

▶ 다음과 같은 규칙으로 JPG 파일과 PSD 파일을 각각 저장하시오.
- 저장위치 : 바탕화면 – KAIT – 제출파일 폴더

JPG	파일명	dic_01_수검번호(6자리)_이름.JPG	PSD	파일명	dic_01_수검번호(6자리)_이름.PSD
	이미지 크기	600 X 400 픽셀[Pixels]		이미지 크기	65 X 45 픽셀[Pixels]

(예) 수검번호가 DIC-XXXX-000000인 경우 "dic_01_000000_이름.JPG"과 "dic_01_000000_이름.PSD"로 저장할 것)
(* dic_01_000000_이름.JPG와 dic_01_000000_이름.PSD 파일 중 하나라도 누락시 "0점" 처리 됨)

원본파일을 처리조건에 따라 결과파일로 완성하시오.   • 연습파일 : dic_01_000002_홍길동.psd, 실전02.jpg

≪원본파일≫	≪결과파일≫

≪처리조건≫

▶ 새 캔버스를 만들어 다음과 같이 변경하시오.
- 캔버스 크기[Canvas Size] ⇒ 가로(650 픽셀[Pixels]) X 세로(450 픽셀[Pixels])

▶ '실전02.jpg' 이미지를 불러와 기존 캔버스에 복사한 후 다음과 같이 처리하시오.
- ① ⇒ 복제 도장 도구[Clone Stamp Tool]를 이용하여 이미지 복사
- ② ⇒ 색조/채도[Hue/Saturation]를 이용하여 노란색 계열로 보정
- ③ ⇒ 색조/채도[Hue/Saturation]를 이용하여 파란색 계열로 보정
- 밝기 조정 ⇒ 곡선[Curves]을 이용하여 이미지 조정 (Input : 90, Output : 130)
- 필터 효과 ⇒ 텍스처화[Texturizer]를 이용하여 필터 적용
  (텍스처[Texture] : 벽돌[Brick], 비율[Scaling] : 70%, 부조[Relief] : 3)

▶ 지시사항이 없는 경우는 기본값을 적용하시오.

▶ 다음과 같은 규칙으로 JPG 파일과 PSD 파일을 각각 저장하시오.
- 저장위치 : 바탕화면 – KAIT – 제출파일 폴더

JPG	파일명	dic_01_수검번호(6자리)_이름.JPG	PSD	파일명	dic_01_수검번호(6자리)_이름.PSD
	이미지 크기	600 X 400 픽셀[Pixels]		이미지 크기	65 X 45 픽셀[Pixels]

(예 수검번호가 DIC-XXXX-000000인 경우 "dic_01_000000_이름.JPG"과 "dic_01_000000_이름.PSD"로 저장할 것)
(* dic_01_000000_이름.JPG와 dic_01_000000_이름.PSD 파일 중 하나라도 누락시 "0점" 처리 됨)

유형 07 모양 도구 이용

핵심만 쏙쏙 ❶ 모양 도구 삽입   ❷ 레이어 스타일 설정

문제에서 제시하는 조건에 맞춰 이미지에 모양을 삽입해 봅시다. 여러 가지 모양을 이미지에 삽입해 예쁘게 꾸밀 수 있습니다.

핵심 짚어보기

• 연습파일 : 유형07.psd   • 완성파일 : 유형07(완성).psd

≪원본파일≫   ≪결과파일≫

≪처리조건≫

- ① ⇒ 모양 도구[Shape Tool] 이용, 레이어 스타일 – 선/획[Stroke] (크기 : 3px, 색상 : #00d8ff), 그라디언트 오버레이[Gradient Overlay] (색상 : #ff00dd – #ffff00)

클래스업

시험에서 [문제2]는 '사진2.jpg' 이미지를 불러와 기존 캔버스에 복사한 후 〈처리조건〉에 따라 이미지를 완성해야 합니다.

핵심만 쏙쏙

❶ 모양 도구 삽입   ❷ 레이어 스타일 설정

01 모양 도구 삽입

❶ '유형07.psd' 파일을 실행 후 [사용자 정의 모양 도구(Custom Shape Tool)] 선택

❷ [옵션 바]의 [모양(Shape)]을 클릭한 후 〈결과파일〉에 제시된 모양 선택

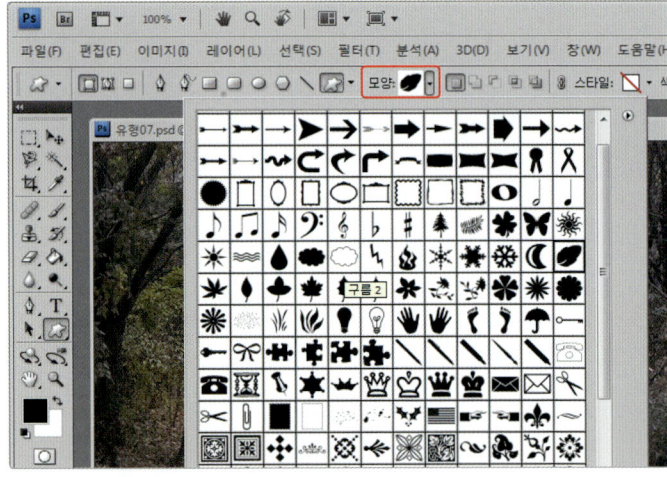

Tip
원하는 모양이 보이지 않을 경우에는 오른쪽 화살표를 클릭하고 [모두(All)]를 선택합니다.

❸ 마우스 드래그를 이용해 〈결과파일〉에 제시된 위치에 모양 작성

Tip
모양 삽입 시 Shift 를 누른 상태에서 마우스를 드래그하면 도형을 일정한 비율로 삽입할 수 있습니다.

레이어 스타일 설정

❶ [레이어(Layers)] 팔레트의 하단 부분에 있는 [fx. 레이어 스타일 추가]를 클릭한 후 [선/획(Stroke)] 메뉴 선택

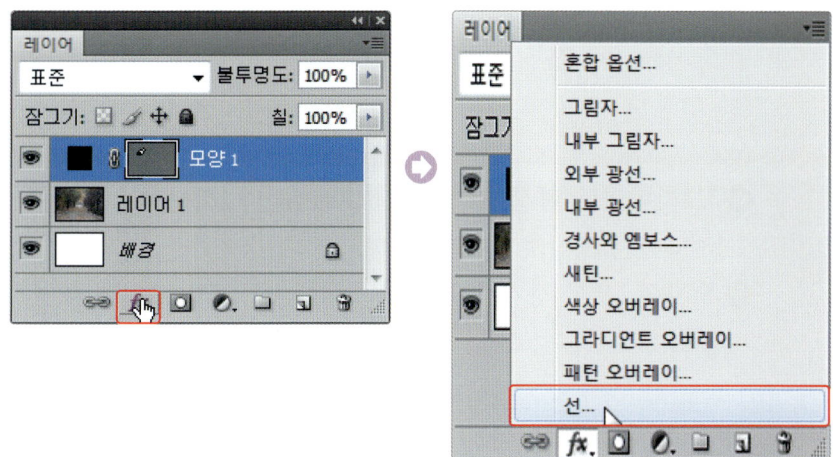

❷ [레이어 스타일(Layer Style)] 대화상자에서 조건에 제시된 값 설정(크기 : 3px, 색상 : #00d8ff)

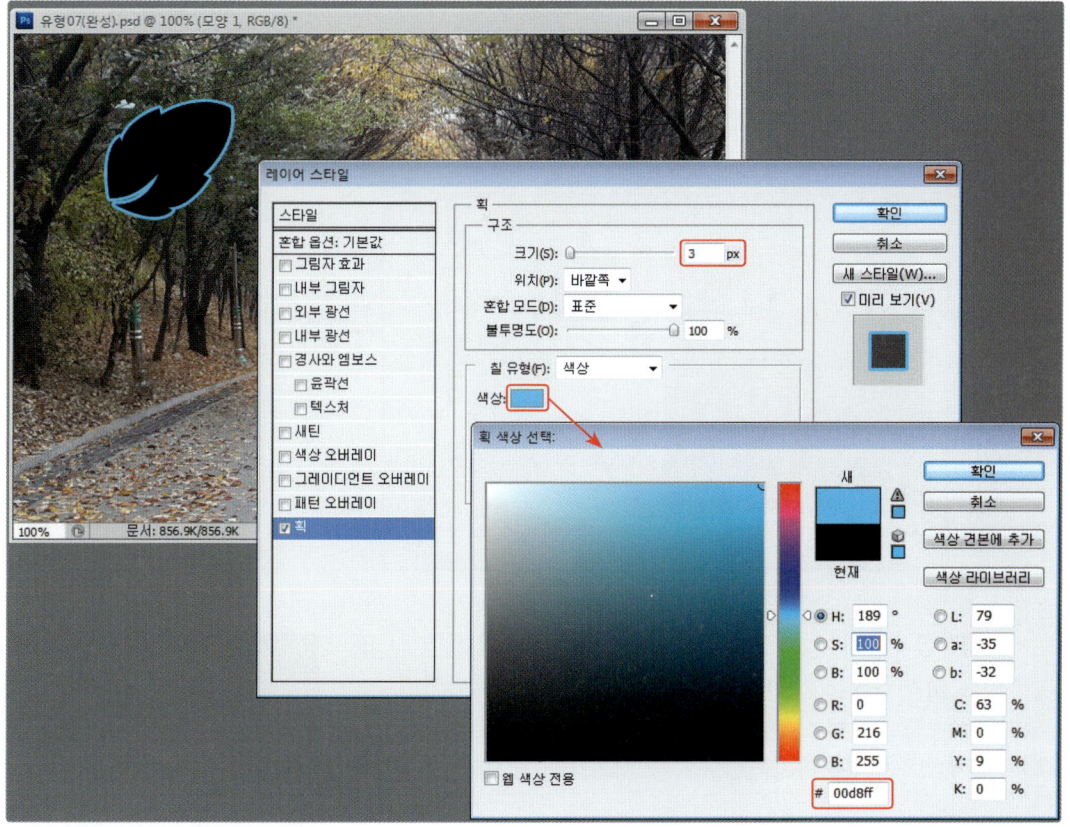

시험에서 〈처리조건〉으로 제시된 부분은 정확히 입력하여 설정하도록 하며, 제시되지 않은 부분은 기본 값을 그대로 적용하도록 합니다.

❸ [레이어 스타일(Layer Style)] 대화상자에서 [그라디언트 오버레이(Gradient Overlay)] 메뉴를 선택하고 [그라디언트 편집] 클릭

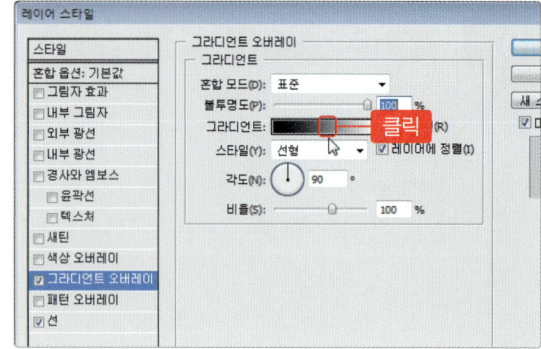

 **Tip**

[레이어 스타일(Layers Style] 대화상자를 닫았다면 [fx.레이어 스타일 추가]를 클릭한 후 [그라디언트 오버레이(Gradient Overlay)] 메뉴를 선택합니다.

❹ [그라디언트 편집기(Gradient Editor)] 대화상자에서 왼쪽 [색상 정지점(Color Stop)]을 클릭 후 조건에 해당하는 색상(#ff00dd) 설정

❺ 오른쪽 [색상 정지점(Color Stop)]을 클릭 후 조건에 해당하는 색상(#ffff00) 설정

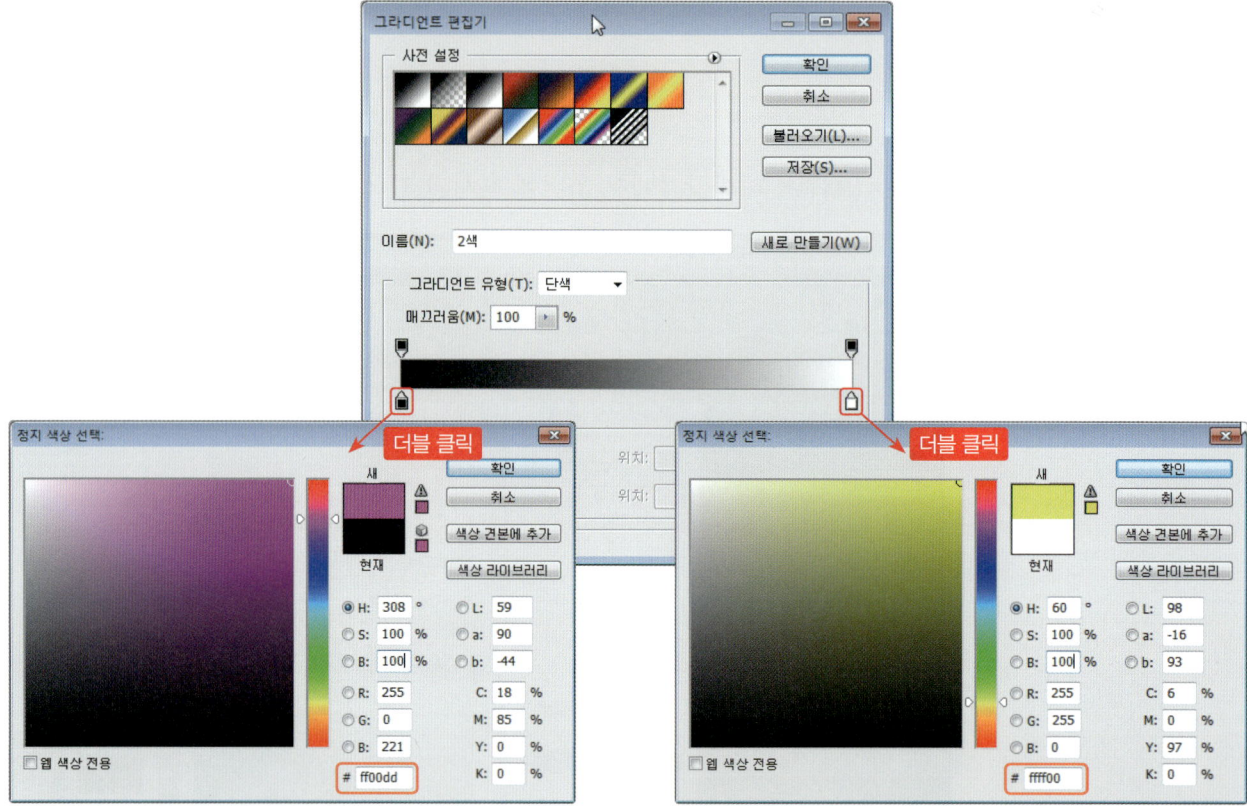

❻ [옵션 바]의 [모양(Shape)]을 클릭하여 〈결과 파일〉에 제시된 모양 작성(꽃 1 : ✽)

 **Tip**

시험에서는 모양 도구[Shape Tool]를 이용하여 모양을 2개 작성하는 형태로 출제되고 있습니다.

빵빵한 예제로 기본다지기

 원본파일을 처리조건에 따라 결과파일로 완성하시오.

- 연습파일 : 기본7-1.psd
- 완성파일 : 기본7-1(완성).psd

≪처리조건≫
- 모양 도구[Shape Tool] 이용, 레이어 스타일 – 선/획[Stroke] (크기 : 3px, 색상 : #00692c), 그라디언트 오버레이[Gradient Overlay] (색상 : #00803f – #fff600)

02 원본파일을 처리조건에 따라 결과파일로 완성하시오.

- 연습파일 : 기본7-2.psd
- 완성파일 : 기본7-2(완성).psd

≪처리조건≫
- 모양 도구[Shape Tool] 이용, 레이어 스타일 – 선/획[Stroke] (크기 : 2px, 색상 : #003565), 그라디언트 오버레이[Gradient Overlay] (색상 : #00386c – #00eaff)

03 원본파일을 처리조건에 따라 결과파일로 완성하시오.

• 연습파일 : 기본7-3.psd
• 완성파일 : 기본7-3(완성).psd

≪원본파일≫   ≪결과파일≫

≪처리조건≫

- ① ⇒ 모양 도구[Shape Tool] 이용, 레이어 스타일 – 선/획[Stroke] (크기 : 3px, 색상 : #ff0000),
  그라디언트 오버레이[Gradient Overlay] (색상 : #fffc00 – #18ff00)

04 원본파일을 처리조건에 따라 결과파일로 완성하시오.

• 연습파일 : 기본7-4.psd
• 완성파일 : 기본7-4(완성).psd

≪원본파일≫   ≪결과파일≫

≪처리조건≫

- ① ⇒ 모양 도구[Shape Tool] 이용, 레이어 스타일 – 선/획[Stroke] (크기 : 4px, 색상 : #ffffff)
  그라디언트 오버레이[Gradient Overlay] (색상 : #ffff00 – #ff0000)

유형 08 텍스트 입력

핵심만 쏙쏙 ❶ 텍스트 입력

문제에서 제시하는 조건에 맞춰 텍스트를 입력하고 글꼴 스타일과 레이어 스타일을 설정하는 방법을 학습하도록 합니다.

핵심 짚어보기

• 연습파일 : 유형08.psd   • 완성파일 : 유형08(완성).psd

≪원본파일≫	≪결과파일≫

≪처리조건≫

- "Autumn Leaves" ⇒ 글꼴(Arial), 글꼴 스타일(Bold Italic), 크기(48pt), 색상(#ffa200),
  앤티 앨리어싱 : 선명하게[Sharp],
  레이어 스타일 – 선/획[Stroke] (크기 : 5px, 색상 : #3a0000)

- "가을 낙엽과 거리" ⇒ 글꼴(휴먼옛체), 크기(36pt), 색상(#ffd800),
  앤티 앨리어싱 : 선명하게[Sharp],
  레이어 스타일 – 선/획[Stroke] (크기 : 3px, 색상 : #960000)

클래스업

텍스트 입력은 [문제2]에서 영문 또는 한글을 입력한 후 글꼴 스타일과 레이어 스타일 등을 설정하는 형태로 출제되고 있습니다.

08 핵심만 쏙쏙
❶ 텍스트 입력

01 텍스트 입력

❶ '유형08.psd' 파일을 실행 후 [T 수평 문자 도구(Horizontal Type Tool)]를 선택하고 텍스트를 입력할 곳을 클릭한 다음 조건으로 제시된 내용 입력

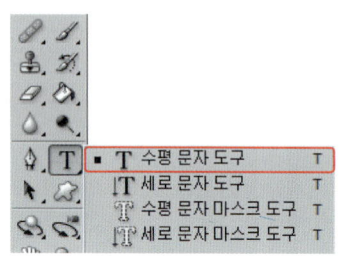

❷ 입력한 텍스트를 블록 설정 후 [옵션 바]에서 조건에 제시된 속성 지정(글꼴(Arial), 글꼴 스타일(Bold Italic), 크기(48pt), 색상(#ffa200), 앤티 앨리어싱 : 선명하게[Sharp])

❸ [레이어(Layers)] 팔레트의 하단 부분에 있는 [fx. 레이어 스타일 추가]를 클릭한 후 [선/획(Stroke)] 메뉴 선택

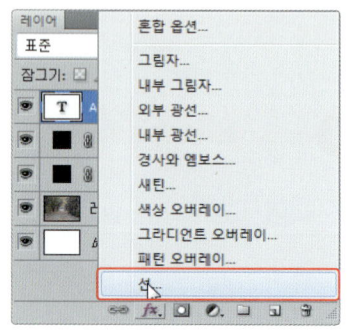

❹ [레이어 스타일(Layer Style)] 대화상자에서 조건에 제시된 값 설정(크기 : 5px, 색상 : #3a0000)

❺ 위와 같은 방법으로 한글 부분도 조건에 제시된 텍스트 입력 후 글꼴 스타일과 레이어 스타일 설정

Tip

한글 글꼴이 표시가 안 될 경우에는 [편집(Edit)]-[환경 설정(Preferences)]-[문자(Type)] 메뉴를 선택한 후 [글꼴 이름을 영어로 표시(Show Font Names in English)]를 체크 해제하도록 합니다.

08 빵빵한 예제로 기본다지기

01 원본파일을 처리조건에 따라 결과파일로 완성하시오.

• 연습파일 : 기본8-1.psd
• 완성파일 : 기본8-1(완성).psd

≪원본파일≫

≪결과파일≫

≪처리조건≫
- "Pine Trees" ⇒ 글꼴(Arial), 글꼴 스타일(Bold), 크기(60pt), 색상(#6dc100), 앤티 앨리어싱 : 선명하게[Sharp], 레이어 스타일 – 선/획[Stroke] (크기 : 5px, 색상 : #002d1a)

02 원본파일을 처리조건에 따라 결과파일로 완성하시오.

• 연습파일 : 기본8-2.psd
• 완성파일 : 기본8-2(완성).psd

≪원본파일≫

≪결과파일≫

≪처리조건≫
- "Domestic Travel" ⇒ 글꼴(Arial), 글꼴 스타일(Bold Italic), 크기(48pt), 색상(#6eb7ff),
  앤티 앨리어싱 : 선명하게[Sharp],
  레이어 스타일 – 선/획[Stroke] (크기 : 5px, 색상 : #003360)

03 원본파일을 처리조건에 따라 결과파일로 완성하시오.

• 연습파일 : 기본8-3.psd
• 완성파일 : 기본8-3(완성).psd

≪원본파일≫ ≪결과파일≫

≪처리조건≫

- "Flower & Plant" ⇒ 글꼴(Arial), 글꼴 스타일(Bold Italic), 크기(46pt), 색상(#fff200), 앤티 앨리어싱 : 선명하게[Sharp], 레이어 스타일 – 선/획[Stroke] (크기 : 5px, 색상 : #cc0000)
- "나만의 아름다운 정원" ⇒ 글꼴(휴먼옛체), 크기(36pt), 색상(#ff9900), 앤티 앨리어싱 : 선명하게[Sharp], 레이어 스타일 – 선/획[Stroke] (크기 : 3px, 색상 : #ffffff)

04 원본파일을 처리조건에 따라 결과파일로 완성하시오.

• 연습파일 : 기본8-4.psd
• 완성파일 : 기본8-4(완성).psd

≪원본파일≫ ≪결과파일≫

≪처리조건≫

- "Ecological park" ⇒ 글꼴(Arial), 글꼴 스타일(Bold Italic), 크기(48pt), 색상(#00ff00), 앤티 앨리어싱 : 선명하게[Sharp], 레이어 스타일 – 선/획[Stroke] (크기 : 4px, 색상 : #000000)
- "생태학습공원" ⇒ 글꼴(궁서체), 크기(60pt), 색상(#ffcc00), 앤티 앨리어싱 : 선명하게[Sharp], 레이어 스타일 – 선/획[Stroke] (크기 : 2px, 색상 : #ff0000)

유형 09 도구 삽입 및 클리핑 마스크 설정

핵심만 쏙쏙 ❶ 도구 삽입 ❷ 클리핑 마스크 설정

클리핑 마스크란 도형이나 글씨 안에 원하는 이미지를 맞춰 넣는 기능으로, 시험에서는 도형에 이미지를 넣는 형태로 출제되고 있습니다.

핵심 짚어보기

- 연습파일 : 유형09.psd, 사진3.jpg
- 완성파일 : 유형09(완성).psd

≪원본파일≫	≪결과파일≫

≪처리조건≫

▶ 타원 도구[Ellipse Tool]와 '사진3.jpg'를 이용하여 새로운 레이어를 생성하시오.
- 원의 크기 ⇒ 170 px × 170 px (단, 클리핑 마스크 기능을 이용할 것)
  레이어 스타일 – 선/획[Stroke] (크기 : 5px, 색상 : #ffea00, 위치 : 안쪽[Inside])
  그림자 효과[Drop Shadow] (혼합모드[Blend Mode] : 곱하기[Multiply],
  각도[Angle] : 120°)

클래스 업

- 시험에서는 타원 도구 이외에 사각형 도구 등을 작성 후 클리핑 마스크를 이용해 이미지를 넣는 형태로 출제될 수 있습니다.
- Shift 를 누른 상태에서 드래그하면 정원을 삽입할 수 있으나 도형의 크기에 대한 조건이 제시되므로 정확한 크기를 지정하도록 합니다.

핵심만 쏙쏙

09
❶ 도구 삽입 ❷ 클리핑 마스크 설정

01 도구 삽입

❶ '유형09.psd' 파일을 실행 후 [◯ 타원 도구(Ellipse Tool)]를 선택하고 마우스 드래그를 이용해 도형 작성

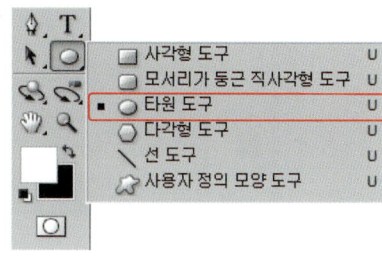

❷ [편집(Edit)]-[패스 자유 변형(Free Transform)] 메뉴(Ctrl+T)를 선택 후 [옵션 바]의 [W]와 [H]에 조건으로 제시된 값 입력(170 px × 170 px)

 **Tip**

기본 값이 '%'로 설정되어 있으므로 [옵션 바]에서 수치를 입력할 때 반드시 숫자와 단위(px)를 함께 입력해야 합니다.

❸ 〈결과파일〉을 확인하여 위치를 적절히 조정한 후 키보드의 Enter 를 눌러 자유 변형 상태 완료

02 클리핑 마스크 설정

❶ [파일]-[열기] 메뉴(Ctrl+O)를 누른 후 조건에 해당하는 이미지('사진3.jpg')를 불러옴
❷ 단축키 Ctrl+A를 눌러 불러온 이미지를 전체 선택 후 단축키 Ctrl+C와 Ctrl+V를 이용하여 PSD 파일에 이미지 복사

Tip
시험에서는 [바탕화면]-[KAIT]-[제출파일] 폴더에서 조건에 해당하는 파일을 불러옵니다.

❸ 도형 안에 이미지를 넣기 위해 [레이어(Layer)]-[클리핑 마스크 만들기(Create Clipping Mask)] 메뉴 선택(Alt+Ctrl+G)

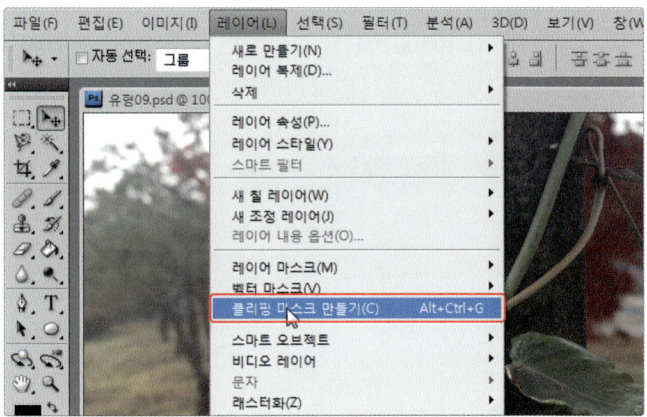

❹ [편집(Edit)]-[패스 자유 변형(Free Transform)] 메뉴(Ctrl+T)를 선택하고 〈결과파일〉을 참고하여 크기와 위치를 적절히 조절한 다음 키보드의 Enter를 눌러 자유 변형 상태 완료

❺ [레이어(Layers)] 팔레트에서 해당하는 모양 레이어를 선택하고 하단 부분에 있는 [fx. 레이어 스타일 추가]를 클릭한 후 [선/획(Stroke)] 메뉴 선택

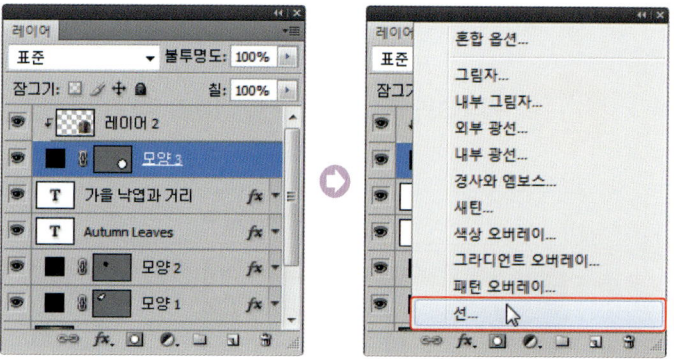

❻ [레이어 스타일(Layer Style)] 대화상자에서 조건으로 제시된 값 설정(크기 : 5px, 색상 : #ffea00, 위치 : 안쪽[Inside])

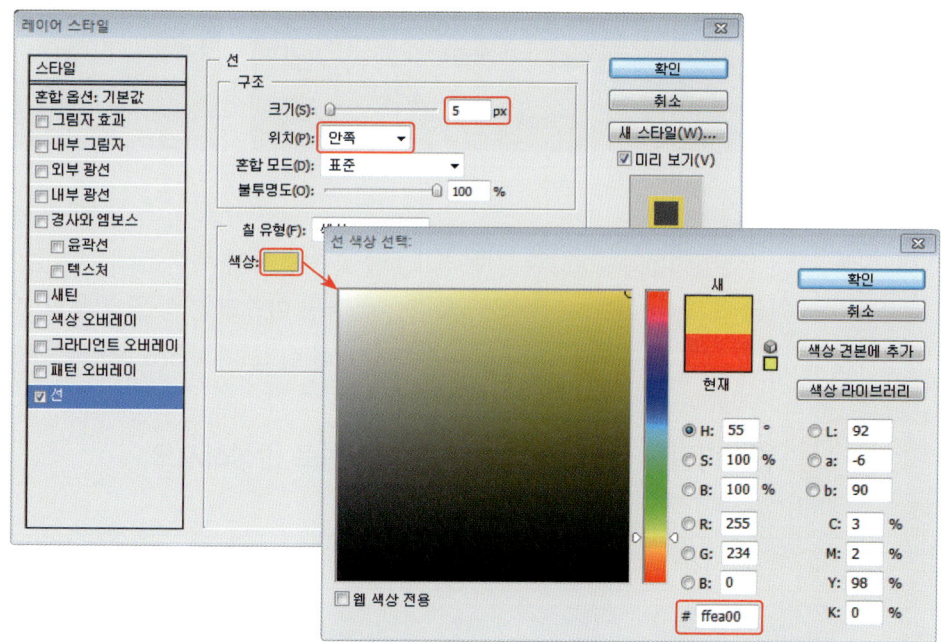

❼ [레이어 스타일(Layer Style)] 대화상자에서 [그림자 효과(Drop Shadow)] 메뉴를 선택 후 조건으로 제시된 값 설정

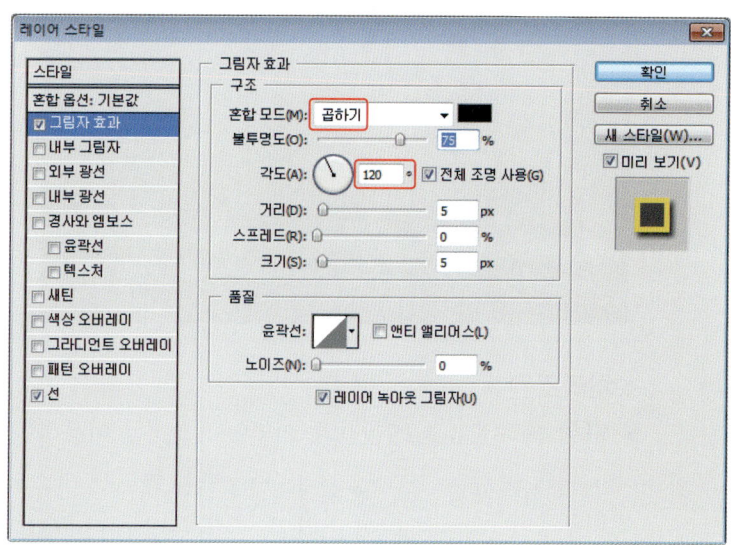

09 빵빵한 예제로 기본다지기

01 원본파일을 처리조건에 따라 결과파일로 완성하시오.

- 연습파일 : 기본9-1.psd, 기본9-1.jpg
- 완성파일 : 기본9-1(완성).psd

≪처리조건≫

▶ 타원 도구[Ellipse Tool]와 '기본9-1.jpg'를 이용하여 새로운 레이어를 생성하시오.
- 원의 크기 ⇒ 160 px × 160 px (단, 클리핑 마스크 기능을 이용할 것)
  레이어 스타일 – 선/획[Stroke] (크기 : 5px, 색상 : #00a8ff, 위치 : 안쪽[Inside])

02 원본파일을 처리조건에 따라 결과파일로 완성하시오.

- 연습파일 : 기본9-2.psd, 기본9-2.jpg
- 완성파일 : 기본9-2(완성).psd

≪처리조건≫

▶ 타원 도구[Ellipse Tool]와 '기본9-2.jpg'를 이용하여 새로운 레이어를 생성하시오.
- 원의 크기 ⇒ 180 px × 180 px (단, 클리핑 마스크 기능을 이용할 것)
  레이어 스타일 – 선/획[Stroke] (크기 : 4px, 색상 : #ffffff, 위치 : 안쪽[Inside])

03 원본파일을 처리조건에 따라 결과파일로 완성하시오.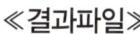

≪원본파일≫	≪결과파일≫

≪처리조건≫

▶ 사각형 도구[Rectangle Tool]와 '기본9-3.jpg'를 이용하여 새로운 레이어를 생성하시오.
- 사각형의 크기 ⇒ 200 px × 150 px (단, 클리핑 마스크 기능을 이용할 것)

   레이어 스타일 - 선/획[Stroke] (크기 : 3px, 색상 : #15b000, 위치 : 안쪽[Inside])

   그림자 효과[Drop Shadow] (혼합모드[Blend Mode] : 곱하기[Multiply],

   각도[Angle] : 120°)

04 원본파일을 처리조건에 따라 결과파일로 완성하시오.

≪원본파일≫	≪결과파일≫

≪처리조건≫

▶ 타원 도구[Ellipse Tool]와 '기본9-4.jpg'를 이용하여 새로운 레이어를 생성하시오.
- 원의 크기 ⇒ 170 px × 170 px (단, 클리핑 마스크 기능을 이용할 것)

   레이어 스타일 - 선/획[Stroke] (크기 : 5px, 색상 : #f2a2e2, 위치 : 안쪽[Inside])

   그림자 효과[Drop Shadow] (혼합모드[Blend Mode] : 곱하기[Multiply], 각도[Angle] : 120°)

유형 10 · 레이어 마스크 설정

핵심만 쏙쏙 ❶ 이미지 복사 ❷ 레이어 마스크 설정

레이어 마스크란 레이어 이미지의 특정 영역을 흐릿하게 하거나 특정효과 등을 적용하는 기능으로, 시험에서는 흐릿하게 적용하는 형태로 출제되고 있습니다.

핵심 짚어보기

• 연습파일 : 유형10.psd, 사진2.jpg   • 완성파일 : 유형10(완성).psd

≪원본파일≫	≪결과파일≫

≪처리조건≫
▶ '사진2.jpg' 이미지를 불러와 기존 캔버스에 복사한 후 다음과 같이 처리하시오.
  • 이미지 복사 ⇒ 자유 변형[Free Transform]으로 크기 변형, 레이어 이름 – '호수'
      레이어 마스크[Layer Mask] 설정, 가로 방향으로 흐릿하게

클래스업

시험에서는 캔버스 배경색을 지정한 후 이미지와 레이어 마스크를 이용해 특정 부분을 흐릿하게 설정하는 형태로 출제되고 있습니다.

핵심만 쏙쏙

❶ 이미지 복사   ❷ 레이어 마스크 설정

01 이미지 복사

❶ '유형10.psd' 파일을 실행 후 [파일]-[열기] 메뉴(Ctrl+O)를 눌러 조건에 해당하는 이미지('사진2.jpg')를 불러옴

❷ 단축키 Ctrl+A를 눌러 불러온 이미지를 전체 선택 후 단축키 Ctrl+C와 Ctrl+V를 이용하여 PSD 파일에 이미지 복사

Tip 시험에서는 [바탕화면]-[KAIT]-[제출파일] 폴더에서 조건에 해당하는 파일을 불러옵니다.

❸ [편집(Edit)]-[자유 변형(Free Transform)] 메뉴(Ctrl+T)를 선택하고 〈결과파일〉을 참고하여 크기를 적절히 조절한 다음 키보드의 Enter를 눌러 자유 변형 상태 완료

Tip PSD 창의 테두리를 드래그하여 작업 창을 크게 변경해야 조절점이 화면에 보입니다.

❹ [레이어(Layers)] 팔레트에서 해당 레이어의 이름 부분을 더블클릭 후 조건으로 제시된 이름 입력

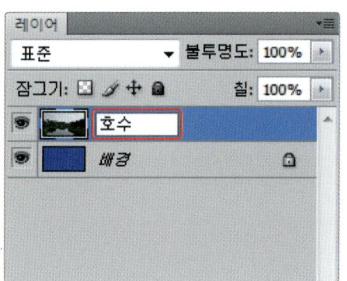

02 레이어 마스크 설정

❶ 레이어 마스크를 설정하기 위해 [레이어(Layers)] 팔레트의 하단 부분에 있는 [🔲 레이어 마스크 추가] 메뉴 클릭

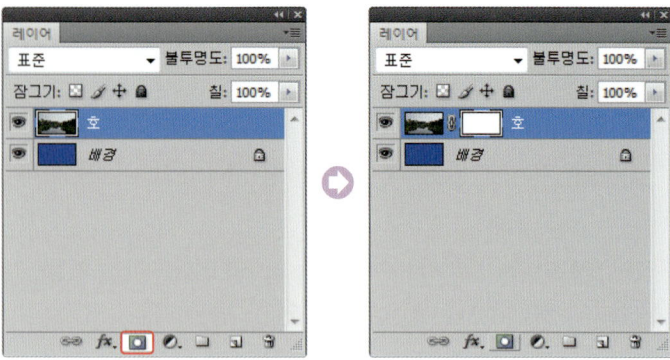

❷ [레이어 마스크]가 설정되면 [🔲 그라디언트 도구(Gradient Tool)]를 선택하고 [옵션 바] 목록에서 [검정, 흰색] 클릭

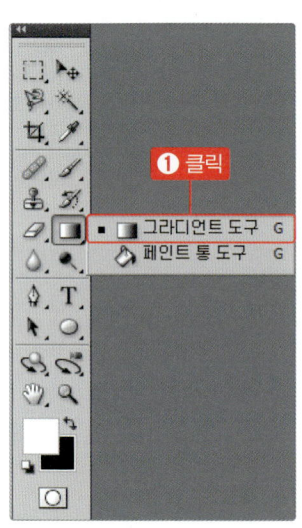
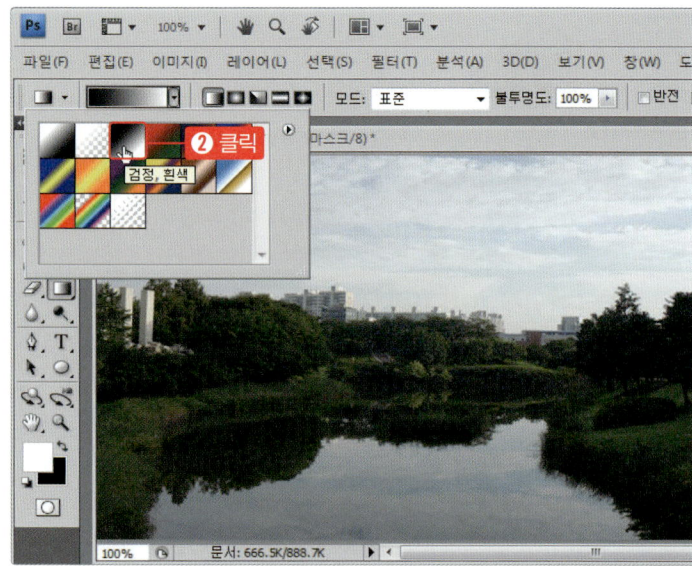

❸ 〈결과파일〉을 참고하여 지정된 방향으로 마우스 드래그

Tip

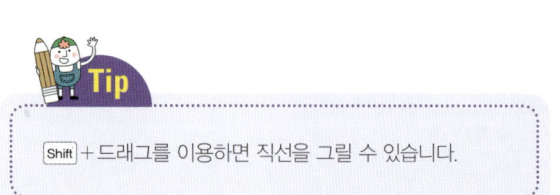

Shift + 드래그를 이용하면 직선을 그릴 수 있습니다.

10 빵빵한 예제로 기본다지기

01 원본파일을 처리조건에 따라 결과파일로 완성하시오.

- 연습파일 : 기본10-1.psd, 기본10-1.jpg
- 완성파일 : 기본10-1(완성).psd

≪처리조건≫
▶ '기본10-1.jpg' 이미지를 불러와 기존 캔버스에 복사한 후 다음과 같이 처리하시오.
  • 이미지 복사 ⇒ 자유 변형[Free Transform]으로 크기 변형, 레이어 이름 – '계곡'
    레이어 마스크[Layer Mask] 설정, 가로 방향으로 흐릿하게

02 원본파일을 처리조건에 따라 결과파일로 완성하시오.

- 연습파일 : 기본10-2.psd, 기본10-2.jpg
- 완성파일 : 기본10-2(완성).psd

≪처리조건≫
▶ '기본10-2.jpg' 이미지를 불러와 기존 캔버스에 복사한 후 다음과 같이 처리하시오.
  • 이미지 복사 ⇒ 자유 변형[Free Transform]으로 크기 변형, 레이어 이름 – '은행나무'
    레이어 마스크[Layer Mask] 설정, 가로 방향으로 흐릿하게

03 원본파일을 처리조건에 따라 결과파일로 완성하시오.

• 연습파일 : 기본10-3.psd, 기본10-3.jpg
• 완성파일 : 기본10-3(완성).psd

≪처리조건≫

▶ '기본10-3.jpg' 이미지를 불러와 기존 캔버스에 복사한 후 다음과 같이 처리하시오.
  • 이미지 복사 ⇒ 자유 변형[Free Transform]으로 크기 변형, 레이어 이름 – '산책'
    레이어 마스크[Layer Mask] 설정, 세로 방향으로 흐릿하게

04 원본파일을 처리조건에 따라 결과파일로 완성하시오.

• 연습파일 : 기본10-4.psd, 기본10-4.jpg
• 완성파일 : 기본10-4(완성).psd

≪처리조건≫

▶ '기본10-4.jpg' 이미지를 불러와 기존 캔버스에 복사한 후 다음과 같이 처리하시오.
  • 이미지 복사 ⇒ 자유 변형[Free Transform]으로 크기 변형, 레이어 이름 – '바다'
    레이어 마스크[Layer Mask] 설정, 세로 방향으로 흐릿하게

유형 11 이미지 합성

핵심만 쏙쏙 ❶ 이미지 합성   ❷ 레이어 스타일 지정

시험에서는 이미지의 특정 부분만을 선택 후 복사하여 기존 이미지와 합성하는 형태로 출제되고 있습니다.

핵심 짚어보기

• 연습파일 : 유형11.psd, 사진3.jpg   • 완성파일 : 유형11(완성).psd

≪원본파일≫	≪결과파일≫

≪처리조건≫

▶ '사진3.jpg'를 이용하여 새로운 레이어를 생성하시오.
  • 이미지 복사 ⇒ 자유 변형[Free Transform]으로 크기 변형, 레이어 이름 – '꽃'
    레이어 스타일 – 그림자 효과[Drop Shadow]
    (혼합모드[Blend Mode] : 곱하기[Multiply], 각도[Angle] : 120°)

클래스 업

시험에서는 이미지와 레이어 마스크를 이용해 특정 부분을 흐릿하게 설정한 다음 새로운 이미지의 특정 부분만을 복사하여 완성해야 합니다.

 핵심만 쏙쏙
❶ 이미지 합성   ❷ 레이어 스타일 지정

 이미지 합성

❶ '유형11.psd' 파일을 실행 후 [파일]-[열기] 메뉴(Ctrl+O)를 눌러 조건에 해당하는 이미지('사진3.jpg')를 불러옴

❷ [다각형 올가미 도구(Polygonal Lasso Tool)] 또는 [자석 올가미 도구(Magnetic Lasso Tool)]를 이용하여 이미지에서 필요한 부분만을 선택

> **Tip**
> 시험에서는 [바탕화면]-[KAIT]-[제출파일] 폴더에서 조건에 해당하는 파일을 불러옵니다.

❸ 단축키 Ctrl+C를 눌러 선택 부분만 복사 후 PSD 파일을 선택하고 Ctrl+V를 누름

❹ [편집(Edit)]-[자유 변형(Free Transform)] 메뉴(Ctrl+T)를 선택하고 〈결과파일〉을 참고하여 크기를 적절히 조절한 다음 키보드의 Enter를 눌러 자유 변형 상태 완료

레이어 스타일 지정

❶ [레이어(Layers)] 팔레트에서 해당 레이어의 이름 부분을 더블클릭 후 조건으로 제시된 이름 입력

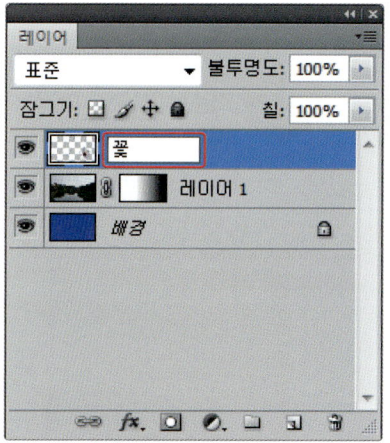

❷ [레이어(Layers)] 팔레트의 하단 부분에 있는 [fx. 레이어 스타일 추가]를 클릭한 후 [그림자(Drop Shadow)] 메뉴를 선택

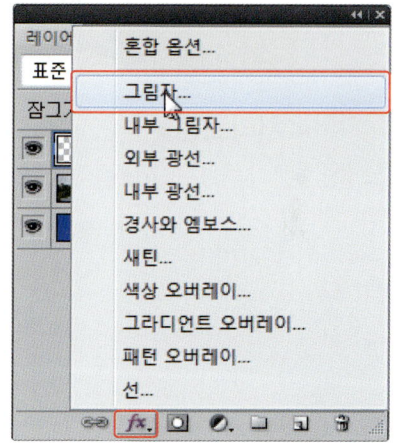

❸ [레이어 스타일(Layer Style)] 대화상자의 [그림자 효과(Drop Shadow)]에서 조건으로 제시된 값 설정

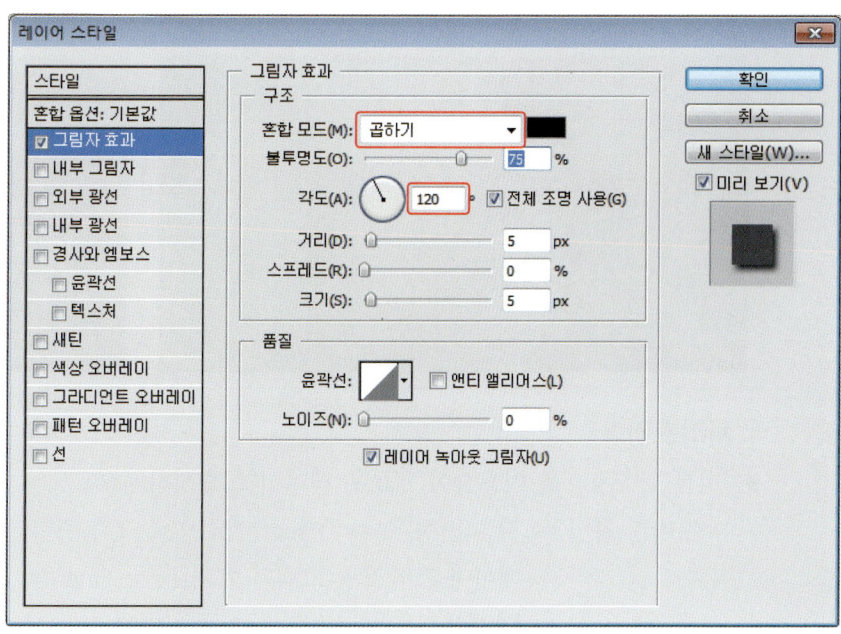

빵빵한 예제로 기본다지기

 01 원본파일을 처리조건에 따라 결과파일로 완성하시오.

• 연습파일 : 기본11-1.psd, 기본11-1.jpg
• 완성파일 : 기본11-1(완성).psd

≪원본파일≫　　　　　　　　　　≪결과파일≫

≪처리조건≫

▶ '기본11-1.jpg'를 이용하여 새로운 레이어를 생성하시오.
　• 이미지 복사 ⇒ 자유 변형[Free Transform]으로 크기 변형, 레이어 이름 – '소라'
　　　레이어 스타일 – 그림자 효과[Drop Shadow]
　　　(혼합모드[Blend Mode] : 곱하기[Multiply], 각도[Angle] : 120°)

02 원본파일을 처리조건에 따라 결과파일로 완성하시오.

• 연습파일 : 기본11-2.psd, 기본11-2.jpg
• 완성파일 : 기본11-2(완성).psd

≪원본파일≫　　　　　　　　　　≪결과파일≫

≪처리조건≫

▶ '기본11-2.jpg'를 이용하여 새로운 레이어를 생성하시오.
　• 이미지 복사 ⇒ 자유 변형[Free Transform]으로 크기 변형, 레이어 이름 – '민들레'
　　　레이어 스타일 – 그림자 효과[Drop Shadow]
　　　(혼합모드[Blend Mode] : 곱하기[Multiply], 각도[Angle] : 120°)

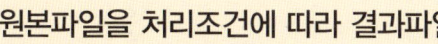

03 원본파일을 처리조건에 따라 결과파일로 완성하시오.
- 연습파일 : 기본11-3.psd, 기본11-3.jpg
- 완성파일 : 기본11-3(완성).psd

≪원본파일≫	≪결과파일≫

≪처리조건≫

▶ '기본11-3.jpg'를 이용하여 새로운 레이어를 생성하시오.
  • 이미지 복사 ⇒ 자유 변형[Free Transform]으로 크기 변형, 레이어 이름 – '비상구'
    레이어 스타일 – 그림자 효과[Drop Shadow]
    (혼합모드[Blend Mode] : 곱하기[Multiply], 각도[Angle] : 120°)

04 원본파일을 처리조건에 따라 결과파일로 완성하시오.
- 연습파일 : 기본11-4.psd, 기본11-4.jpg
- 완성파일 : 기본11-4(완성).psd

≪원본파일≫	≪결과파일≫
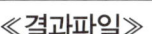	

≪처리조건≫

▶ '기본11-4.jpg'를 이용하여 새로운 레이어를 생성하시오.
  • 이미지 복사 ⇒ 자유 변형[Free Transform]으로 크기 변형, 레이어 이름 – '물고기'
    레이어 스타일 – 그림자 효과[Drop Shadow]
    (혼합모드[Blend Mode] : 곱하기[Multiply], 각도[Angle] : 120°)

11 예제로 실전다지기

01 원본파일을 처리조건에 따라 결과파일로 완성하시오.   • 연습파일 : dic_02_000003_홍길동.psd, 실전3-1.jpg, 실전3-2.jpg

≪처리조건≫

▶ 다음과 같이 캔버스를 변경하시오.
  • 캔버스 조정 ⇒ 캔버스 크기[Canvas Size] : 가로(650 픽셀[Pixels]) X 세로(350 픽셀[Pixels])
           캔버스 배경색(색상 : #fa1b21)

▶ '실전3-1.jpg' 이미지를 불러와 기존 캔버스에 복사한 후 다음과 같이 처리하시오.
  • 이미지 복사 ⇒ 자유 변형[Free Transform]으로 크기 변형, 레이어 이름 – '우주'
           레이어 마스크[Layer Mask] 설정, 가로 방향으로 흐릿하게
  • "Universe Expo" ⇒ 글꼴(Arial), 글꼴 스타일(Bold Italic), 크기(48pt), 색상(#ffea00), 앤티 앨리어싱 :
           선명하게[Sharp], 레이어 스타일 – 선/획[Stroke] (크기 : 5px, 색상 : #00752c)
  • "우주체험박람회" ⇒ 글꼴(궁서체), 크기(36pt), 색상(#01228d), 앤티 앨리어싱 : 선명하게[Sharp],
           레이어 스타일 – 선/획[Stroke] (크기 : 3px, 색상 : #ffffff)

▶ '실전3-2.jpg'를 이용하여 새로운 레이어를 생성하시오.
  • 이미지 복사 ⇒ 자유 변형[Free Transform]으로 크기 변형, 레이어 이름 – '우주선'
           레이어 스타일 – 그림자 효과[Drop Shadow]
           (혼합모드[Blend Mode] : 곱하기[Multiply], 각도[Angle] : 120°)

▶ 지시사항이 없는 경우는 기본값을 적용하시오.

▶ 다음과 같은 규칙으로 JPG 파일과 PSD 파일을 각각 저장하시오.
  • 저장위치 : 바탕화면 – KAIT – 제출파일 폴더

JPG	파일명	dic_02_수검번호(6자리)_이름.JPG	PSD	파일명	dic_02_수검번호(6자리)_이름.PSD
	이미지 크기	600 X 300 픽셀[Pixels]		이미지 크기	65 X 35 픽셀[Pixels]

(예) 수검번호가 DIC-XXXX-000000인 경우 "dic_02_000000_이름.JPG"과 "dic_02_000000_이름.PSD"로 저장할 것)
(* dic_02_000000_이름.JPG와 dic_02_000000_이름.PSD 파일 중 하나라도 누락시 "0점" 처리 됨)

02 원본파일을 처리조건에 따라 결과파일로 완성하시오.

• 연습파일 : dic_02_000004_홍길동.psd, 실전4-1.jpg, 실전4-2.jpg

≪처리조건≫

▶ 다음과 같이 캔버스를 변경하시오.
  • 캔버스 크기[Canvas Size] ⇒ 가로(650 픽셀[Pixels]) X 세로(450 픽셀[Pixels])

▶ '실전4-1.jpg' 이미지를 불러와 기존 캔버스에 복사한 후 다음과 같이 처리하시오.
  • ① ⇒ 모양 도구[Shape Tool] 이용, 레이어 스타일 - 선/획[Stroke] (크기 : 3px, 색상 : #fcfbac),
       그라디언트 오버레이[Gradient Overlay] (색상 : #0d62ff - #ffe9bb)
  • "Wall Painting Village" ⇒ 글꼴(Arial), 글꼴 스타일(Bold Italic), 크기(40pt), 색상(#fffc00),
       앤티 앨리어싱 : 선명하게[Sharp],
       레이어 스타일 - 선/획[Stroke] (크기 : 4px, 색상 : #2610a8)
  • "대동 벽화마을" ⇒ 글꼴(휴먼옛체), 크기(36pt), 색상(#fe3761), 앤티 앨리어싱 : 선명하게[Sharp],
       레이어 스타일 - 선/획[Stroke] (크기 : 5px, 색상 : #faf701)

▶ 타원 도구[Ellipse Tool]와 '실전4-2.jpg'를 이용하여 새로운 레이어를 생성하시오.
  • 원의 크기 ⇒ 170 px × 170 px (단, 클리핑 마스크 기능을 이용할 것)
       레이어 스타일 - 선/획[Stroke] (크기 : 5px, 색상 : #faf3b5, 위치 : 안쪽[Inside]),
       그림자 효과[Drop Shadow] (혼합모드[Blend Mode] : 곱하기[Multiply],
       각도[Angle] : 120°)

▶ 지시사항이 없는 경우는 기본값을 적용하시오.

▶ 다음과 같은 규칙으로 JPG 파일과 PSD 파일을 각각 저장하시오.
  • 저장위치 : 바탕화면 - KAIT - 제출파일 폴더

JPG	파일명	dic_02_수검번호(6자리)_이름.JPG	PSD	파일명	dic_02_수검번호(6자리)_이름.PSD
	이미지 크기	600 X 400 픽셀[Pixels]		이미지 크기	65 X 45 픽셀[Pixels]

(예 수검번호가 DIC-XXXX-000000인 경우 "dic_02_000000_이름.JPG"과 "dic_02_000000_이름.PSD"로 저장할 것)
(* dic_02_000000_이름.JPG와 dic_02_000000_이름.PSD 파일 중 하나라도 누락시 "0점" 처리 됨)

유형 12 동영상/이미지 순서 지정

핵심만 쏙쏙 ❶ 파일 불러오기   ❷ 동영상/이미지 순서 정하기

문제에서 제시하는 조건에 맞춰 원본 파일을 불러온 후 마우스 드래그를 이용해 원본 파일의 순서를 변경하도록 합니다.

핵심 짚어보기

• 연습파일 : 이미지1.jpg, 이미지2.jpg, 이미지3.jpg, 동영상.mp4   • 완성파일 : 유형12(완성).grp

≪출력형태≫

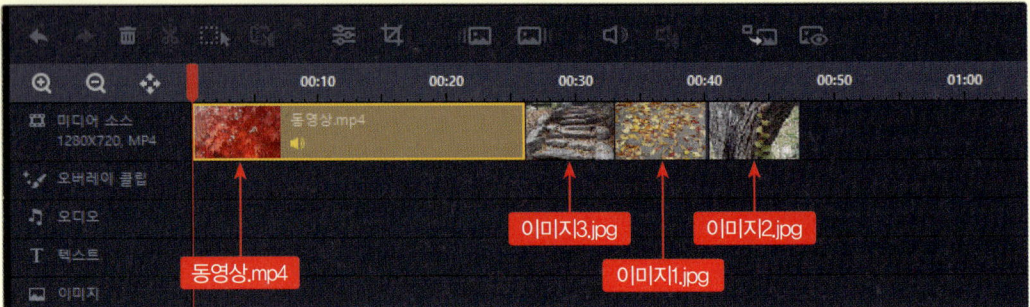

≪처리조건≫

원본 파일	이미지1.jpg, 이미지2.jpg, 이미지3.jpg, 동영상.mp4, 음악.mp3

▶ 미디어 소스의 순서를 다음과 같이 지정하시오.
  • 미디어 소스 순서 ⇒ 동영상.mp4 〉 이미지3.jpg 〉 이미지1.jpg 〉 이미지2.jpg

클래스업

시험에서는 곰 믹스 프로 프로그램을 실행하고 [바탕화면-KAIT-제출파일] 폴더에 있는 답안 파일(dic_03_수검번호(6자리)_이름.grp)을 불러와 〈처리조건〉에 따라 답안을 작성합니다.

 핵심만 쏙쏙
❶ 파일 불러오기 ❷ 동영상/이미지 순서 정하기

01 파일 불러오기

❶ 곰 믹스 프로 프로그램을 실행하고 [파일 추가()] 버튼을 클릭

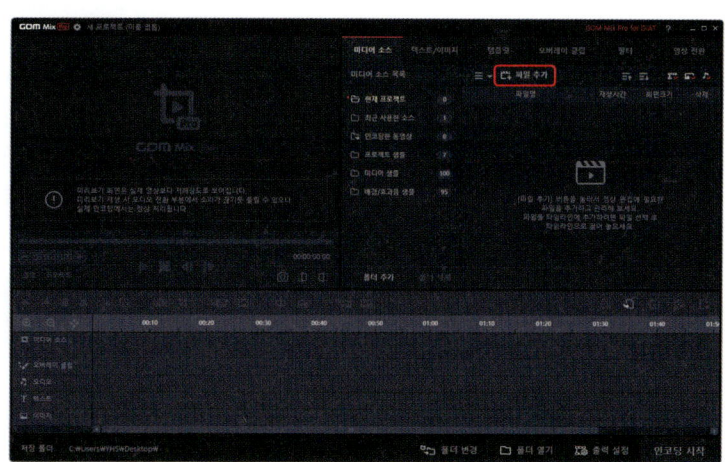

> **Tip**
> 시험에서는 [바탕화면]-[KAIT]-[제출파일] 폴더에서 조건에 해당하는 원본 파일을 불러옵니다.

❷ [열기] 대화상자가 표시되면 Ctrl 또는 Shift 를 이용해 필요한 동영상 및 이미지를 선택 후 [열기] 버튼 클릭

02 동영상/이미지 순서 정하기

❶ 마우스 드래그를 이용해 문제의 조건에 제시된 순서에 맞도록 위치 변경(미디어 소스 순서 ⇒ 동영상.mp4 〉 이미지3.jpg 〉 이미지1.jpg 〉 이미지2.jpg)

> **Tip**
> 해당 '미디어 소스' 위에 마우스를 위치시키면 파일명 등을 확인할 수 있습니다.

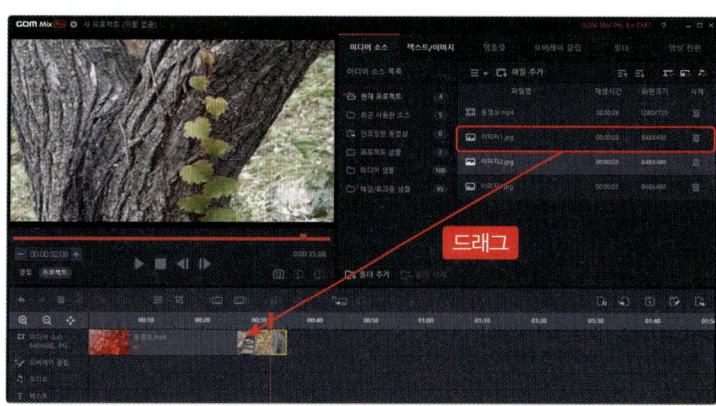

알아두세요!

① 화면 아래('타임라인 영역')에 선택한 영상들이 나타나며, 이런 원본 영상을 '미디어 소스'라고 합니다. '미디어 소스'를 클릭하면 상단 '미리보기 영역'에 선택한 영상이 보여 집니다.

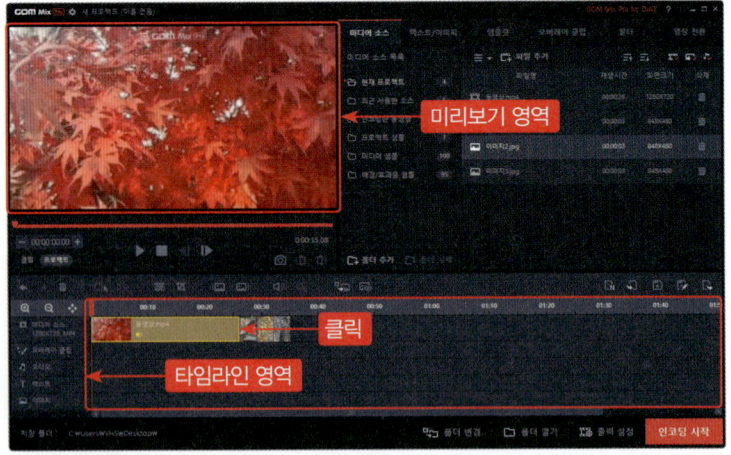

② '미디어 소스' 끝부분에 커서를 갖다대면 '↔'로 커서가 변합니다. 영상의 길이를 조절할 수 있습니다.

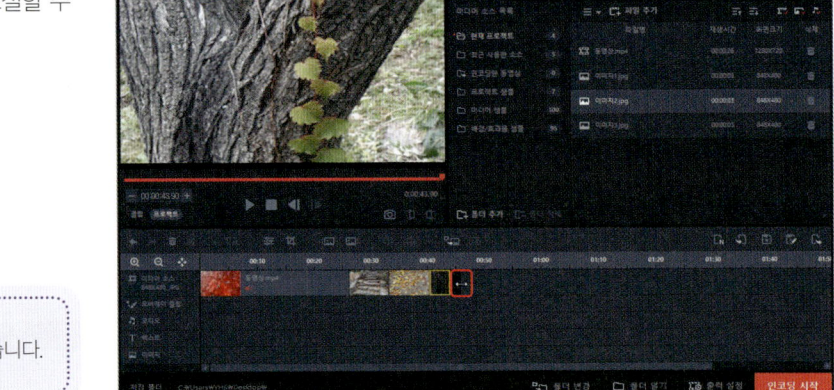

Tip

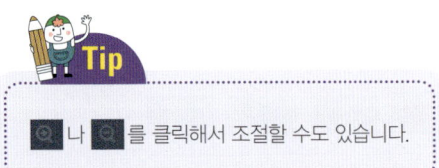

나 ⊖를 클릭해서 조절할 수도 있습니다.

③ 해당 '미디어 소스' 위에 마우스를 위치시키면 파일명, 시작 시간, 종료 시간, 지속 시간을 확인할 수 있습니다.

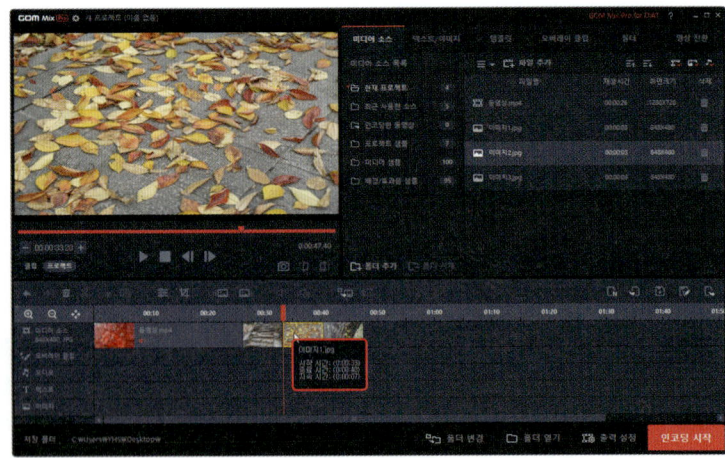

12 빵빵한 예제로 기본다지기

01 처리조건에 따라 출력형태와 같이 완성하시오.　　•연습파일 : 이미지1.jpg, 이미지2.jpg, 이미지3.jpg, 동영상1.mp4

≪출력형태≫

≪처리조건≫

▶ 미디어 소스의 재생 순서를 다음과 같이 지정하시오.
　• 미디어 소스 순서 ⇒ 동영상1.mp4 〉이미지1.jpg 〉이미지3.jpg 〉이미지2.jpg

02 처리조건에 따라 출력형태와 같이 완성하시오.　　•연습파일 : 이미지4.jpg, 이미지5.jpg, 이미지6.jpg, 동영상2.mp4

≪출력형태≫

≪처리조건≫

▶ 미디어 소스의 재생 순서를 다음과 같이 지정하시오.
　• 미디어 소스 순서 ⇒ 동영상2.mp4 〉이미지6.jpg 〉이미지5.jpg 〉이미지4.jpg

03 처리조건에 따라 출력형태와 같이 완성하시오.　　•연습파일 : 이미지7.jpg, 이미지8.jpg, 이미지9.jpg, 동영상3.mp4

≪출력형태≫

≪처리조건≫

▶ 미디어 소스의 재생 순서를 다음과 같이 지정하시오.
　• 미디어 소스 순서 ⇒ 동영상3.mp4 〉이미지8.jpg 〉이미지7.jpg 〉이미지9.jpg

유형 13 동영상 편집 및 텍스트 넣기

핵심만 쏙쏙 ❶ 동영상 편집 ❷ 텍스트 넣기

문제에서 제시하는 조건에 맞춰 동영상을 편집하고 애니메이션 효과와 시각 효과를 설정한 후 텍스트를 입력해 동영상을 꾸밀 수 있습니다.

핵심 짚어보기

• **연습파일** : 유형13.grp   • **완성파일** : 유형13(완성).grp

≪출력형태≫

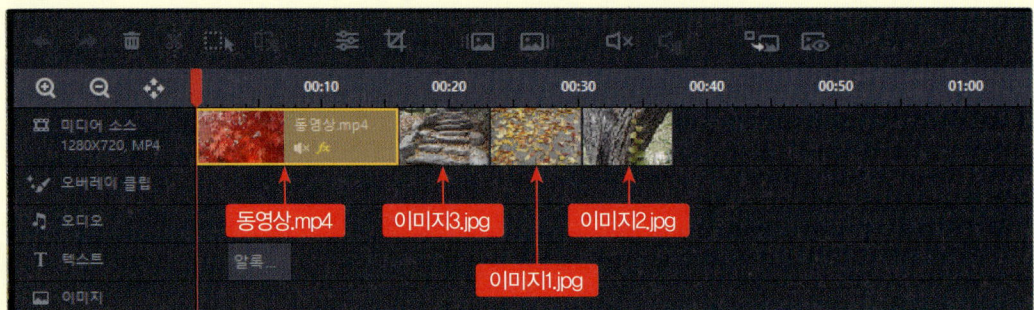

≪처리조건≫

▶ 동영상 파일('동영상.mp4')을 다음과 같이 처리하시오.
- 재생 속도 : 1.5x
- 자르기 : 시작 지점(0.00s), 종료 지점(16.00s)
- 필터 효과 : 파스텔(감마 : 140, 노출 : 10)
- 텍스트 ⇒ 텍스트 입력 : 알록달록 예쁜 단풍
  텍스트 서식(휴먼편지체, 60pt, FBE31E), 텍스트 윤곽선 색(색 없음),
  시작 시간(2.50s), 지속 시간(5.00), 위치 설정(화면 정가운데 아래)
- 재생 속도 설정 후 자르기를 하여야 하며, 동영상을 자른 후 뒷 부분의 동영상은 삭제할 것
- 원본 동영상에 포함된 오디오는 모두 음소거 할 것

시험에서는 원본 동영상에 포함된 오디오는 모두 음소거를 해야 하므로, [음량 조절]을 눌러 음소거를 시킵니다.

핵심만 쏙쏙

❶ 동영상 편집　❷ 텍스트 넣기

01 동영상 편집

❶ '유형13.grp' 파일을 실행 후 타임라인에서 '동영상.mp4' 미디어 소스를 선택하고, [비디오 조정(반전/회전/배속)(🔲)]을 클릭하여 제시된 [속도] 지정(재생 속도 : 1.5x)

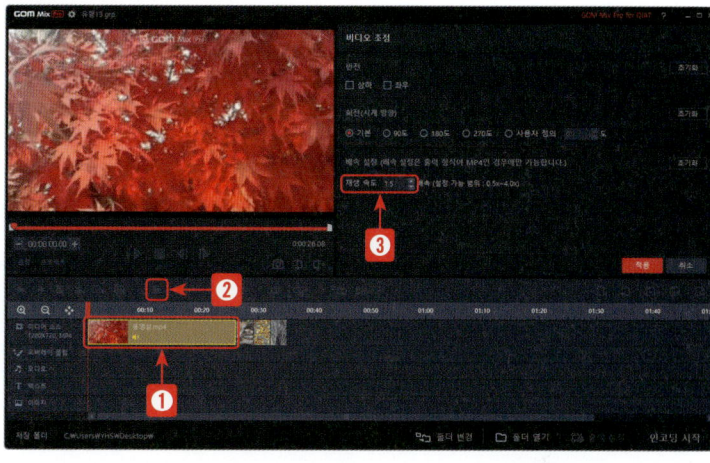

❷ 타임라인을 움직인 후 [동영상 자르기 Ctrl+X (🔲)]를 클릭(자르기 : 시작 지점(0.00s), 종료 지점(16.00s))

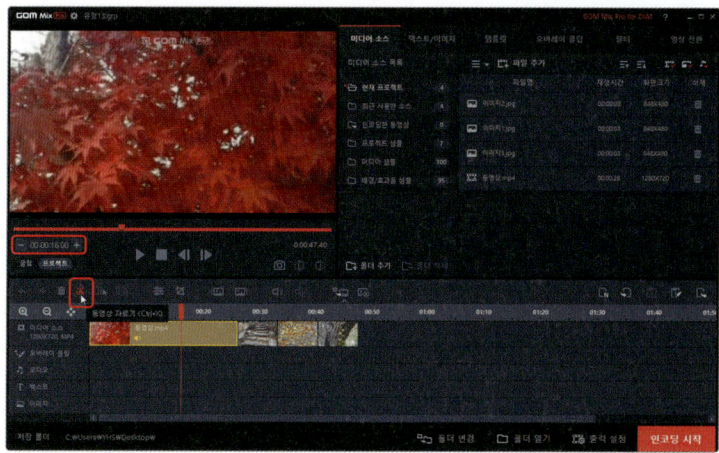

❸ 뒷 부분의 동영상을 선택한 후 [삭제 Delete (🔲)]를 클릭

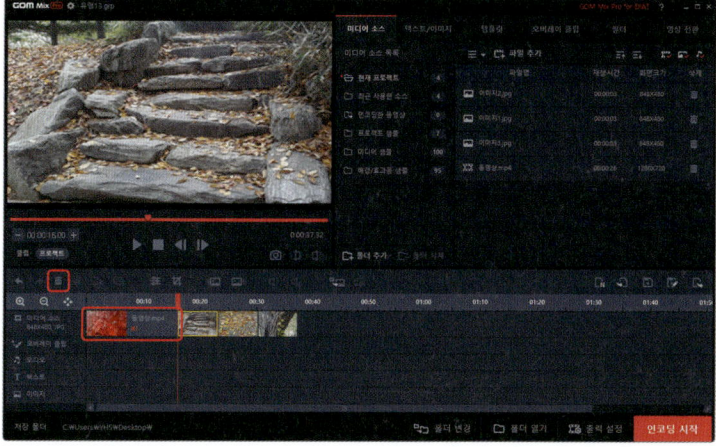

❹ [필터] 탭-[색상 필터]-[파스텔]을 클릭하여 조건으로 제시된 값 설정 후 [적용]을 클릭(감마 : 140, 노출 : 10)

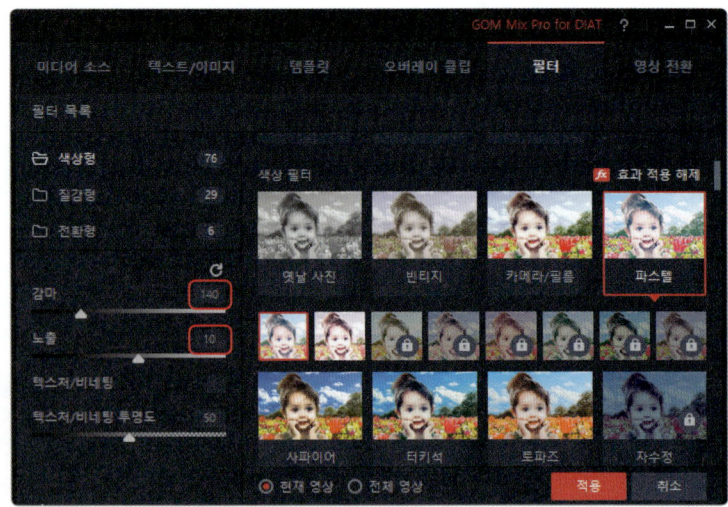

❺ 원본 동영상에 포함된 오디오를 음소거하기 위해 [음량 조절( )]을 클릭

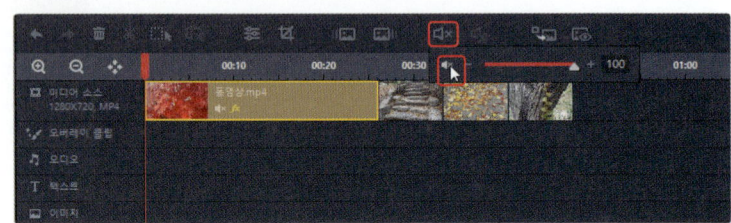

02 텍스트 넣기

❶ [텍스트/이미지] 탭-[텍스트 추가()]를 선택하고, 조건으로 제시된 텍스트를 입력 후 텍스트 서식과 텍스트 윤곽선 색을 지정(텍스트 입력 : 알록달록 예쁜 단풍, 글꼴 서식(휴먼편지체, 60pt, FBE31E), 텍스트 윤곽선 색(색 없음))

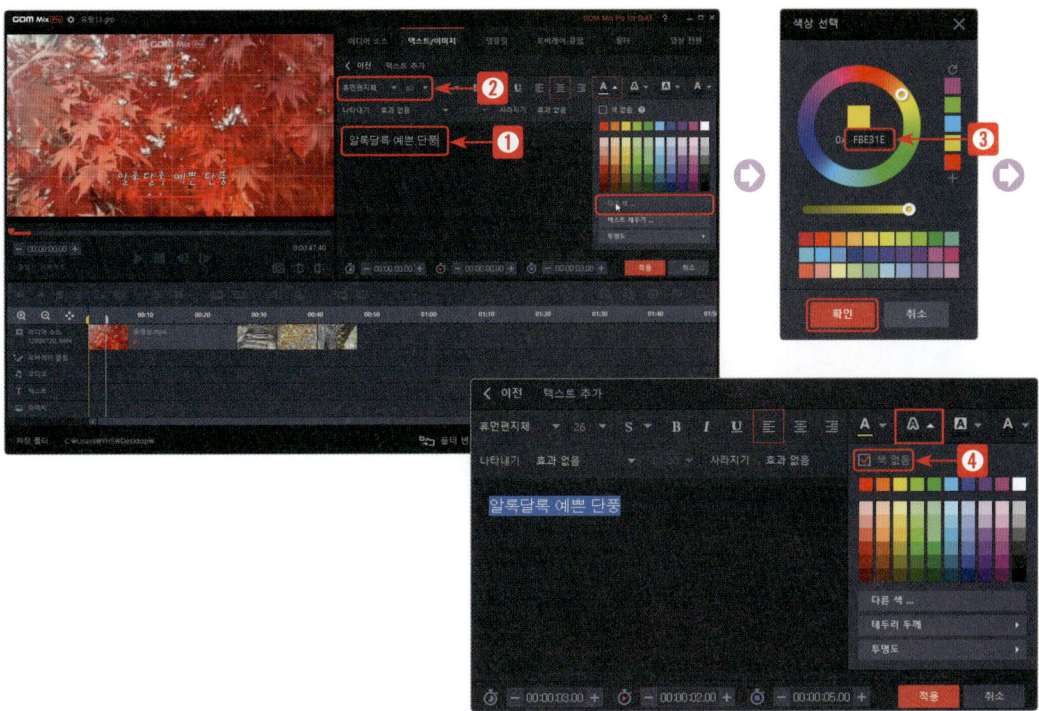

❷ 조건으로 제시된 시작 시간과 지속 시간을 설정(시작 시간(2.50s), 지속 시간(5.00))

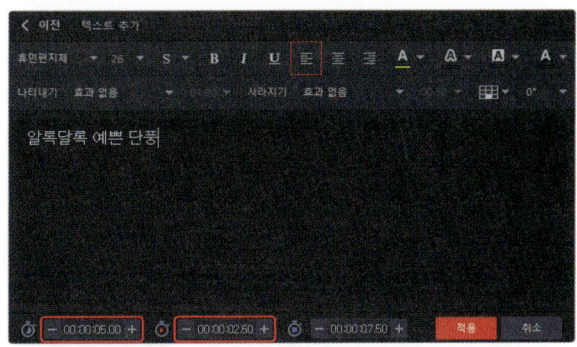

❸ 조건으로 제시된 위치 설정(화면 정가운데 아래)

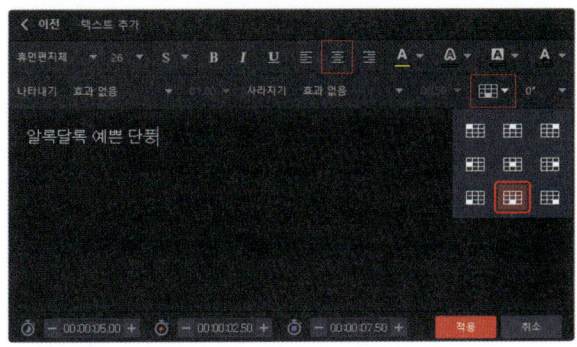

13 빵빵한 예제로 기본다지기

01 처리조건에 따라 출력형태와 같이 완성하시오.
• 연습파일 : 기본13-1.grp
• 완성파일 : 기본13-1(완성).grp

≪출력형태≫

≪처리조건≫

▶ 동영상 파일('동영상1.mp4')을 다음과 같이 처리하시오.
- 재생 속도 : 1.5x
- 자르기 : 시작 지점(0.00s), 종료 지점(15.00s)
- 필터 효과 : 빈티지(감마 : 130, 노출 : 20)
- 텍스트 ⇒ 텍스트 입력 : 빙글빙글 물레방아
  텍스트 서식(휴먼옛체, 28pt, 2C51FD), 텍스트 윤곽선 색(색 없음),
  시작 시간(2.50s), 지속 시간(9.00), 위치 설정(화면 정가운데 아래)
- 재생 속도 설정 후 자르기를 하여야 하며, 동영상을 자른 후 뒷 부분의 동영상은 삭제할 것
- 원본 동영상에 포함된 오디오는 모두 음소거 할 것

02 처리조건에 따라 출력형태와 같이 완성하시오.
• 연습파일 : 기본13-2.grp
• 완성파일 : 기본13-2(완성).grp

≪출력형태≫

≪처리조건≫

▶ 동영상 파일('동영상2.mp4')을 다음과 같이 처리하시오.
- 재생 속도 : 1.5x
- 자르기 : 시작 지점(0.00s), 종료 지점(14.00s)
- 필터 효과 : 옛날사진(감마 : 150, 노출 : 30)
- 텍스트 ⇒ 텍스트 입력 : 유리공예 체험
  텍스트 서식(휴먼편지체, 36pt, 9700FC), 텍스트 윤곽선 색(색 없음),
  시작 시간(2.00s), 지속 시간(7.00), 위치 설정(화면 정가운데 아래)
- 재생 속도 설정 후 자르기를 하여야 하며, 동영상을 자른 후 뒷 부분의 동영상은 삭제할 것
- 원본 동영상에 포함된 오디오는 모두 음소거 할 것

03 처리조건에 따라 출력형태와 같이 완성하시오.

• 연습파일 : 기본13-3.grp
• 완성파일 : 기본13-3(완성).grp

≪출력형태≫

≪처리조건≫

▶ 동영상 파일('동영상3.mp4')을 다음과 같이 처리하시오.
- 재생 속도 : 1.3x
- 자르기 : 시작 지점(0.00s), 종료 지점(18.50s)
- 필터 효과 : 카메라/필름(감마 : 110, 노출 : 10)
- 텍스트 ⇒ 텍스트 입력 : 무시무시한 호랑이
  텍스트 서식(휴먼옛체, 30pt, FFFF02), 텍스트 윤곽선 색(색 없음),
  시작 시간(2.50s), 지속 시간(9.00), 위치 설정(화면 정가운데 아래)
- 재생 속도 설정 후 자르기를 하여야 하며, 동영상을 자른 후 뒷 부분의 동영상은 삭제할 것
- 원본 동영상에 포함된 오디오는 모두 음소거 할 것

04 처리조건에 따라 출력형태와 같이 완성하시오.

• 연습파일 : 기본13-4.grp
• 완성파일 : 기본13-4(완성).grp

≪출력형태≫

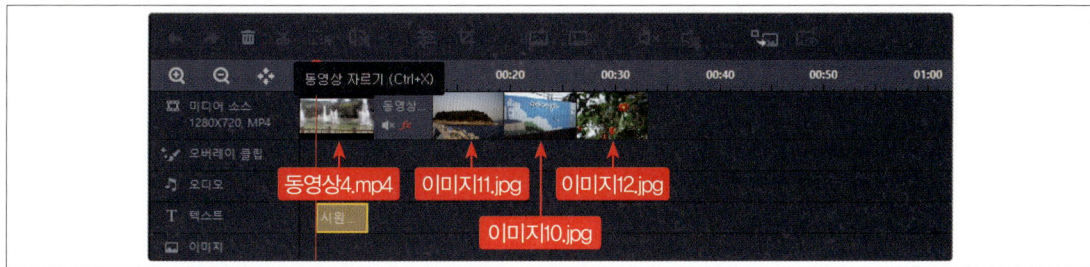

≪처리조건≫

▶ 동영상 파일('동영상4.mp4')을 다음과 같이 처리하시오.
- 재생 속도 : 1.7x
- 자르기 : 시작 지점(0.00s), 종료 지점(12.50s)
- 필터 효과 : 사파이어(감마 : 120, 노출 : 15)
- 텍스트 ⇒ 텍스트 입력 : 시원한 음악분수
  텍스트 서식(휴먼엑스포, 28pt, 1F5617), 텍스트 윤곽선 색(색 없음),
  시작 시간(1.50s), 지속 시간(5.00), 위치 설정(화면 정가운데 아래)
- 재생 속도 설정 후 자르기를 하여야 하며, 동영상을 자른 후 뒷 부분의 동영상은 삭제할 것
- 원본 동영상에 포함된 오디오는 모두 음소거 할 것

유형 14 이미지 파일 설정

핵심만 쏙쏙 ❶ 이미지 파일 설정

문제에서 제시하는 조건에 맞춰 이미지 파일에 애니메이션 효과를 설정한 후 이미지를 꾸밀 수 있습니다.

핵심 짚어보기

• 연습파일 : 유형14.grp   • 완성파일 : 유형14(완성).grp

≪출력형태≫

≪처리조건≫

▶ 미디어 소스의 순서를 다음과 같이 지정하시오.
- '이미지3.jpg' ⇒ 이미지 지속 시간 : 5.00, 오버레이 클립 : 위 → 아래 이동 (지속 시간 : 2.00), 영상 전환 : 오른쪽으로 덮기 (지속 시간 : 1.00)
- '이미지1.jpg' ⇒ 이미지 지속 시간 : 5.00, 오버레이 클립 : 위 클로즈업 → 전체 화면 (지속 시간 : 2.00), 영상 전환 : 위로 펼치며 밀기 (지속 시간 : 2.00)
- '이미지2.jpg' ⇒ 이미지 지속 시간 : 6.00, 오버레이 클립 : 아래 → 위 이동 (지속 시간 : 2.00), 영상 전환 : 세로 회전 날아가기 (지속 시간 : 1.00)

클래스업

이미지 '미디어 소스' 위에 마우스를 위치시켜 파일명을 정확히 확인한 후 〈처리조건〉에 맞춰 이미지 지속 시간, 오버레이 클립, 영상 전환 효과 등을 설정합니다.

14 핵심만 쏙쏙
❶ 이미지 파일 설정

01 이미지 파일 설정

❶ '유형14.grp' 파일을 실행 후 타임라인에서 해당 이미지 미디어 소스를 선택하고, 마우스 오른쪽을 누른 후 [지속 시간 변경(이미지 타입)]에서 조건으로 제시된 [지속 시간] 설정

 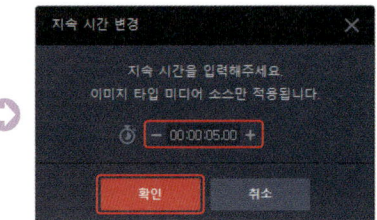

- '이미지3.jpg' ⇒ 이미지 지속 시간 : 5.00
- '이미지1.jpg' ⇒ 이미지 지속 시간 : 5.00
- '이미지2.jpg' ⇒ 이미지 지속 시간 : 6.00

❷ [오버레이 클립] 탭에서 조건으로 제시된 전환 및 지속 시간 설정

- '이미지3.jpg' ⇒ 오버레이 클립 : 위 → 아래 이동 (지속 시간 : 2.00)
- '이미지1.jpg' ⇒ 오버레이 클립 : 위 클로즈 업 → 전체 화면 (지속 시간 : 2.00)
- '이미지2.jpg' ⇒ 오버레이 클립 : 아래 → 위 이동 (지속 시간 : 2.00)

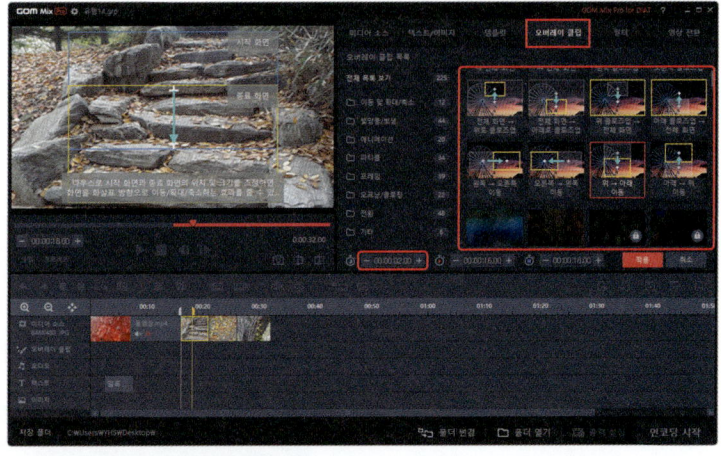

❸ [영상 전환] 탭에서 조건으로 제시된 전환 및 지속 시간 설정

- '이미지3.jpg' ⇒ 영상 전환 : 오른쪽으로 덮기 (지속 시간 : 1.00)
- '이미지1.jpg' ⇒ 영상 전환 : 위로 펼치며 밀기 (지속 시간 : 2.00)
- '이미지2.jpg' ⇒ 영상 전환 : 세로 회전 날아가기 (지속 시간 : 1.00)

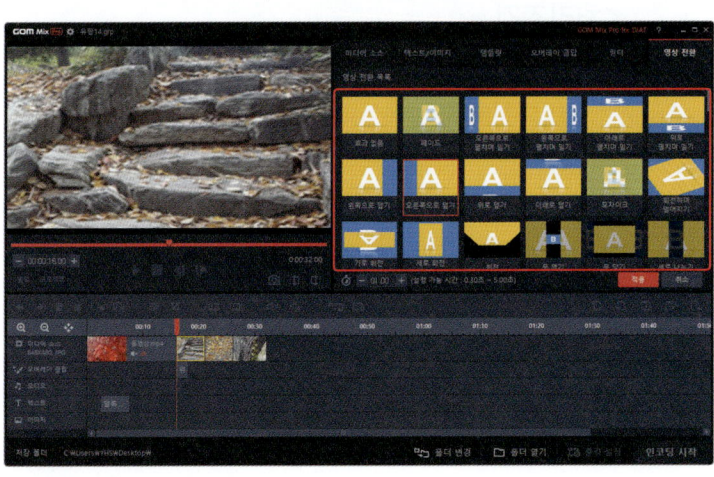

14 빵빵한 예제로 기본다지기

01 처리조건에 따라 출력형태와 같이 완성하시오.

· 연습파일 : 기본14-1.grp
· 완성파일 : 기본14-1(완성).grp

≪출력형태≫

≪처리조건≫

▶ 이미지 파일을 다음과 같이 처리하시오.
- '이미지1.jpg' ⇒ 이미지 지속 시간 : 6.00, 오버레이 클립 : 왼쪽 클로즈업 → 전체 화면 (지속 시간 : 2.00), 영상 전환 : 페이드 (지속 시간 : 1.00)
- '이미지3.jpg' ⇒ 이미지 지속 시간 : 6.00, 오버레이 클립 : 전체 화면 → 아래로 클로즈업 (지속 시간 : 2.00), 영상 전환 : 회전하며 멀어지기 (지속 시간 : 2.00)
- '이미지2.jpg' ⇒ 이미지 지속 시간 : 6.00, 오버레이 클립 : 왼쪽 → 오른쪽 이동 (지속 시간 : 2.00), 영상 전환 : 문열기 (지속 시간 : 1.00)

02 처리조건에 따라 출력형태와 같이 완성하시오.

· 연습파일 : 기본14-2.grp
· 완성파일 : 기본14-2(완성).grp

≪출력형태≫

≪처리조건≫

▶ 이미지 파일을 다음과 같이 처리하시오.
- '이미지6.jpg' ⇒ 이미지 지속 시간 : 5.00, 오버레이 클립 : 오른쪽 클로즈업 → 전체 화면 (지속 시간 : 2.00), 영상 전환 : 오른쪽으로 펼치며 밀기 (지속 시간 : 2.00)
- '이미지5.jpg' ⇒ 이미지 지속 시간 : 5.00, 오버레이 클립 : 아래로 클로즈업 → 전체 화면 (지속 시간 : 2.00), 영상 전환 : 모자이크 (지속 시간 : 1.00)
- '이미지4.jpg' ⇒ 이미지 지속 시간 : 5.00, 오버레이 클립 : 오른쪽 → 왼쪽 이동 (지속 시간 : 2.00), 영상 전환 : 세로 나누기 (지속 시간 : 2.00)

03 처리조건에 따라 출력형태와 같이 완성하시오.

· 연습파일 : 기본14-3.grp
· 완성파일 : 기본14-3(완성).grp

≪출력형태≫

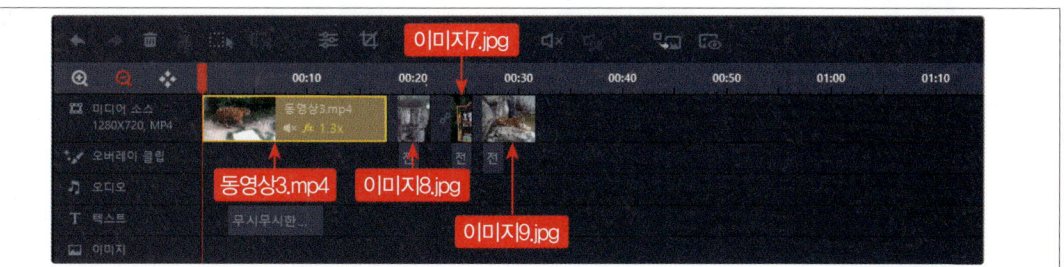

≪처리조건≫

▶ 이미지 파일을 다음과 같이 처리하시오.
- '이미지8.jpg' ⇒ 이미지 지속 시간 : 6.00, 오버레이 클립 : 전체 화면 → 왼쪽 클로즈업 (지속 시간 : 2.00), 영상 전환 : 왼쪽으로 펼치며 밀기 (지속 시간 : 1.00)
- '이미지7.jpg' ⇒ 이미지 지속 시간 : 5.00, 오버레이 클립 : 전체 화면 → 위로 클로즈업 (지속 시간 : 2.00), 영상 전환 : 왼쪽으로 덮기 (지속 시간 : 2.00)
- '이미지9.jpg' ⇒ 이미지 지속 시간 : 6.00,
  오버레이 클립 : 전체 화면 → 오른쪽 클로즈업 (지속 시간 : 2.00),
  영상 전환 : 가로 회전 날아가기 (지속 시간 : 1.00)

04 처리조건에 따라 출력형태와 같이 완성하시오.

· 연습파일 : 기본14-4.grp
· 완성파일 : 기본14-4(완성).grp

≪출력형태≫

≪처리조건≫

▶ 이미지 파일을 다음과 같이 처리하시오.
- '이미지11.jpg' ⇒ 이미지 지속 시간 : 6.00, 오버레이 클립 : 오른쪽 클로즈업 → 전체 화면 (지속 시간 : 2.00), 영상 전환 : 아래로 펼치며 밀기 (지속 시간 : 1.00)
- '이미지10.jpg' ⇒ 이미지 지속 시간 : 5.00, 오버레이 클립 : 위 클로즈업 → 전체 화면 (지속 시간 : 2.00), 영상 전환 : 위로 덮기 (지속 시간 : 1.00)
- '이미지12.jpg' ⇒ 이미지 지속 시간 : 6.00, 오버레이 클립 : 오른쪽 → 왼쪽 이동 (지속 시간 : 2.00), 영상 전환 : 문닫기 (지속 시간 : 1.00)

오프닝 만들기

핵심만 쏙쏙 ❶ 오프닝 만들기

문제에서 제시하는 조건에 맞춰 동영상 시작 부분에 텍스트를 만들어 영화처럼 꾸밀 수 있습니다.

핵심 짚어보기

• 연습파일 : 유형15.grp   • 완성파일 : 유형15(완성).grp

≪출력형태≫

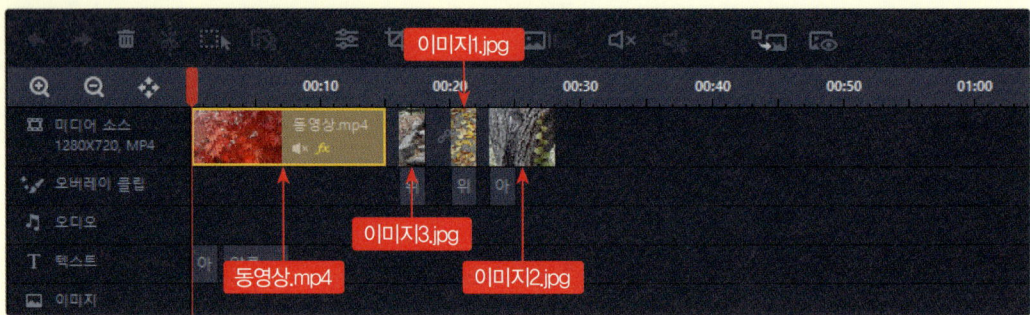

≪처리조건≫

▶ 다음 조건에 따라 동영상 시작 부분에 텍스트를 지정하시오.

• 텍스트 입력 :
  아름다운 단풍
  Beautiful Fall Leaves

텍스트 서식(맑은 고딕, 36pt, F50000), 텍스트 윤곽선 색(000000, 테두리 두께 : 30%), 시작 시간(0.00s), 텍스트 지속 시간(2.00), 나타내기(깜빡이며 나타나기, 지속 시간 : 2.00)

 클래스업

시험에서는 주로 제목을 이용하여 오프닝 텍스트를 만드는 형태로 출제되고 있으니 알아두도록 합니다.

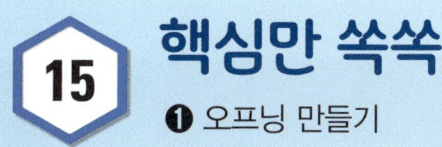

핵심만 쏙쏙

❶ 오프닝 만들기

01 오프닝 만들기

❶ '유형15.grp' 파일을 실행 후 [텍스트/이미지] 탭-[텍스트 추가(A+ 텍스트 추가)]를 선택하고, 조건으로 제시된 텍스트를 입력

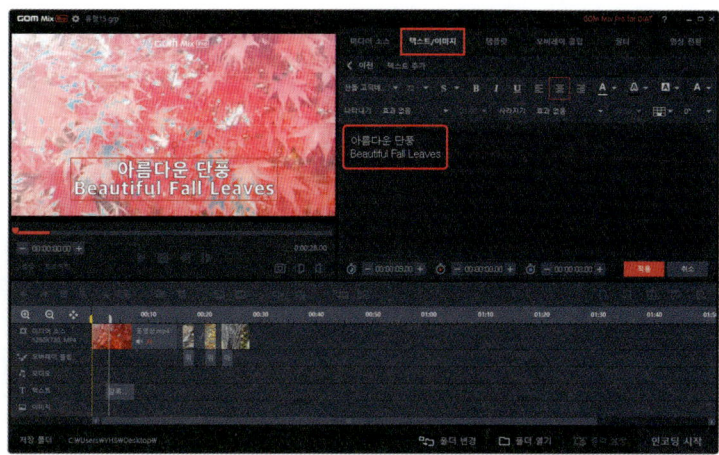

❷ 조건으로 제시된 텍스트 서식을 지정(텍스트 서식(맑은 고딕, 36pt, F50000))

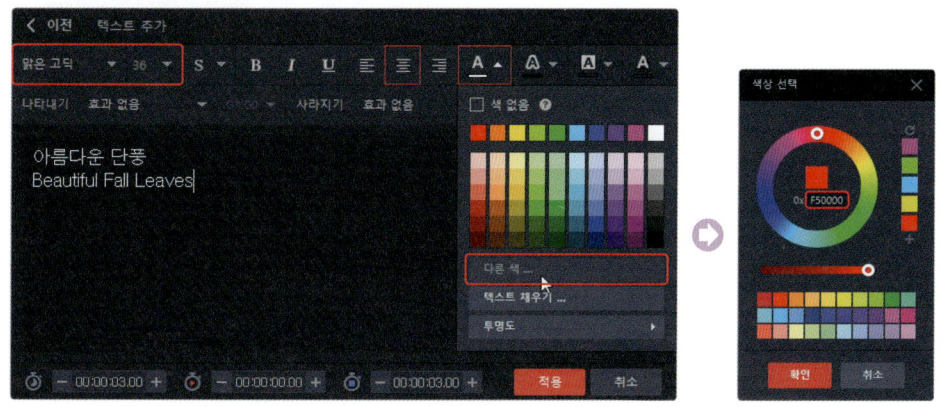

❸ 조건으로 제시된 텍스트 윤곽선 색을 지정(텍스트 윤곽선 색(000000, 테두리 두께 : 30%))

❹ 조건으로 제시된 시작 시간과 텍스트 지속 시간을 설정(시작 시간(0.00s), 텍스트 지속 시간(2.00))

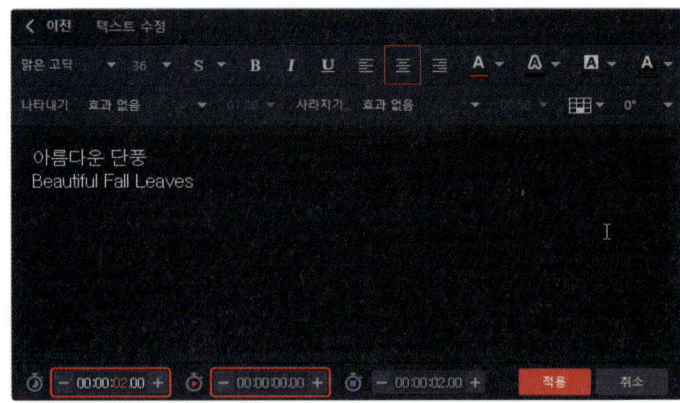

❺ 조건으로 제시된 나타내기 설정(나타내기(깜빡이며 나타나기, 지속 시간 : 2.00))

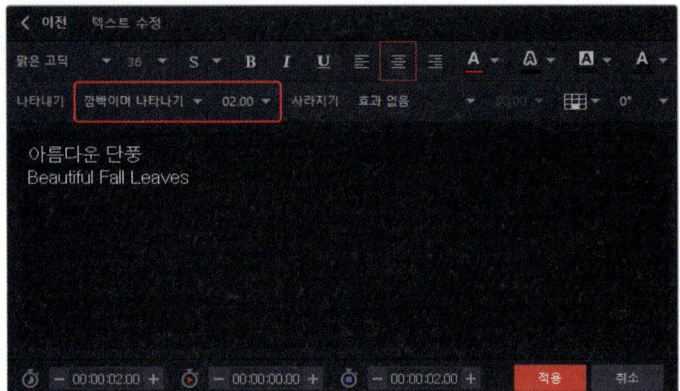

15 빵빵한 예제로 기본다지기

 처리조건에 따라 출력형태와 같이 완성하시오.

• 연습파일 : 기본15-1.grp
• 완성파일 : 기본15-1(완성).grp

≪출력형태≫

≪처리조건≫

▶ 다음 조건에 따라 동영상 시작 부분에 텍스트를 지정하시오.

• 텍스트 입력 :
    물레방아 공원
    A mill the park

텍스트 서식(휴먼옛체, 40pt, FF2214), 텍스트 윤곽선 색(2C51FD, 테두리 두께 : 20%),
시작 시간(0.00s), 텍스트 지속 시간(2.00), 나타내기(서서히 커지면서 나타나기, 지속 시간 : 2.00)

02 처리조건에 따라 출력형태와 같이 완성하시오.

• 연습파일 : 기본15-2.grp
• 완성파일 : 기본15-2(완성).grp

≪출력형태≫

≪처리조건≫

▶ 다음 조건에 따라 동영상 시작 부분에 텍스트를 지정하시오.

• 텍스트 입력 :
    유리공원
    Glass Park

텍스트 서식(휴먼편지체, 36pt, F5D953), 텍스트 윤곽선 색(9700FC, 테두리 두께 : 10%),
시작 시간(0.00s), 텍스트 지속 시간(4.00), 나타내기(서서히 작아지며 나타나기, 지속 시간 : 2.00)

03 처리조건에 따라 출력형태와 같이 완성하시오.

· 연습파일 : 기본15-3.grp
· 완성파일 : 기본15-3(완성).grp

≪출력형태≫

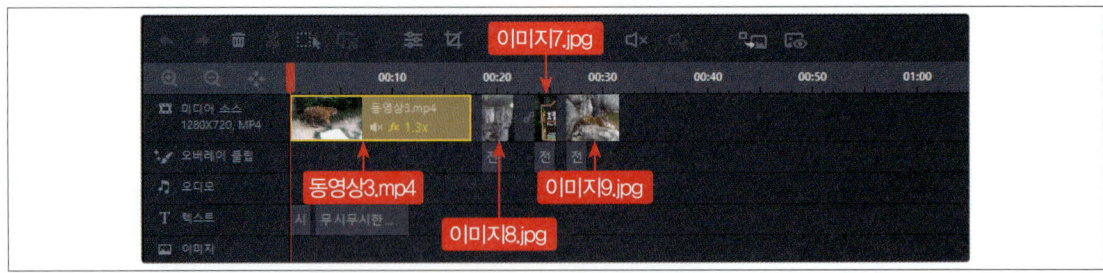

≪처리조건≫

▶ 다음 조건에 따라 동영상 시작 부분에 텍스트를 지정하시오.

· 텍스트 입력 :
  시베리아호랑이
  Siberian tiger

  텍스트 서식(맑은 고딕, 42pt, 943CD7), 텍스트 윤곽선 색(43DC30, 테두리 두께 : 15%), 시작 시간(0.00s), 텍스트 지속 시간(2.00), 나타내기(세로로 늘어났다 나타나기, 지속 시간 : 2.00)

04 처리조건에 따라 출력형태와 같이 완성하시오.

· 연습파일 : 기본15-4.grp
· 완성파일 : 기본15-4(완성).grp

≪출력형태≫

≪처리조건≫

▶ 다음 조건에 따라 동영상 시작 부분에 텍스트를 지정하시오.

· 텍스트 입력 :
  음악분수
  Music Fountain

  텍스트 서식(궁서, 40pt, 43B335), 텍스트 윤곽선 색(F77200, 테두리 두께 : 20%), 시작 시간(0.00s), 텍스트 지속 시간(2.00), 나타내기(닦아내기, 지속 시간 : 1.00)

유형 16 음악 파일 삽입 및 파일 저장

핵심만 쏙쏙 ❶ 음악 파일 삽입하기 ❷ 동영상 파일 저장하기

문제에서 제시하는 조건에 맞춰 동영상에 음악 파일을 삽입하고 파일을 저장하는 방법을 알아봅니다.

핵심 짚어보기

- 연습파일 : 유형16.grp   • 완성파일 : 유형16(완성).grp

≪출력형태≫

≪처리조건≫

▶ 다음 조건에 따라 동영상 전체에 음악 파일('음악.mp3')을 삽입하시오.
   • 시작 구간 : 0.00s, 종료 구간 : 28s, 음량 조절 : 70

▶ 다음과 같은 규칙으로 GRP 파일을 내보내기 하시오.
   • 저장위치 : 바탕화면 – KAIT – 제출파일 폴더

GRP	파일명	dic_03_수검번호(6자리)_이름.GRP

(예 수검번호가 DIC-XXXX-000000인 경우 "dic_03_000000_이름.GRP"로 내보내기 할 것)
(* 내보내기 이외의 기능을 이용하여 저장할 시 "0점" 처리 됨)

 클래스업

시험에서는 마지막 조건에 맞춰 음악 파일을 삽입하여 [문제3]의 답안을 완성한 후 파일 저장 규칙에 따라 [바탕화면–KAIT–제출파일] 폴더에 GRP 파일을 저장해야 합니다.

 **핵심만 쏙쏙**
❶ 음악 파일 삽입하기   ❷ 동영상 파일 저장하기

01 음악 파일 삽입하기

❶ '유형16.GRP' 파일을 실행 후 [파일 추가( )] 버튼을 클릭

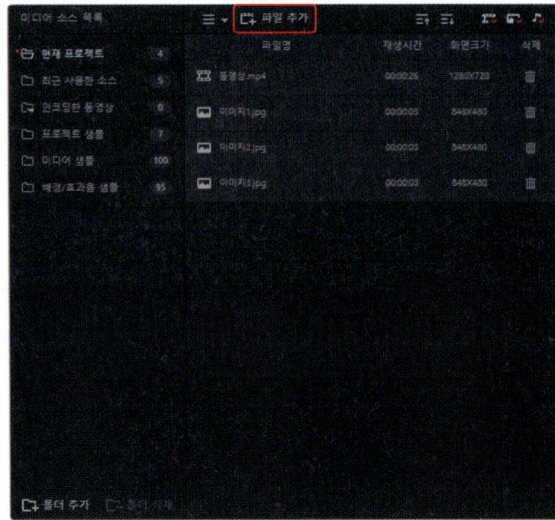

❷ [열기] 대화상자가 나타나면 조건으로 제시된 음악 파일('음악.mp3')을 선택

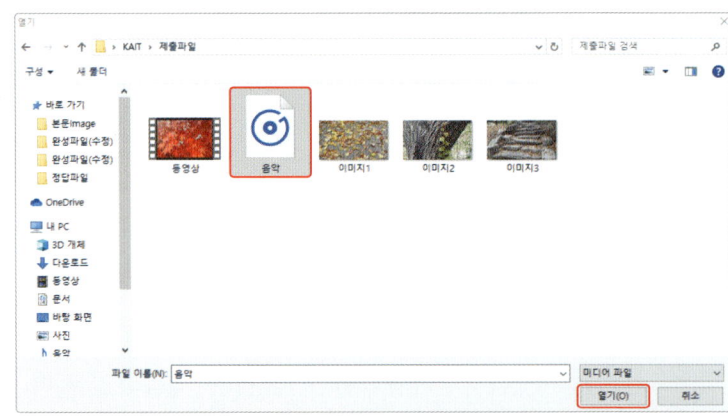

 시험에서는 [바탕화면]-[KAIT]-[제출파일] 폴더에서 조건에 해당하는 음악 파일을 불러옵니다.

❸ 음악 파일('음악.mp3')을 마우스로 드래그하여 타임라인 위치에 끌어다 놓음

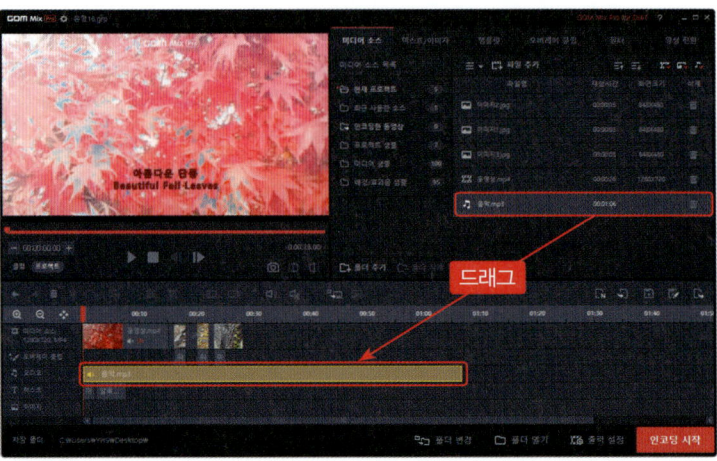

❹ [선택된 오디오 편집( )]-[편집]을 클릭하여 조건으로 지정된 내역 설정(시작 구간 : 0.00s, 종료 구간 : 28s)

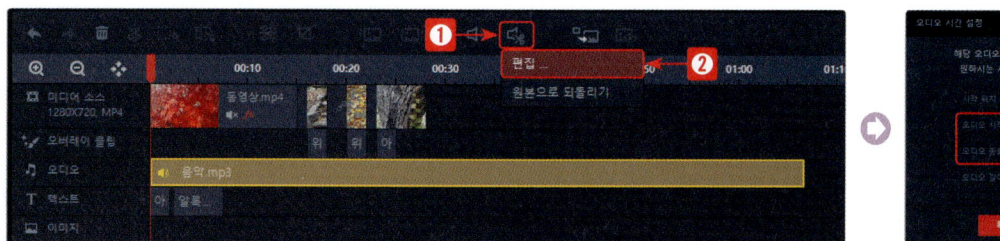

❺ [음량조절( )]을 클릭하여 조건으로 지정된 내역 설정(음량 조절 : 70)

02 동영상 파일 저장하기

❶ [내보내기 Ctrl + E ( )]를 클릭한 후 [내보내기] 대화상자가 나타나면 제시된 경로와 위치에 파일 저장

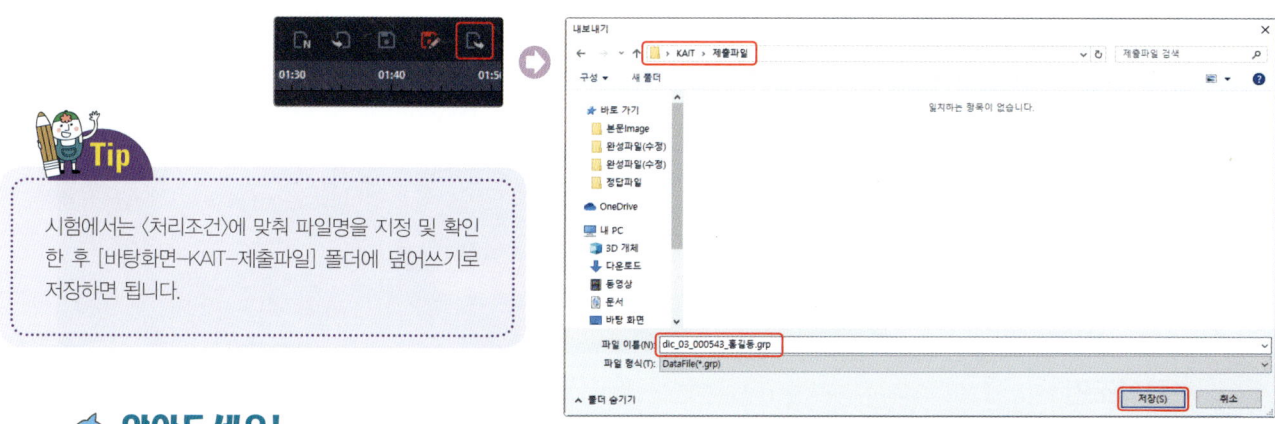

Tip
시험에서는 〈처리조건〉에 맞춰 파일명을 지정 및 확인한 후 [바탕화면-KAIT-제출파일] 폴더에 덮어쓰기로 저장하면 됩니다.

알아두세요!

실제 시험장에서 문제 작성/저장 방법

- 곰 믹스 프로 프로그램을 실행하고 [바탕화면-KAIT-제출파일] 폴더에 있는 답안 파일을 불러와 〈처리조건〉에 따라 답안을 작성합니다. (권장사항)

  ▶ 불러올 파일

  | [문제3] | dic_03_수검번호(6자리)_이름.GRP |

- [바탕화면-KAIT-제출파일] 폴더에 있는 파일을 불러와 작업한 경우에는 파일명과 저장위치의 변경 없이 Ctrl + S 를 눌러 수시로 답안을 저장하면 됩니다.

  ※ 시험에서는 GRP 파일 이외에 별도의 동영상 파일은 저장할 필요가 없습니다.

16 빵빵한 예제로 기본다지기

01 처리조건에 따라 출력형태와 같이 완성하시오.

• 연습파일 : 기본16-1.grp
• 완성파일 : 기본16-1(완성).grp

≪출력형태≫

≪처리조건≫

▶ 다음 조건에 따라 동영상 전체에 음악 파일('음악.mp3')을 삽입하시오.
  • 시작 구간 : 0.00s, 종료 구간 : 29s, 음량 조절 : 80

▶ 다음과 같은 규칙으로 GRP 파일을 내보내기 하시오.

GRP	파일명	dic_03_수검번호(6자리)_이름.GRP

02 처리조건에 따라 출력형태와 같이 완성하시오.

• 연습파일 : 기본16-2.grp
• 완성파일 : 기본16-2(완성).grp

≪출력형태≫

≪처리조건≫

▶ 다음 조건에 따라 동영상 전체에 음악 파일('음악.mp3')을 삽입하시오.
  • 시작 구간 : 0.00s, 종료 구간 : 24s, 음량 조절 : 90

▶ 다음과 같은 규칙으로 GRP 파일을 내보내기 하시오.

GRP	파일명	dic_03_수검번호(6자리)_이름.GRP

03 처리조건에 따라 출력형태와 같이 완성하시오.

• 연습파일 : 기본16-3.grp
• 완성파일 : 기본16-3(완성).grp

≪출력형태≫

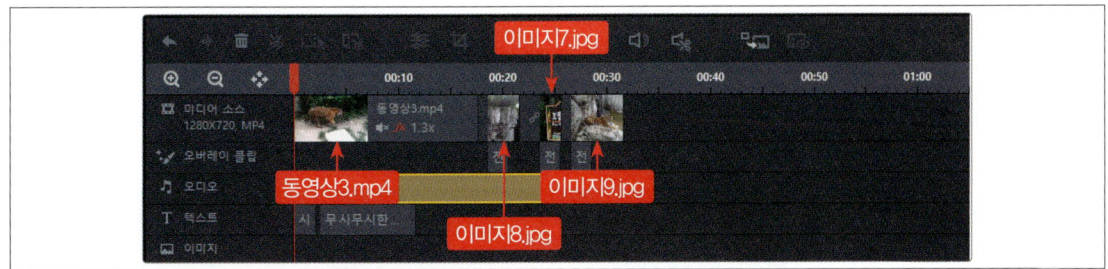

≪처리조건≫

▶ 다음 조건에 따라 동영상 전체에 음악 파일('음악.mp3')을 삽입하시오.
  • 시작 구간 : 0.00s, 종료 구간 : 31.50s, 음량 조절 : 60

▶ 다음과 같은 규칙으로 GRP 파일을 내보내기 하시오.

GRP	파일명	dic_03_수검번호(6자리)_이름.GRP

 04 처리조건에 따라 출력형태와 같이 완성하시오.

• 연습파일 : 기본16-4.grp
• 완성파일 : 기본16-4(완성).grp

≪출력형태≫

≪처리조건≫

▶ 다음 조건에 따라 동영상 전체에 음악 파일('음악.mp3')을 삽입하시오.
  • 시작 구간 : 0.00s, 종료 구간 : 26.50s, 음량 조절 : 80

▶ 다음과 같은 규칙으로 GRP 파일을 내보내기 하시오.

GRP	파일명	dic_03_수검번호(6자리)_이름.GRP

16 빵빵한 예제로 실전다지기

01 원본파일을 처리조건에 따라 결과파일로 완성하시오.
• 연습파일 : 실전5-1.jpg, 실전5-2.jpg, 실전5-3.jpg, 동영상1.mp4, 음악1.mp3
• 완성파일 : dic_03_000005_홍길동.grp

≪출력형태≫

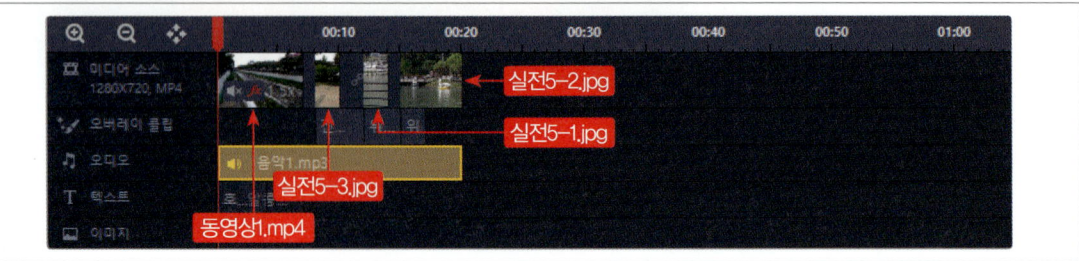

≪처리조건≫

원본 파일	실전5-1.jpg, 실전5-2.jpg, 실전5-3.jpg, 동영상1.mp4, 음악1.mp3

▶ 미디어 소스의 순서를 다음과 같이 지정하시오.
  • 미디어 소스 순서 ⇒ 동영상1.mp4 > 실전5-3.jpg > 실전5-1.jpg > 실전5-2.jpg
▶ 동영상 파일('동영상1.mp3')을 다음과 같이 처리하시오.
  • 재생 속도 : 1.5x
  • 자르기 : 시작 지점(0.00s), 종료 지점(08.00s)
  • 필터 효과 : 사파이어(감마 : 110, 노출 : 20)
  • 텍스트 ⇒ 텍스트 입력 : 알콩달콩 오리 배 타러 가는 길
      텍스트 서식(휴먼옛체, 54pt, FBE31E), 텍스트 윤곽선 색(색 없음),
      시작 시간(2.00s), 지속 시간(5.00), 위치 설정(화면 정가운데 아래)
  • 재생 속도 설정 후 자르기를 하여야 하며, 동영상을 자른 후 뒷 부분의 동영상은 삭제할 것
  • 원본 동영상에 포함된 오디오는 모두 음소거 할 것
▶ 이미지 파일을 다음과 같이 처리하시오.
  • '실전5-3.jpg' ⇒ 이미지 지속 시간 : 5.00, 오버레이 클립 : 전체화면 → 왼쪽 클로즈업 (지속 시간 : 4.00),
      영상 전환 : 위로 펼치며 밀기 (지속 시간 : 1.00)
  • '실전5-1.jpg' ⇒ 이미지 지속 시간 : 5.00, 오버레이 클립 : 위 클로즈업 → 전체화면 (지속 시간 : 3.00),
      영상 전환 : 회전하며 멀어지기 (지속 시간 : 2.00)
  • '실전5-2.jpg' ⇒ 이미지 지속 시간 : 6.00, 오버레이 클립 : 위 → 아래 이동 (지속 시간 : 2.00),
      영상 전환 : 세로 나누기 (지속 시간 : 1.00)
▶ 다음 조건에 따라 동영상 시작 부분에 텍스트를 지정하시오.
  • 텍스트 입력 : 호수 공원 / Lake Park
    텍스트 서식(맑은 고딕, 72pt, F50000), 텍스트 윤곽선 색(0500FF, 테두리 두께 : 20%), 시작 시간(0.00s),
    텍스트 지속 시간(4.00), 나타내기(서서히 커지면서 나타나기, 지속 시간 : 2.00)
▶ 다음 조건에 따라 동영상 전체에 음악 파일('음악1.mp3')을 삽입하시오.
  • 시작 구간 : 0.00s, 종료 구간 : 20s, 음량 조절 : 70
▶ 다음과 같은 규칙으로 GRP 파일을 내보내기 하시오.
  • 저장위치 : 바탕화면 - KAIT - 제출파일 폴더

GRP	파일명	dic_03_수검번호(6자리)_이름.GRP

(예) 수검번호가 DIC-XXXX-000000인 경우 "dic_03_000000_이름.GRP"로 저장할 것
(* 내보내기 이외의 기능을 이용하여 저장 시 "0점" 처리 됨)

02 원본파일을 처리조건에 따라 결과파일로 완성하시오.
• 연습파일 : 실전6-1.jpg, 실전6-2.jpg, 실전6-3.jpg, 동영상2.mp4, 음악2.mp3
• 완성파일 : dic_03_000006_홍길동.grp

≪출력형태≫

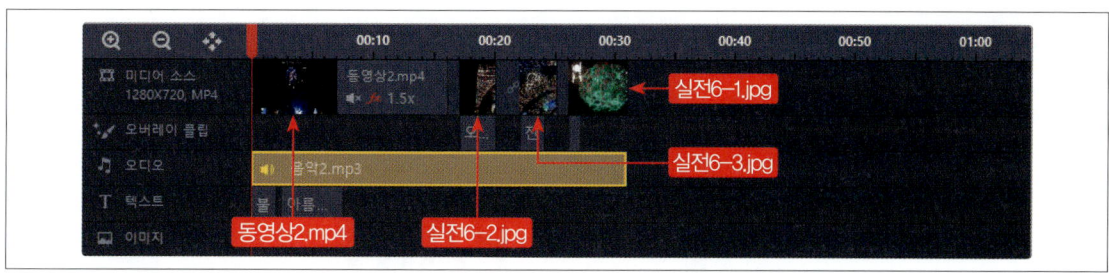

≪처리조건≫

원본 파일	실전6-1.jpg, 실전6-2.jpg, 실전6-3.jpg, 동영상2.mp4, 음악2.mp3

▶ 미디어 소스의 순서를 다음과 같이 지정하시오.
  • 미디어 소스 순서 ⇒ 동영상2.mp4 〉 실전6-2.jpg 〉 실전6-3.jpg 〉 실전6-1.jpg
▶ 동영상 파일('동영상2.mp4')을 다음과 같이 처리하시오.
  • 재생 속도 : 1.5x
  • 자르기 : 시작 지점(0.00s), 종료 지점(17.00s)
  • 필터 효과 : 카메라/필름(감마 : 120, 노출 : 10)
  • 텍스트 ⇒ 텍스트 입력 : 아름다운 불꽃들의 향연
    텍스트 서식(휴먼옛체, 48pt, FFFFFF), 텍스트 윤곽선 색(색 없음),
    시작 시간(2.50s), 지속 시간(5.00), 위치 설정(화면 정가운데 아래)
  • 재생 속도 설정 후 자르기를 하여야 하며, 동영상을 자른 후 뒷 부분의 동영상은 삭제할 것
  • 원본 동영상에 포함된 오디오는 모두 음소거 할 것
▶ 이미지 파일을 다음과 같이 처리하시오.
  • '실전6-2.jpg' ⇒ 이미지 지속 시간 : 6.00,
    오버레이 클립 : 오른쪽 클로즈업 → 전체 화면 (지속 시간 : 3.00),
    영상 전환 : 아래로 펼치며 밀기 (지속 시간 : 1.00)
  • '실전6-3.jpg' ⇒ 이미지 지속 시간 : 6.00,
    오버레이 클립 : 전체 화면 → 아래로 클로즈업 (지속 시간 : 2.00),
    영상 전환 : 모자이크 (지속 시간 : 2.00)
  • '실전6-1.jpg' ⇒ 이미지 지속 시간 : 6.00, 오버레이 클립 : 오른쪽 → 왼쪽 이동 (지속 시간 : 1.00),
    영상 전환 : 문닫기 (지속 시간 : 1.00)
▶ 다음 조건에 따라 동영상 시작 부분에 텍스트를 지정하시오.
  • 텍스트 입력 : 불꽃축제 Firework Festival
    텍스트 서식(휴먼엑스포, 36pt, FFFFFF), 텍스트 윤곽선 색(000000, 테두리 두께 : 30%),
    시작 시간(0.00s), 텍스트 지속 시간(2.00), 나타내기(도장 찍기, 지속 시간 : 1.00)
▶ 다음 조건에 따라 동영상 전체에 음악 파일('음악2.mp3')을 삽입하시오.
  • 시작 구간 : 0.00s, 종료 구간 : 31s, 음량 조절 : 80
▶ 다음과 같은 규칙으로 GRP 파일을 내보내기 하시오.
  • 저장위치 : 바탕화면 – KAIT – 제출파일 폴더

GRP	파일명	dic_03_수검번호(6자리)_이름.GRP

(예) 수검번호가 DIC-XXXX-000000인 경우 "dic_03_000000_이름.GRP"로 내보내기 할 것)
(* 내보내기 이외의 기능을 이용하여 저장할 시 "0점" 처리 됨)

실전모의고사

제**01**회 실전모의고사
제**02**회 실전모의고사
제**03**회 실전모의고사
제**04**회 실전모의고사
제**05**회 실전모의고사
제**06**회 실전모의고사
제**07**회 실전모의고사
제**08**회 실전모의고사
제**09**회 실전모의고사
제**10**회 실전모의고사
제**11**회 실전모의고사
제**12**회 실전모의고사
제**13**회 실전모의고사
제**14**회 실전모의고사
제**15**회 실전모의고사

제 01 회 실전모의고사

- 시험과목 : 멀티미디어제작
- 시험일자 : 20XX. XX. XX(X)
- 응시자 기재사항 및 감독위원 확인

수 검 번 호	DIC - XXXX -	감독위원 확인
성 명		

응시자 유의사항

1. 응시자는 신분증을 지참하여야 시험에 응시할 수 있으며, 시험이 종료될 때까지 신분증을 제시하지 못 할 경우 해당 시험은 0점 처리됩니다.
2. 시스템(PC작동여부, 네트워크 상태 등)의 이상여부를 반드시 확인하여야 하며, 시스템 이상이 있을시 감독위원에게 조치를 받으셔야 합니다.
3. 시험 중 부주의 또는 고의로 시스템을 파손한 경우는 응시자 부담으로 합니다.
4. 답안 전송 프로그램을 통해 다운로드 받은 파일을 이용하여 답안파일을 작성하시기 바랍니다.
5. 작성한 답안 파일은 답안 전송 프로그램을 통하여 전송됩니다. 감독위원의 지시에 따라 주시기 바랍니다.
6. 다음사항의 경우 실격(0점) 혹은 부정행위 처리됩니다.
    1) 답안파일을 저장하지 않았거나, 저장한 파일이 손상되었을 경우
    2) 답안파일을 지정된 폴더(바탕화면 – "KAIT" 폴더)에 저장하지 않았을 경우
        ※ 답안 전송 프로그램 로그인 시 바탕화면에 자동 생성됨
    3) 답안파일을 다른 보조 기억장치(USB) 혹은 네트워크(메신저, 게시판 등)로 전송할 경우
    4) 휴대용 전화기 등 통신기기를 사용할 경우
7. 시험지에 제시된 글꼴이 응시 프로그램에 없는 경우, 반드시 감독위원에게 해당 내용을 통보한 뒤 조치를 받아야 합니다.
8. 시험의 완료는 작성이 완료된 답안을 저장하고, 답안 전송이 완료된 상태를 확인한 것으로 합니다.
    답안 전송 확인 후 문제지는 감독위원에게 제출한 후 퇴실하여야 합니다.
9. 답안전송이 완료된 경우에는 수정 또는 정정이 불가능합니다.
10. [ ]안의 지시사항은 PhotoShop 영문 버전용 입니다.
11. 답안은 PhotoShop과 Gom Mix Pro를 활용하여 작성하십시오.
    ※ PhotoShop 답안파일의 해상도는 72 Pixels/inch로 작성하십시오.
12. 시험시행 후 결과는 홈페이지(www.ihd.or.kr)에서 확인하시기 바랍니다.
    1) 문제 및 모범답안 공개 : 20XX. XX. XX(X)
    2) 합격자 발표 : 20XX. XX. XX(X)

식별CODE

디지털정보활용능력 ❶ 멀티미디어제작

※ PhotoShop 프로그램을 활용하여 [문제 1], [문제 2]를 작업하시오.

문제 01 원본파일을 처리조건에 따라 결과파일로 완성하시오. 50점

≪처리조건≫

▶ 다음과 같이 캔버스 크기를 변경하시오.
- 캔버스 크기[Canvas Size] ⇒ 가로(650 픽셀[Pixels]) X 세로(450 픽셀[Pixels])

▶ '사진1.jpg' 이미지를 불러와 기존 캔버스에 복사한 후 다음과 같이 처리하시오.
- ① ⇒ 복제 도장 도구[Clone Stamp Tool]를 이용하여 이미지 복사
- ② ⇒ 색조/채도[Hue/Saturation]를 이용하여 보라색 계열로 보정
- ③ ⇒ 색상 균형[Color Balance]을 이용하여 초록색 계열로 보정
- 밝기 조정 ⇒ 곡선[Curves]을 이용하여 이미지 조정 (Input : 90, Output : 120)
- 필터 효과 ⇒ 그물눈[Crosshatch]을 이용하여 필터 적용
  (선/획 길이[Stroke Length] : 5, 선명도[Sharpness] : 10, 강도[Strength] : 1)

▶ 지시사항이 없는 경우는 기본 값을 적용하시오.

▶ 다음과 같은 규칙으로 JPG 파일과 PSD 파일을 각각 저장하시오.
- 저장위치 : 바탕화면 – KAIT – 제출파일 폴더

JPG	파일명	dic_01_수검번호(6자리)_이름.JPG	PSD	파일명	dic_01_수검번호(6자리)_이름.PSD
	이미지 크기	600 X 400 픽셀[Pixels]		이미지 크기	65 X 45 픽셀[Pixels]

(예 수검번호가 DIC-XXXX-000000인 경우 "dic_01_000000_이름.JPG"과 "dic_01_000000_이름.PSD"로 저장할 것)
(* dic_01_000000_이름.JPG와 dic_01_000000_이름.PSD 파일 중 하나라도 누락시 "0점" 처리 됨)

디지털정보활용능력 ❷ 멀티미디어제작

소요시간 :   분

문제 02 원본파일을 처리조건에 따라 결과파일로 완성하시오.   80점

≪원본파일≫	≪결과파일≫

≪처리조건≫

▶ 다음과 같이 캔버스 크기를 변경하시오.
- 캔버스 조정 ⇒ 캔버스 크기[Canvas Size] ⇒ 가로(650 픽셀[Pixels]) X 세로(450 픽셀[Pixels])

▶ '사진2.jpg' 이미지를 불러와 기존 캔버스에 복사한 후 다음과 같이 처리하시오.
- ① ⇒ 모양 도구[Shape Tool] 이용
    레이어 스타일 – 선/획[Stroke] (크기 : 3px, 색상 : #9f20bf),
    그라디언트 오버레이[Gradient Overlay] (색상 : #f02222 – #27ed3a)
- "Mural Village" ⇒ 글꼴(Arial), 글꼴 스타일(Bold Italic), 크기(48pt), 색상(#f0b467),
    앤티 앨리어싱 : 선명하게[Sharp],
    레이어 스타일 – 선/획[Stroke] (크기 : 5px, 색상 : #3d2c0d)
- "벽화 마을로의 여행" ⇒ 글꼴(궁서), 크기(30pt), 색상(#c52043), 앤티 앨리어싱 : 선명하게[Sharp],
    레이어 스타일 – 선/획[Stroke] (크기 : 3px, 색상 : #ffffff)

▶ 타원 도구[Ellipse Tool]와 '사진3.jpg'를 이용하여 새로운 레이어를 생성하시오.
- 원의 크기 ⇒ 200 px × 200 px (단, 클리핑 마스크 기능을 이용할 것)
    레이어 스타일 – 선/획[Stroke] (크기 : 5px, 색상 : #2fbf20, 위치 : 안쪽[Inside]),
    그림자 효과[Drop Shadow] (혼합모드[Blend Mode] : 곱하기[Multiply], 각도[Angle] : 120°)

▶ 지시사항이 없는 경우는 기본 값을 적용하시오.

▶ 다음과 같은 규칙으로 JPG 파일과 PSD 파일을 각각 저장하시오.
- 저장위치 : 바탕화면 – KAIT – 제출파일 폴더

JPG	파일명	dic_02_수검번호(6자리)_이름.JPG	PSD	파일명	dic_02_수검번호(6자리)_이름.PSD
	이미지 크기	600 X 400 픽셀[Pixels]		이미지 크기	65 X 45 픽셀[Pixels]

(예 수검번호가 DIC-XXXX-000000인 경우 "dic_02_000000_이름.JPG"과 "dic_02_000000_이름.PSD"로 저장할 것)
(* dic_02_000000_이름.JPG와 dic_02_000000_이름.PSD 파일 중 하나라도 누락시 "0점" 처리 됨)

디지털정보활용능력 ❸ 멀티미디어제작

소요시간 :   분

※ Gom Mix Pro 프로그램을 활용하여 [문제 3]을 작업하시오.

문제 03 처리조건에 따라 출력형태와 같이 완성하시오.   70점

≪출력형태≫

≪처리조건≫ | 원본 파일 | 이미지1.jpg, 이미지2.jpg, 이미지3.jpg, 동영상.mp4, 음악.mp3

▶ 미디어 소스의 순서를 다음과 같이 지정하시오.
  • 미디어 소스 순서 ⇒ 동영상.mp4 〉 이미지2.jpg 〉 이미지3.jpg 〉 이미지1.jpg
▶ 동영상 파일('동영상.mp4')을 다음과 같이 처리하시오.
  • 재생 속도 : 1.3x
  • 자르기 : 시작 지점(0.00s), 종료 지점(12.30s)
  • 필터 효과 : 카메라/필름(감마 : 140, 노출 : 10)
  • 텍스트 ⇒ 텍스트 입력 : 담장의 물고기떼
      텍스트 서식(굴림체, 48pt, E000DC), 텍스트 윤곽선 색(색 없음), 시작 시간(5.50s), 지속 시간(4.00), 위치 설정(화면 정가운데 아래)
  • 재생 속도 설정 후 자르기를 하여야 하며, 동영상을 자른 후 뒷 부분의 동영상은 삭제할 것
  • 원본 동영상에 포함된 오디오는 모두 음소거 할 것
▶ 이미지 파일을 다음과 같이 처리하시오.
  • '이미지2.jpg' ⇒ 이미지 지속 시간 : 6.00, 오버레이 클립 : 왼쪽 클로즈업 → 전체화면 (지속 시간 : 2.00), 영상 전환 : 오른쪽으로 펼치며 밀기 (지속 시간 : 2.00)
  • '이미지3.jpg' ⇒ 이미지 지속 시간 : 5.00, 오버레이 클립 : 위 클로즈업 → 전체화면 (지속 시간 : 1.00), 영상 전환 : 위로 덮기 (지속 시간 : 2.00)
  • '이미지1.jpg' ⇒ 이미지 지속 시간 : 6.00, 오버레이 클립 : 위 → 아래 이동 (지속 시간 : 2.00), 영상 전환 : 회전 (지속 시간 : 1.00)
▶ 다음 조건에 따라 제목을 이용하여 자막을 지정하시오.
  • 텍스트 입력 : 벽화 마을의 아름다움 (Beauty of mural village)
    텍스트 서식(궁서체, 66pt, 6B92BF), 텍스트 윤곽선 색(000000, 테두리 두께 : 20%), 시작 시간(0.00s), 텍스트 지속 시간(4.00), 나타내기(세로로 늘었났다 나타나기, 지속 시간 : 2.00)
▶ 다음 조건에 따라 동영상 전체에 음악 파일('음악.mp3')을 삽입하시오.
  • 시작구간 : 0.00s, 종료구간 : 24.20s, 음량 조절 : 70
▶ 다음과 같은 규칙으로 GRP 파일을 내보내기 하시오.
  • 저장위치 : 바탕화면 – KAIT – 제출파일 폴더

| GRP | 파일명 | dic_03_수검번호(6자리)_이름.GRP |

(예 수검번호가 DIC-XXXX-000000인 경우 "dic_03_000000_이름.GRP"로 저장할 것)
(* 내보내기 이외의 기능을 이용하여 저장할 시 "0점" 처리 됨)

제 02 회 실전모의고사

- 시험과목 : 멀티미디어제작
- 시험일자 : 20XX. XX. XX(X)
- 응시자 기재사항 및 감독위원 확인

수검번호	DIC - XXXX -	감독위원 확인
성　　명		

응시자 유의사항

1. 응시자는 신분증을 지참하여야 시험에 응시할 수 있으며, 시험이 종료될 때까지 신분증을 제시하지 못 할 경우 해당 시험은 0점 처리됩니다.
2. 시스템(PC작동여부, 네트워크 상태 등)의 이상여부를 반드시 확인하여야 하며, 시스템 이상이 있을시 감독위원에게 조치를 받으셔야 합니다.
3. 시험 중 부주의 또는 고의로 시스템을 파손한 경우는 응시자 부담으로 합니다.
4. 답안 전송 프로그램을 통해 다운로드 받은 파일을 이용하여 답안파일을 작성하시기 바랍니다.
5. 작성한 답안 파일은 답안 전송 프로그램을 통하여 전송됩니다. 감독위원의 지시에 따라 주시기 바랍니다.
6. 다음사항의 경우 실격(0점) 혹은 부정행위 처리됩니다.
    1) 답안파일을 저장하지 않았거나, 저장한 파일이 손상되었을 경우
    2) 답안파일을 지정된 폴더(바탕화면 – "KAIT" 폴더)에 저장하지 않았을 경우
        ※ 답안 전송 프로그램 로그인 시 바탕화면에 자동 생성됨
    3) 답안파일을 다른 보조 기억장치(USB) 혹은 네트워크(메신저, 게시판 등)로 전송할 경우
    4) 휴대용 전화기 등 통신기기를 사용할 경우
7. 시험지에 제시된 글꼴이 응시 프로그램에 없는 경우, 반드시 감독위원에게 해당 내용을 통보한 뒤 조치를 받아야 합니다.
8. 시험의 완료는 작성이 완료된 답안을 저장하고, 답안 전송이 완료된 상태를 확인한 것으로 합니다. 답안 전송 확인 후 문제지는 감독위원에게 제출한 후 퇴실하여야 합니다.
9. 답안전송이 완료된 경우에는 수정 또는 정정이 불가능합니다.
10. [ ]안의 지시사항은 PhotoShop 영문 버전용 입니다.
11. 답안은 PhotoShop과 Gom Mix Pro를 활용하여 작성하십시오.
    ※ PhotoShop 답안파일의 해상도는 72 Pixels/inch로 작성하십시오.
12. 시험시행 후 결과는 홈페이지(www.ihd.or.kr)에서 확인하시기 바랍니다.
    1) 문제 및 모범답안 공개 : 20XX. XX. XX(X)
    2) 합격자 발표 : 20XX. XX. XX(X)

식별CODE
멀

디지털정보활용능력 ❶ 멀티미디어제작

소요시간 :   분

※ PhotoShop 프로그램을 활용하여 [문제 1], [문제 2]를 작업하시오.

문제 01 원본파일을 처리조건에 따라 결과파일로 완성하시오.   50점

≪원본파일≫	≪결과파일≫

≪처리조건≫

▶ 다음과 같이 캔버스 크기를 변경하시오.
 • 캔버스 크기[Canvas Size] ⇒ 가로(650 픽셀[Pixels]) X 세로(450 픽셀[Pixels])

▶ '사진1.jpg' 이미지를 불러와 기존 캔버스에 복사한 후 다음과 같이 처리하시오.
 • ① ⇒ 복제 도장 도구[Clone Stamp Tool]를 이용하여 이미지 복사
 • ② ⇒ 색상 균형[Color Balance]을 이용하여 노란색 계열로 보정
 • ③ ⇒ 색조/채도[Hue/Saturation]를 이용하여 보라색 계열로 보정
 • 밝기 조정 ⇒ 곡선[Curves]을 이용하여 이미지 조정 (Input : 80, Output : 120)
 • 필터 효과 ⇒ 렌즈 플레어[Lens Flare]를 이용하여 필터 적용
  (명도[Brightness] : 90%, 렌즈 유형[Lens Type] : 35mm 프라임[35mm Prime])

▶ 지시사항이 없는 경우는 기본 값을 적용하시오.

▶ 다음과 같은 규칙으로 JPG 파일과 PSD 파일을 각각 저장하시오.
 • 저장위치 : 바탕화면 – KAIT – 제출파일 폴더

JPG	파일명	dic_01_수검번호(6자리)_이름.JPG	PSD	파일명	dic_01_수검번호(6자리)_이름.PSD
	이미지 크기	600 X 400 픽셀[Pixels]		이미지 크기	65 X 45 픽셀[Pixels]

(예) 수검번호가 DIC-XXXX-000000인 경우 "dic_01_000000_이름.JPG"과 "dic_01_000000_이름.PSD"로 저장할 것)
(* dic_01_000000_이름.JPG와 dic_01_000000_이름.PSD 파일 중 하나라도 누락시 "0점" 처리 됨)

디지털정보활용능력 ❷ 멀티미디어제작

소요시간 :   분

문제 02 원본파일을 처리조건에 따라 결과파일로 완성하시오.   80점

≪원본파일≫	≪결과파일≫

≪처리조건≫

▶ 다음과 같이 캔버스 크기를 변경하시오.
- 캔버스 조정 ⇒ 캔버스 크기[Canvas Size] : 가로(650 픽셀[Pixels]) X 세로(350 픽셀[Pixels])
  캔버스 배경색(색상 : #2a70be)

▶ '사진2.jpg' 이미지를 불러와 기존 캔버스에 복사한 후 다음과 같이 처리하시오.
- 이미지 복사 ⇒ 자유 변형[Free Transform]으로 캔버스 크기에 맞게 변형, 레이어 이름 – '공예품',
  레이어 마스크[Layer Mask] 설정, 가로 방향으로 흐릿하게
- "Funny Craftwork" ⇒ 글꼴(Arial), 글꼴 스타일(Bold Italic), 크기(48pt), 색상(#d11b39),
  앤티 앨리어싱 : 선명하게[Sharp],
  레이어 스타일 – 선/획[Stroke] (크기 : 5px, 색상 : #fff493)
- "재미있는 공예품" ⇒ 글꼴(궁서체), 크기(30pt), 색상(#197ceb), 앤티 앨리어싱 : 선명하게[Sharp],
  레이어 스타일 – 선/획[Stroke] (크기 : 2px, 색상 : #ffffff)

▶ '사진3.jpg'를 이용하여 새로운 레이어를 생성하시오.
- 이미지 복사 ⇒ 자유 변형[Free Transform]으로 크기 변형, 레이어 이름 – '강아지', 레이어 스타일 – 그림자
  효과[Drop Shadow] (혼합모드[Blend Mode] : 곱하기[Multiply], 각도(Angle) : 120°)
- '사진3.jpg'의 자유 변형[Free Transform] 후, 이미지의 형태는 결과파일과 동일할 것

▶ 지시사항이 없는 경우는 기본 값을 적용하시오.

▶ 다음과 같은 규칙으로 JPG 파일과 PSD 파일을 각각 저장하시오.
- 저장위치 : 바탕화면 – KAIT – 제출파일 폴더

JPG	파일명	dic_02_수검번호(6자리)_이름.JPG	PSD	파일명	dic_02_수검번호(6자리)_이름.PSD
	이미지 크기	600 X 300 픽셀[Pixels]		이미지 크기	65 X 35 픽셀[Pixels]

(예) 수검번호가 DIC-XXXX-000000인 경우 "dic_02_000000_이름.JPG"과 "dic_02_000000_이름.PSD"로 저장할 것)
(* dic_02_000000_이름.JPG와 dic_02_000000_이름.PSD 파일 중 하나라도 누락시 "0점" 처리 됨)

디지털정보활용능력 ❸ 멀티미디어제작

소요시간 :   분

※ Gom Mix Pro 프로그램을 활용하여 [문제 3]을 작업하시오.

문제 03 처리조건에 따라 출력형태와 같이 완성하시오. 70점

≪출력형태≫

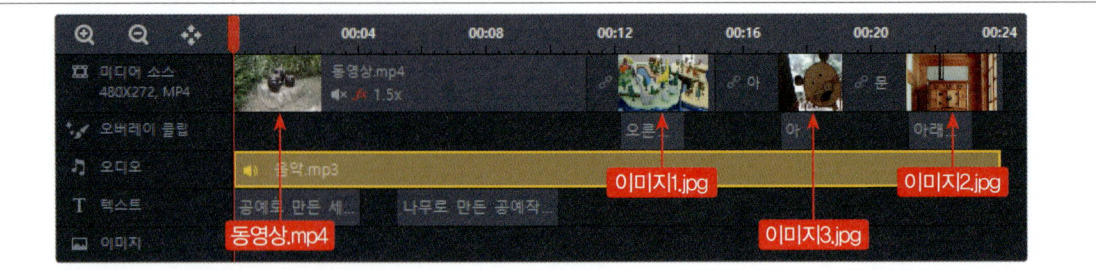

≪처리조건≫ | 원본 파일 | 이미지1.jpg, 이미지2.jpg, 이미지3.jpg, 동영상.mp4, 음악.mp3

▶ 미디어 소스의 순서를 다음과 같이 지정하시오.
- 미디어 소스 순서 ⇒ 동영상.mp4 〉 이미지1.jpg 〉 이미지3.jpg 〉 이미지2.jpg

▶ 동영상 파일('동영상.mp4')을 다음과 같이 처리하시오.
- 재생 속도 : 1.5x
- 자르기 : 시작 지점(0.00s), 종료 지점(12.10s)
- 필터 효과 : 옛날 사진(감마 : 120, 노출 : 20)
- 텍스트 ⇒ 텍스트 입력 : 나무로 만든 공예작품
  글꼴 서식(바탕체, 54pt, BFA828), 텍스트 윤곽선 색(색 없음), 시작 시간(5.20s),
  지속 시간(5.00), 위치 설정(화면 정가운데 아래)
- 재생 속도 설정 후 자르기를 하여야 하며, 동영상을 자른 후 뒷 부분의 동영상은 삭제할 것
- 원본 동영상에 포함된 오디오는 모두 음소거 할 것

▶ 이미지 파일을 다음과 같이 처리하시오.
- '이미지1.jpg' ⇒ 이미지 지속 시간 : 6.00, 오버레이 클립 : 오른쪽 클로즈업 → 전체 화면 (지속 시간 : 2.00),
  영상 전환 : 왼쪽으로 펼치며 밀기 (지속 시간 : 1.00)
- '이미지3.jpg' ⇒ 이미지 지속 시간 : 6.00, 오버레이 클립 : 아래 클로즈업 → 전체 화면 (지속 시간 : 1.00),
  영상 전환 : 아래로 덮기 (지속 시간 : 2.00)
- '이미지2.jpg' ⇒ 이미지 지속 시간 : 5.00, 오버레이 클립 : 아래 → 위 이동 (지속 시간 : 2.00),
  영상 전환 : 문 열기 (지속 시간 : 2.00)

▶ 다음 조건에 따라 제목을 이용하여 자막을 지정하시오.
- 텍스트 입력 : 공예로 만든 세상 (Craftwork)
  글꼴 서식(휴먼편지체, 72pt, CC9639), 텍스트 윤곽선 색(884B13, 테두리 두께 : 30%), 시작 시간(0.00s),
  텍스트 지속 시간(4.00), 나타내기(서서히 나타나기, 지속 시간 : 3.00)

▶ 다음 조건에 따라 동영상 전체에 음악 파일('음악.mp3')을 삽입하시오.
- 시작구간 : 0.00s, 종료구간 : 24.00s, 음량 조절 : 60

▶ 다음과 같은 규칙으로 GRP 파일을 내보내기 하시오.
- 저장위치 : 바탕화면 – KAIT – 제출파일 폴더

| GRP | 파일명 | dic_03_수검번호(6자리)_이름.GRP |

(예) 수검번호가 DIC-XXXX-000000인 경우 "dic_03_000000_이름.GRP"로 저장할 것)
(* 내보내기 이외의 기능을 이용하여 저장할 시 "0점" 처리 됨)

제03회 실전모의고사

- 시험과목 : 멀티미디어제작
- 시험일자 : 20XX. XX. XX(X)
- 응시자 기재사항 및 감독위원 확인

수 검 번 호	DIC - XXXX -	감독위원 확인
성 명		

응시자 유의사항

1. 응시자는 신분증을 지참하여야 시험에 응시할 수 있으며, 시험이 종료될 때까지 신분증을 제시하지 못 할 경우 해당 시험은 0점 처리됩니다.
2. 시스템(PC작동여부, 네트워크 상태 등)의 이상여부를 반드시 확인하여야 하며, 시스템 이상이 있을시 감독위원에게 조치를 받으셔야 합니다.
3. 시험 중 부주의 또는 고의로 시스템을 파손한 경우는 응시자 부담으로 합니다.
4. 답안 전송 프로그램을 통해 다운로드 받은 파일을 이용하여 답안파일을 작성하시기 바랍니다.
5. 작성한 답안 파일은 답안 전송 프로그램을 통하여 전송됩니다. 감독위원의 지시에 따라 주시기 바랍니다.
6. 다음사항의 경우 실격(0점) 혹은 부정행위 처리됩니다.
    1) 답안파일을 저장하지 않았거나, 저장한 파일이 손상되었을 경우
    2) 답안파일을 지정된 폴더(바탕화면 – "KAIT" 폴더)에 저장하지 않았을 경우
        ※ 답안 전송 프로그램 로그인 시 바탕화면에 자동 생성됨
    3) 답안파일을 다른 보조 기억장치(USB) 혹은 네트워크(메신저, 게시판 등)로 전송할 경우
    4) 휴대용 전화기 등 통신기기를 사용할 경우
7. 시험지에 제시된 글꼴이 응시 프로그램에 없는 경우, 반드시 감독위원에게 해당 내용을 통보한 뒤 조치를 받아야 합니다.
8. 시험의 완료는 작성이 완료된 답안을 저장하고, 답안 전송이 완료된 상태를 확인한 것으로 합니다.
    답안 전송 확인 후 문제지는 감독위원에게 제출한 후 퇴실하여야 합니다.
9. 답안전송이 완료된 경우에는 수정 또는 정정이 불가능합니다.
10. [ ]안의 지시사항은 PhotoShop 영문 버전용 입니다.
11. 답안은 PhotoShop과 Gom Mix Pro를 활용하여 작성하십시오.
    ※ PhotoShop 답안파일의 해상도는 72 Pixels/inch로 작성하십시오.
12. 시험시행 후 결과는 홈페이지(www.ihd.or.kr)에서 확인하시기 바랍니다.
    1) 문제 및 모범답안 공개 : 20XX. XX. XX(X)
    2) 합격자 발표 : 20XX. XX. XX(X)

식별CODE
멀

디지털정보활용능력 ❶ 멀티미디어제작

소요시간 :   분

문제 01 원본파일을 처리조건에 따라 결과파일로 완성하시오. 50점

≪처리조건≫

▶ 다음과 같이 캔버스 크기를 변경하시오.
- 캔버스 크기[Canvas Size] ⇒ 가로(650 픽셀[Pixels]) X 세로(450 픽셀[Pixels])

▶ '사진1.jpg' 이미지를 불러와 기존 캔버스에 복사한 후 다음과 같이 처리하시오.
- ① ⇒ 복제 도장 도구[Clone Stamp Tool]를 이용하여 이미지 복사
- ② ⇒ 색조/채도[Hue/Saturation]를 이용하여 빨간색 계열로 보정
- ③ ⇒ 색상 균형[Color Balance]을 이용하여 파란색 계열로 보정
- 밝기 조정 ⇒ 곡선[Curves]을 이용하여 이미지 조정 (Input : 100, Output : 130)
- 필터 효과 ⇒ 렌즈 플레어[Lens Flare]를 이용하여 필터 적용
  (명도[Brightness] : 80%, 렌즈 유형[Lens Type] : 35mm 프라임[35mm Prime])

▶ 지시사항이 없는 경우는 기본 값을 적용하시오.

▶ 다음과 같은 규칙으로 JPG 파일과 PSD 파일을 각각 저장하시오.
- 저장위치 : 바탕화면 – KAIT – 제출파일 폴더

JPG	파일명	dic_01_수검번호(6자리)_이름.JPG	PSD	파일명	dic_01_수검번호(6자리)_이름.PSD
	이미지 크기	600 X 400 픽셀[Pixels]		이미지 크기	65 X 45 픽셀[Pixels]

(예) 수검번호가 DIC–XXXX–000000인 경우 "dic_01_000000_이름.JPG"과 "dic_01_000000_이름.PSD"로 저장할 것)
(* dic_01_000000_이름.JPG와 dic_01_000000_이름.PSD 파일 중 하나라도 누락시 "0점" 처리 됨)

디지털정보활용능력 ❷ 멀티미디어제작

소요시간 :   분

문제 02 원본파일을 처리조건에 따라 결과파일로 완성하시오.   80점

≪처리조건≫

▶ 다음과 같이 캔버스 크기를 변경하시오.
  • 캔버스 조정 ⇒ 캔버스 크기[Canvas Size] ⇒ 가로(650 픽셀[Pixels]) X 세로(450 픽셀[Pixels])

▶ '사진2.jpg' 이미지를 불러와 기존 캔버스에 복사한 후 다음과 같이 처리하시오.
  • ① ⇒ 모양 도구[Shape Tool] 이용
      레이어 스타일 – 선/획[Stroke] (크기 : 3px, 색상 : #b2b7d6),
      그라디언트 오버레이[Gradient Overlay] (색상 : #4a9fd5 – #ffffff)
  • "Memories of Blue sea" ⇒ 글꼴(Arial), 글꼴 스타일(Bold Italic), 크기(44pt), 색상(#ab3897),
      앤티 앨리어싱 : 선명하게[Sharp],
      레이어 스타일 – 선/획[Stroke] (크기 : 4px, 색상 : #ffffff)
  • "푸른바다의 추억" ⇒ 글꼴(궁서체), 크기(36pt), 색상(#00b4ff), 앤티 앨리어싱 : 선명하게[Sharp],
      레이어 스타일 – 선/획[Stroke] (크기 : 3px, 색상 : #133f7f)

▶ 사각형 도구[Rectangle Tool]와 '사진3.jpg'를 이용하여 새로운 레이어를 생성하시오.
  • 사각형의 크기 ⇒ 250 px × 150 px (단, 클리핑 마스크 기능을 이용할 것)
      레이어 스타일 – 선/획[Stroke] (크기 : 5px, 색상 : #222dbb, 위치 : 안쪽[Inside]),
      그림자 효과[Drop Shadow] (혼합모드[Blend Mode] : 곱하기[Multiply], 각도[Angle] : 120°)

▶ 지시사항이 없는 경우는 기본 값을 적용하시오.

▶ 다음과 같은 규칙으로 JPG 파일과 PSD 파일을 각각 저장하시오.
  • 저장위치 : 바탕화면 – KAIT – 제출파일 폴더

JPG	파일명	dic_02_수검번호(6자리)_이름.JPG	PSD	파일명	dic_02_수검번호(6자리)_이름.PSD
	이미지 크기	600 X 400 픽셀[Pixels]		이미지 크기	65 X 45 픽셀[Pixels]

(예) 수검번호가 DIC-XXXX-000000인 경우 "dic_02_000000_이름.JPG"과 "dic_02_000000_이름.PSD"로 저장할 것)
(* dic_02_000000_이름.JPG와 dic_02_000000_이름.PSD 파일 중 하나라도 누락시 "0점" 처리 됨)

디지털정보활용능력 ❸ 멀티미디어제작

소요시간 :   분

※ Gom Mix Pro 프로그램을 활용하여 [문제 3]을 작업하시오.

문제 03 처리조건에 따라 출력형태와 같이 완성하시오. 70점

≪출력형태≫

≪처리조건≫

| 원본 파일 | 이미지1.jpg, 이미지2.jpg, 이미지3.jpg, 동영상.mp4, 음악.mp3 |

▶ 미디어 소스의 순서를 다음과 같이 지정하시오.
- 미디어 소스 순서 ⇒ 동영상.mp4 〉 이미지2.jpg 〉 이미지1.jpg 〉 이미지3.jpg

▶ 동영상 파일('동영상.mp4')을 다음과 같이 처리하시오.
- 재생 속도 : 1.3x
- 자르기 : 시작 지점(0.00s), 종료 지점(11.40s)
- 필터 효과 : 빈티지(감마 : 130, 노출 : 10)
- 텍스트 ⇒ 텍스트 입력 : 바다의 파도소리
  글꼴 서식(굴림체, 48pt, 3051D6), 텍스트 윤곽선 색(색 없음), 시작 시간(5.20s), 지속 시간(5.00), 위치 설정(화면 정가운데 아래)
- 재생 속도 설정 후 자르기를 하여야 하며, 동영상을 자른 후 뒷 부분의 동영상은 삭제할 것
- 원본 동영상에 포함된 오디오는 모두 음소거 할 것

▶ 이미지 파일을 다음과 같이 처리하시오.
- '이미지2.jpg' ⇒ 이미지 지속 시간 : 5.00, 오버레이 클립 : 전체 화면 → 왼쪽 클로즈업 (지속 시간 : 3.00), 영상 전환 : 아래로 펼치며 밀기 (지속 시간 : 2.00)
- '이미지1.jpg' ⇒ 이미지 지속 시간 : 6.00, 오버레이 클립 : 전체 화면 → 위로 클로즈업 (지속 시간 : 2.00), 영상 전환 : 모자이크 (지속 시간 : 1.00)
- '이미지3.jpg' ⇒ 이미지 지속 시간 : 6.00, 오버레이 클립 : 왼쪽 → 오른쪽 이동 (지속 시간 : 2.00), 영상 전환 : 문 닫기 (지속 시간 : 1.00)

▶ 다음 조건에 따라 제목을 이용하여 자막을 지정하시오.
- 텍스트 입력 : 에메랄드빛 바다 (Emerald Sea)

  글꼴 서식(휴먼편지체, 60pt, 86FF00), 텍스트 윤곽선 색(4D9100, 테두리 두께 : 30%), 시작 시간(0.00s), 텍스트 지속 시간(4.00), 나타내기(서서히 작아지며 나타나기, 지속 시간 : 3.00)

▶ 다음 조건에 따라 동영상 전체에 음악 파일('음악.mp3')을 삽입하시오.
- 시작구간 : 0.00s, 종료구간 : 24.30s, 음량 조절 : 80

▶ 다음과 같은 규칙으로 GRP 파일을 내보내기 하시오.
- 저장위치 : 바탕화면 - KAIT - 제출파일 폴더

| GRP | 파일명 | dic_03_수검번호(6자리)_이름.GRP |

(예 수검번호가 DIC-XXXX-000000인 경우 "dic_03_000000_이름.GRP"로 저장할 것)
(* 내보내기 이외의 기능을 이용하여 저장할 시 "0점" 처리 됨)

제 04 회 실전모의고사

- 시험과목 : 멀티미디어제작
- 시험일자 : 20XX. XX. XX(X)
- 응시자 기재사항 및 감독위원 확인

수 검 번 호	DIC - XXXX -	감독위원 확인
성 명		

응시자 유의사항

1. 응시자는 신분증을 지참하여야 시험에 응시할 수 있으며, 시험이 종료될 때까지 신분증을 제시하지 못 할 경우 해당 시험은 0점 처리됩니다.
2. 시스템(PC작동여부, 네트워크 상태 등)의 이상여부를 반드시 확인하여야 하며, 시스템 이상이 있을시 감독위원에게 조치를 받으셔야 합니다.
3. 시험 중 부주의 또는 고의로 시스템을 파손한 경우는 응시자 부담으로 합니다.
4. 답안 전송 프로그램을 통해 다운로드 받은 파일을 이용하여 답안파일을 작성하시기 바랍니다.
5. 작성한 답안 파일은 답안 전송 프로그램을 통하여 전송됩니다. 감독위원의 지시에 따라 주시기 바랍니다.
6. 다음사항의 경우 실격(0점) 혹은 부정행위 처리됩니다.
    1) 답안파일을 저장하지 않았거나, 저장한 파일이 손상되었을 경우
    2) 답안파일을 지정된 폴더(바탕화면 – "KAIT" 폴더)에 저장하지 않았을 경우
        ※ 답안 전송 프로그램 로그인 시 바탕화면에 자동 생성됨
    3) 답안파일을 다른 보조 기억장치(USB) 혹은 네트워크(메신저, 게시판 등)로 전송할 경우
    4) 휴대용 전화기 등 통신기기를 사용할 경우
7. 시험지에 제시된 글꼴이 응시 프로그램에 없는 경우, 반드시 감독위원에게 해당 내용을 통보한 뒤 조치를 받아야 합니다.
8. 시험의 완료는 작성이 완료된 답안을 저장하고, 답안 전송이 완료된 상태를 확인한 것으로 합니다.
   답안 전송 확인 후 문제지는 감독위원에게 제출한 후 퇴실하여야 합니다.
9. 답안전송이 완료된 경우에는 수정 또는 정정이 불가능합니다.
10. [ ]안의 지시사항은 PhotoShop 영문 버전용 입니다.
11. 답안은 PhotoShop과 Gom Mix Pro를 활용하여 작성하십시오.
    ※ PhotoShop 답안파일의 해상도는 72 Pixels/inch로 작성하십시오.
12. 시험시행 후 결과는 홈페이지(www.ihd.or.kr)에서 확인하시기 바랍니다.
    1) 문제 및 모범답안 공개 : 20XX. XX. XX(X)
    2) 합격자 발표 : 20XX. XX. XX(X)

디지털정보활용능력 ❶ 멀티미디어제작

소요시간 :   분

※ PhotoShop 프로그램을 활용하여 [문제 1], [문제 2]를 작업하시오.

문제 01 원본파일을 처리조건에 따라 결과파일로 완성하시오.   50점

≪원본파일≫	≪결과파일≫

≪처리조건≫

▶ 다음과 같이 캔버스 크기를 변경하시오.
  • 캔버스 크기[Canvas Size] ⇒ 가로(650 픽셀[Pixels]) X 세로(450 픽셀[Pixels])

▶ '사진1.jpg' 이미지를 불러와 기존 캔버스에 복사한 후 다음과 같이 처리하시오.
  • ① ⇒ 복구 브러쉬 도구[Healing Brush Tool]를 이용하여 이미지 제거
  • ② ⇒ 색조/채도[Hue/Saturation]를 이용하여 빨간색 계열로 보정
  • ③ ⇒ 색상 균형[Color Balance]을 이용하여 초록색 계열로 보정
  • 밝기 조정 ⇒ 곡선[Curves]을 이용하여 이미지 조정 (Input : 80, Output : 110)
  • 필터 효과 ⇒ 그물눈[Crosshatch]을 이용하여 필터 적용
           (선/획 길이[Stroke Length] : 7, 선명도[Sharpness] : 5, 강도[Strength] : 1)

▶ 지시사항이 없는 경우는 기본 값을 적용하시오.

▶ 다음과 같은 규칙으로 JPG 파일과 PSD 파일을 각각 저장하시오.
  • 저장위치 : 바탕화면 – KAIT – 제출파일 폴더

JPG	파일명	dic_01_수검번호(6자리)_이름.JPG	PSD	파일명	dic_01_수검번호(6자리)_이름.PSD
	이미지 크기	600 X 400 픽셀[Pixels]		이미지 크기	65 X 45 픽셀[Pixels]

(예 수검번호가 DIC-XXXX-000000인 경우 "dic_01_000000_이름.JPG"과 "dic_01_000000_이름.PSD"로 저장할 것)
(* dic_01_000000_이름.JPG와 dic_01_000000_이름.PSD 파일 중 하나라도 누락시 "0점" 처리 됨)

디지털정보활용능력 ❷ 멀티미디어제작

소요시간 :   분

문제 02 원본파일을 처리조건에 따라 결과파일로 완성하시오.   80점

≪처리조건≫

▶ 다음과 같이 캔버스 크기를 변경하시오.
- 캔버스 조정 ⇒ 캔버스 크기[Canvas Size] : 가로(650 픽셀[Pixels]) X 세로(450 픽셀[Pixels])

▶ '사진2.jpg' 이미지를 불러와 기존 캔버스에 복사한 후 다음과 같이 처리하시오.
- ① ⇒ 모양 도구[Shape Tool] 이용
    레이어 스타일 – 선/획[Stroke] (크기 : 2px, 색상 : #009719),
    그라디언트 오버레이[Gradient Overlay] (색상 : #00a700 – #fff54f)
- "Beautiful Scenery" ⇒ 글꼴(Arial), 글꼴 스타일(Bold Italic), 크기(48pt), 색상(#2c6dff),
    앤티 앨리어싱 : 선명하게[Sharp],
    레이어 스타일 – 선/획[Stroke] (크기 : 5px, 색상 : #e8fc89)
- "아름다운 자연 풍경" ⇒ 글꼴(굴림), 크기(36pt), 색상(#8940c6), 앤티 앨리어싱 : 선명하게[Sharp],
    레이어 스타일 – 선/획[Stroke] (크기 : 2px, 색상 : #f8a5fd)

▶ 타원 도구[Ellipse Tool]와 '사진3.jpg'를 이용하여 새로운 레이어를 생성하시오.
- 원의 크기 ⇒ 170 px × 170 px (단, 클리핑 마스크 기능을 이용할 것)
    레이어 스타일 – 선/획[Stroke] (크기 : 5px, 색상 : #36b6ff, 위치 : 안쪽[Inside]),
    그림자 효과[Drop Shadow] (혼합모드[Blend Mode] : 곱하기[Multiply], 각도[Angle] : 120°)

▶ 지시사항이 없는 경우는 기본 값을 적용하시오.

▶ 다음과 같은 규칙으로 JPG 파일과 PSD 파일을 각각 저장하시오.
- 저장위치 : 바탕화면 – KAIT – 제출파일 폴더

JPG	파일명	dic_02_수검번호(6자리)_이름.JPG	PSD	파일명	dic_02_수검번호(6자리)_이름.PSD
	이미지 크기	600 X 400 픽셀[Pixels]		이미지 크기	65 X 45 픽셀[Pixels]

(예 수검번호가 DIC-XXXX-000000인 경우 "dic_02_000000_이름.JPG"과 "dic_02_000000_이름.PSD"로 저장할 것)
(* dic_02_000000_이름.JPG와 dic_02_000000_이름.PSD 파일 중 하나라도 누락시 "0점" 처리 됨)

디지털정보활용능력 ❸ 멀티미디어제작

소요시간 :   분

※ Gom Mix Pro 프로그램을 활용하여 [문제 3]을 작업하시오.

문제 03 처리조건에 따라 출력형태와 같이 완성하시오.   70점

≪출력형태≫

≪처리조건≫

원본 파일	이미지1.jpg, 이미지2.jpg, 이미지3.jpg, 동영상.mp4, 음악.mp3

▶ 미디어 소스의 순서를 다음과 같이 지정하시오.
- 미디어 소스 순서 ⇒ 동영상.mp4 〉 이미지1.jpg 〉 이미지3.jpg 〉 이미지2.jpg

▶ 동영상 파일('동영상.mp4')을 다음과 같이 처리하시오.
- 재생 속도 : 1.3x
- 자르기 : 시작 지점(0.00s), 종료 지점(12.40s)
- 필터 효과 : 카메라/필름(감마 : 120, 노출 : 10)
- 텍스트 ⇒ 텍스트 입력 : 숲길따라 산책하기
  글꼴 서식(돋움체, 54pt, F96B00), 텍스트 윤곽선 색(색 없음), 시작 시간(5.20s), 지속 시간(5.00),
  위치 설정(화면 정가운데 아래)
- 재생 속도 설정 후 자르기를 하여야 하며, 동영상을 자른 후 뒷 부분의 동영상은 삭제할 것
- 원본 동영상에 포함된 오디오는 모두 음소거 할 것

▶ 이미지 파일을 다음과 같이 처리하시오.
- '이미지1.jpg' ⇒ 이미지 지속 시간 : 5.00, 오버레이 클립 : 전체 화면 → 오른쪽 클로즈업 (지속 시간 : 1.00),
  영상 전환 : 위로 펼치며 밀기 (지속 시간 : 1.00)
- '이미지3.jpg' ⇒ 이미지 지속 시간 : 6.00, 오버레이 클립 : 전체 화면 → 아래로 클로즈업 (지속 시간 : 2.00),
  영상 전환 : 회전하며 멀어지기 (지속 시간 : 2.00)
- '이미지2.jpg' ⇒ 이미지 지속 시간 : 6.00, 오버레이 클립 : 오른쪽 → 왼쪽 이동 (지속 시간 : 2.00),
  영상 전환 : 세로나누기 (지속 시간 : 1.00)

▶ 다음 조건에 따라 제목을 이용하여 자막을 지정하시오.
- 텍스트 입력 : 즐거운 여행 (Joyful Travel)

  글꼴 서식(궁서체, 60pt, AEF72E), 텍스트 윤곽선 색(00880D, 테두리 두께 : 20%), 시작 시간(0.00s),
  텍스트 지속 시간(4.00), 나타내기(세로로 늘어났다 나타나기, 지속 시간 : 2.00)

▶ 다음 조건에 따라 동영상 전체에 음악 파일('음악.mp3')을 삽입하시오.
- 시작구간 : 0.00s, 종료구간 : 25.30s, 음량 조절 : 80

▶ 다음과 같은 규칙으로 GRP 파일을 내보내기 하시오.
- 저장위치 : 바탕화면 – KAIT – 제출파일 폴더

GRP	파일명	dic_03_수검번호(6자리)_이름.GRP

(예) 수검번호가 DIC-XXXX-000000인 경우 "dic_03_000000_이름.GRP"로 저장할 것)
(* 내보내기 이외의 기능을 이용하여 저장할 시 "0점" 처리 됨)

제 05 회 실전모의고사

- 시험과목 : 멀티미디어제작
- 시험일자 : 20XX. XX. XX(X)
- 응시자 기재사항 및 감독위원 확인

수 검 번 호	DIC - XXXX -	감독위원 확인
성 명		

응시자 유의사항

1. 응시자는 신분증을 지참하여야 시험에 응시할 수 있으며, 시험이 종료될 때까지 신분증을 제시하지 못 할 경우 해당 시험은 0점 처리됩니다.
2. 시스템(PC작동여부, 네트워크 상태 등)의 이상여부를 반드시 확인하여야 하며, 시스템 이상이 있을시 감독위원에게 조치를 받으셔야 합니다.
3. 시험 중 부주의 또는 고의로 시스템을 파손한 경우는 응시자 부담으로 합니다.
4. 답안 전송 프로그램을 통해 다운로드 받은 파일을 이용하여 답안파일을 작성하시기 바랍니다.
5. 작성한 답안 파일은 답안 전송 프로그램을 통하여 전송됩니다. 감독위원의 지시에 따라 주시기 바랍니다.
6. 다음사항의 경우 실격(0점) 혹은 부정행위 처리됩니다.
    1) 답안파일을 저장하지 않았거나, 저장한 파일이 손상되었을 경우
    2) 답안파일을 지정된 폴더(바탕화면 – "KAIT" 폴더)에 저장하지 않았을 경우
        ※ 답안 전송 프로그램 로그인 시 바탕화면에 자동 생성됨
    3) 답안파일을 다른 보조 기억장치(USB) 혹은 네트워크(메신저, 게시판 등)로 전송할 경우
    4) 휴대용 전화기 등 통신기기를 사용할 경우
7. 시험지에 제시된 글꼴이 응시 프로그램에 없는 경우, 반드시 감독위원에게 해당 내용을 통보한 뒤 조치를 받아야 합니다.
8. 시험의 완료는 작성이 완료된 답안을 저장하고, 답안 전송이 완료된 상태를 확인한 것으로 합니다.
    답안 전송 확인 후 문제지는 감독위원에게 제출한 후 퇴실하여야 합니다.
9. 답안전송이 완료된 경우에는 수정 또는 정정이 불가능합니다.
10. [ ]안의 지시사항은 PhotoShop 영문 버전용 입니다.
11. 답안은 PhotoShop과 Gom Mix Pro를 활용하여 작성하십시오.
    ※ PhotoShop 답안파일의 해상도는 72 Pixels/inch로 작성하십시오.
12. 시험시행 후 결과는 홈페이지(www.ihd.or.kr)에서 확인하시기 바랍니다.
    1) 문제 및 모범답안 공개 : 20XX. XX. XX(X)
    2) 합격자 발표 : 20XX. XX. XX(X)

식별CODE
멀

디지털정보활용능력 ❶ 멀티미디어제작

※ PhotoShop 프로그램을 활용하여 [문제 1], [문제 2]를 작업하시오.

문제 01 원본파일을 처리조건에 따라 결과파일로 완성하시오. 50점

≪원본파일≫	≪결과파일≫

≪처리조건≫

▶ 다음과 같이 캔버스 크기를 변경하시오.
  • 캔버스 크기[Canvas Size] ⇒ 가로(650 픽셀[Pixels]) X 세로(450 픽셀[Pixels])

▶ '사진1.jpg' 이미지를 불러와 기존 캔버스에 복사한 후 다음과 같이 처리하시오.
  • ① ⇒ 복제 도장 도구[Clone Stamp Tool]를 이용하여 이미지 복사
  • ② ⇒ 색조/채도[Hue/Saturation]를 이용하여 파란색 계열로 보정
  • ③ ⇒ 색상 균형[Color Balance]을 이용하여 노란색 계열로 보정
  • 밝기 조정 ⇒ 곡선[Curves]을 이용하여 이미지 조정 (Input : 80, Output : 120)
  • 필터 효과 ⇒ 그물눈[Crosshatch]을 이용하여 필터 적용
    (선/획 길이[Stroke Length] : 3, 선명도[Sharpness] : 4, 강도[Strength] : 1)

▶ 지시사항이 없는 경우는 기본 값을 적용하시오.

▶ 다음과 같은 규칙으로 JPG 파일과 PSD 파일을 각각 저장하시오.
  • 저장위치 : 바탕화면 – KAIT – 제출파일 폴더

JPG	파일명	dic_01_수검번호(6자리)_이름.JPG	PSD	파일명	dic_01_수검번호(6자리)_이름.PSD
	이미지 크기	600 X 400 픽셀[Pixels]		이미지 크기	65 X 45 픽셀[Pixels]

(예 수검번호가 DIC-XXXX-000000인 경우 "dic_01_000000_이름.JPG"과 "dic_01_000000_이름.PSD"로 저장할 것)
(* dic_01_000000_이름.JPG와 dic_01_000000_이름.PSD 파일 중 하나라도 누락시 "0점" 처리 됨)

디지털정보활용능력 ❷ 멀티미디어제작

소요시간 :   분

문제 02 원본파일을 처리조건에 따라 결과파일로 완성하시오. 80점

≪처리조건≫

▶ 다음과 같이 캔버스 크기를 변경하시오.
- 캔버스 크기[Canvas Size] ⇒ 가로(650 픽셀[Pixels]) X 세로(450 픽셀[Pixels])

▶ '사진2.jpg' 이미지를 불러와 기존 캔버스에 복사한 후 다음과 같이 처리하시오.
- ① ⇒ 모양 도구[Shape Tool] 이용
  레이어 스타일 – 선/획[Stroke] (크기 : 3px, 색상 : #004db5)
  그라디언트 오버레이[Gradient Overlay] (색상 : #0080ff – #06ff00)
- "Hangang River" ⇒ 글꼴(Arial), 글꼴 스타일(Bold Italic), 크기(48pt), 색상(#bef0ff),
  앤티 앨리어싱 : 선명하게[Sharp],
  레이어 스타일 – 선/획[Stroke] (크기 : 5px, 색상 : #003fa7)
- "한강따라 떠나는 여행" ⇒ 글꼴(돋움), 크기(30pt), 색상(#ff99a4), 앤티 앨리어싱 : 선명하게[Sharp],
  레이어 스타일 – 선/획[Stroke] (크기 : 2px, 색상 : #770133)

▶ 타원 도구[Ellipse Tool]와 '사진3.jpg'를 이용하여 새로운 레이어를 생성하시오.
- 원의 크기 ⇒ 180 px × 180 px (단, 클리핑 마스크 기능을 이용할 것)
  레이어 스타일 – 선/획[Stroke] (크기 : 4px, 색상 : #ffea00, 위치 : 안쪽[Inside]),
  그림자 효과[Drop Shadow] (혼합모드[Blend Mode] : 곱하기[Multiply], 각도[Angle] : 120°)

▶ 지시사항이 없는 경우는 기본 값을 적용하시오.

▶ 다음과 같은 규칙으로 JPG 파일과 PSD 파일을 각각 저장하시오.
- 저장위치 : 바탕화면 – KAIT – 제출파일 폴더

JPG	파일명	dic_02_수검번호(6자리)_이름.JPG	PSD	파일명	dic_02_수검번호(6자리)_이름.PSD
	이미지 크기	600 X 400 픽셀[Pixels]		이미지 크기	65 X 45 픽셀[Pixels]

(예) 수검번호가 DIC-XXXX-000000인 경우 "dic_02_000000_이름.JPG"과 "dic_02_000000_이름.PSD"로 저장할 것)
(* dic_02_000000_이름.JPG와 dic_02_000000_이름.PSD 파일 중 하나라도 누락시 "0점" 처리 됨)

디지털정보활용능력 ❸ 멀티미디어제작

소요시간 :   분

※ Gom Mix Pro 프로그램을 활용하여 [문제 3]을 작업하시오.

문제 03 처리조건에 따라 출력형태와 같이 완성하시오.   70점

≪출력형태≫

≪처리조건≫

| 원본 파일 | 이미지1.jpg, 이미지2.jpg, 이미지3.jpg, 동영상.mp4, 음악.mp3 |

▶ 미디어 소스의 순서를 다음과 같이 지정하시오.
 • 미디어 소스 순서 ⇒ 동영상.mp4 〉 이미지3.jpg 〉 이미지2.jpg 〉 이미지1.jpg
▶ 동영상 파일('동영상.mp4')을 다음과 같이 처리하시오.
 • 재생 속도 : 1.5x   • 자르기 : 시작 지점(0.00s), 종료 지점(14.10s)
 • 필터 효과 : 파스텔(감마 : 140, 노출 : 10)
 • 텍스트 ⇒ 텍스트 입력 : 한강따라 걷는 여행
   글꼴 서식(바탕체, 48pt, FFFF02), 텍스트 윤곽선 색(색 없음), 시작 시간(5.20s),
   지속 시간(4.00), 위치 설정(화면 정가운데 아래)
 • 재생 속도 설정 후 자르기를 하여야 하며, 동영상을 자른 후 뒷 부분의 동영상은 삭제할 것
 • 원본 동영상에 포함된 오디오는 모두 음소거 할 것
▶ 이미지 파일을 다음과 같이 처리하시오.
 • '이미지3.jpg' ⇒ 이미지 지속 시간 : 5.00, 오버레이 클립 : 아래 → 위 이동 (지속 시간 : 3.00),
   영상 전환 : 왼쪽으로 덮기 (지속 시간 : 1.00)
 • '이미지2.jpg' ⇒ 이미지 지속 시간 : 5.00, 오버레이 클립 : 아래 클로즈업 → 전체 화면 (지속 시간 : 2.00),
   영상 전환 : 가로 회전 날아가기 (지속 시간 : 2.00)
 • '이미지1.jpg' ⇒ 이미지 지속 시간 : 6.00, 오버레이 클립 : 전체 화면 → 오른쪽 클로즈업 (지속 시간 : 1.00),
   영상 전환 : 가로 나누기 (지속 시간 : 2.00)
▶ 다음 조건에 따라 제목을 이용하여 자막을 지정하시오.
 • 텍스트 입력 : 한강의 풍경 (View of River)
   글꼴 서식(휴먼옛체, 66pt, 00CFFF), 텍스트 윤곽선 색(5651F9, 테두리 두께 : 30%), 시작 시간(0.00s),
   텍스트 지속 시간(4.00), 나타내기(깜빡이며 나타나기, 지속 시간 : 2.00)
▶ 다음 조건에 따라 동영상 전체에 음악 파일('음악.mp3')을 삽입하시오.
 • 시작구간 : 0.00s, 종료구간 : 29.00s, 음량 조절 : 70
▶ 다음과 같은 규칙으로 GRP 파일을 내보내기 하시오.
 • 저장위치 : 바탕화면 – KAIT – 제출파일 폴더

| GRP | 파일명 | dic_03_수검번호(6자리)_이름.GRP |

(**예** 수검번호가 DIC-XXXX-000000인 경우 "dic_03_000000_이름.GRP"로 저장할 것)
(* 내보내기 이외의 기능을 이용하여 저장할 시 "0점" 처리 됨)

제 06회 실전모의고사

- 시험과목 : 멀티미디어제작
- 시험일자 : 20XX. XX. XX(X)
- 응시자 기재사항 및 감독위원 확인

수검번호	DIC - XXXX -	감독위원 확인
성 명		

응시자 유의사항

1. 응시자는 신분증을 지참하여야 시험에 응시할 수 있으며, 시험이 종료될 때까지 신분증을 제시하지 못 할 경우 해당 시험은 0점 처리됩니다.
2. 시스템(PC작동여부, 네트워크 상태 등)의 이상여부를 반드시 확인하여야 하며, 시스템 이상이 있을시 감독위원에게 조치를 받으셔야 합니다.
3. 시험 중 부주의 또는 고의로 시스템을 파손한 경우는 응시자 부담으로 합니다.
4. 답안 전송 프로그램을 통해 다운로드 받은 파일을 이용하여 답안파일을 작성하시기 바랍니다.
5. 작성한 답안 파일은 답안 전송 프로그램을 통하여 전송됩니다. 감독위원의 지시에 따라 주시기 바랍니다.
6. 다음사항의 경우 실격(0점) 혹은 부정행위 처리됩니다.
    1) 답안파일을 저장하지 않았거나, 저장한 파일이 손상되었을 경우
    2) 답안파일을 지정된 폴더(바탕화면 – "KAIT" 폴더)에 저장하지 않았을 경우
        ※ 답안 전송 프로그램 로그인 시 바탕화면에 자동 생성됨
    3) 답안파일을 다른 보조 기억장치(USB) 혹은 네트워크(메신저, 게시판 등)로 전송할 경우
    4) 휴대용 전화기 등 통신기기를 사용할 경우
7. 시험지에 제시된 글꼴이 응시 프로그램에 없는 경우, 반드시 감독위원에게 해당 내용을 통보한 뒤 조치를 받아야 합니다.
8. 시험의 완료는 작성이 완료된 답안을 저장하고, 답안 전송이 완료된 상태를 확인한 것으로 합니다.
    답안 전송 확인 후 문제지는 감독위원에게 제출한 후 퇴실하여야 합니다.
9. 답안전송이 완료된 경우에는 수정 또는 정정이 불가능합니다.
10. [ ]안의 지시사항은 PhotoShop 영문 버전용 입니다.
11. 답안은 PhotoShop과 Gom Mix Pro를 활용하여 작성하십시오.
    ※ PhotoShop 답안파일의 해상도는 72 Pixels/inch로 작성하십시오.
12. 시험시행 후 결과는 홈페이지(www.ihd.or.kr)에서 확인하시기 바랍니다.
    1) 문제 및 모범답안 공개 : 20XX. XX. XX(X)
    2) 합격자 발표 : 20XX. XX. XX(X)

디지털정보활용능력 ❶ 멀티미디어제작

소요시간 :   분

※ PhotoShop 프로그램을 활용하여 [문제 1], [문제 2]를 작업하시오.

문제 01 원본파일을 처리조건에 따라 결과파일로 완성하시오.   50점

≪처리조건≫

▶ 다음과 같이 캔버스 크기를 변경하시오.
  • 캔버스 크기[Canvas Size] ⇒ 가로(650 픽셀[Pixels]) X 세로(450 픽셀[Pixels])

▶ '사진1.jpg' 이미지를 불러와 기존 캔버스에 복사한 후 다음과 같이 처리하시오.
  • ① ⇒ 복구 브러시 도구[Healing Brush Tool]를 이용하여 이미지 제거
  • ② ⇒ 색조/채도[Hue/Saturation]를 이용하여 초록색 계열로 보정
  • ③ ⇒ 색상 균형[Color Balance]을 이용하여 빨간색 계열로 보정
  • 밝기 조정 ⇒ 곡선[Curves]을 이용하여 이미지 조정 (Input : 80, Output : 130)
  • 필터 효과 ⇒ 그물눈[Crosshatch]을 이용하여 필터 적용
           (선/획 길이[Stroke Length] : 9, 선명도[Sharpness] : 12, 강도[Strength] : 1)

▶ 지시사항이 없는 경우는 기본 값을 적용하시오.

▶ 다음과 같은 규칙으로 JPG 파일과 PSD 파일을 각각 저장하시오.
  • 저장위치 : 바탕화면 – KAIT – 제출파일 폴더

JPG	파일명	dic_01_수검번호(6자리)_이름.JPG	PSD	파일명	dic_01_수검번호(6자리)_이름.PSD
	이미지 크기	600 X 400 픽셀[Pixels]		이미지 크기	65 X 45 픽셀[Pixels]

(예 수검번호가 DIC-XXXX-000000인 경우 "dic_01_000000_이름.JPG"과 "dic_01_000000_이름.PSD"로 저장할 것)
(※ dic_01_000000_이름.JPG와 dic_01_000000_이름.PSD 파일 중 하나라도 누락시 "0점" 처리 됨)

디지털정보활용능력 ❷ 멀티미디어제작

소요시간 :   분

문제 02 원본파일을 처리조건에 따라 결과파일로 완성하시오.   80점

≪처리조건≫

▶ 다음과 같이 캔버스 크기를 변경하시오.
- 캔버스 조정 ⇒ 캔버스 크기[Canvas Size] : 가로(650 픽셀[Pixels]) X 세로(350 픽셀[Pixels])
  캔버스 배경색(색상 : #feacf3)

▶ '사진2.jpg' 이미지를 불러와 기존 캔버스에 복사한 후 다음과 같이 처리하시오.
- 이미지 복사 ⇒ 자유 변형[Free Transform]으로 캔버스 크기에 맞게 변형, 레이어 이름 – '화단',
  레이어 마스크[Layer Mask] 설정, 가로 방향으로 흐릿하게
- "The flower way" ⇒ 글꼴(Arial), 글꼴 스타일(Bold Italic), 크기(48pt), 색상(#ffffff),
  앤티 앨리어싱 : 선명하게[Sharp],
  레이어 스타일 – 선/획[Stroke] (크기 : 5px, 색상 : #740089)
- "꽃과의 산책에 초대합니다" ⇒ 글꼴(궁서), 크기(30pt), 색상(#e252d3), 앤티 앨리어싱 : 선명하게[Sharp],
  레이어 스타일 – 선/획[Stroke] (크기 : 2px, 색상 : #ffffff)

▶ '사진3.jpg'를 이용하여 새로운 레이어를 생성하시오.
- 이미지 복사 ⇒ 자유 변형[Free Transform]으로 크기 변형, 레이어 이름 – '꽃'
  레이어 스타일 – 그림자 효과[Drop Shadow]
  (혼합모드[Blend Mode] : 곱하기[Multiply], 각도[Angle] : 120°)
- '사진3.jpg'의 자유 변형[Free Transform] 후, 이미지의 형태는 결과파일과 동일할 것

▶ 지시사항이 없는 경우는 기본 값을 적용하시오.

▶ 다음과 같은 규칙으로 JPG 파일과 PSD 파일을 각각 저장하시오.
- 저장위치 : 바탕화면 – KAIT – 제출파일 폴더

JPG	파일명	dic_02_수검번호(6자리)_이름.JPG	PSD	파일명	dic_02_수검번호(6자리)_이름.PSD
	이미지 크기	600 X 300 픽셀[Pixels]		이미지 크기	65 X 35 픽셀[Pixels]

(예) 수검번호가 DIC-XXXX-000000인 경우 "dic_02_000000_이름.JPG"과 "dic_02_000000_이름.PSD"로 저장할 것)
(* dic_02_000000_이름.JPG와 dic_02_000000_이름.PSD 파일 중 하나라도 누락시 "0점" 처리 됨)

디지털정보활용능력 ❸ 멀티미디어제작

소요시간 :   분

※ Gom Mix Pro 프로그램을 활용하여 [문제 3]을 작업하시오.

문제 03 처리조건에 따라 출력형태와 같이 완성하시오. 70점

≪출력형태≫

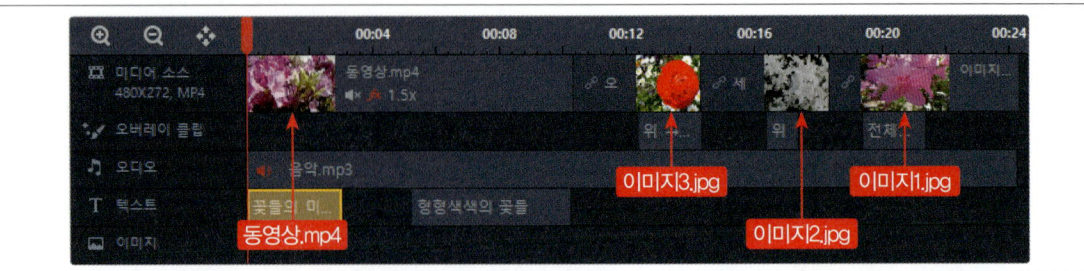

≪처리조건≫ | 원본 파일 | 이미지1.jpg, 이미지2.jpg, 이미지3.jpg, 동영상.mp4, 음악.mp3 |

▶ 미디어 소스의 순서를 다음과 같이 지정하시오.
- 미디어 소스 순서 ⇒ 동영상.mp4 〉 이미지3.jpg 〉 이미지2.jpg 〉 이미지1.jpg

▶ 동영상 파일('동영상.mp4')을 다음과 같이 처리하시오.
- 재생 속도 : 1.5x
- 자르기 : 시작 지점(0.00s), 종료 지점(12.30s)
- 필터 효과 : 사파이어(감마 : 130, 노출 : 20)
- 텍스트 ⇒ 텍스트 입력 : 형형색색의 꽃들
  글꼴 서식(굴림체, 48pt, F98A23), 텍스트 윤곽선 색(색 없음), 시작 시간(5.20s), 지속 시간(5.00), 위치 설정(화면 정가운데 아래)
- 재생 속도 설정 후 자르기를 하여야 하며, 동영상을 자른 후 뒷 부분의 동영상은 삭제할 것
- 원본 동영상에 포함된 오디오는 모두 음소거 할 것

▶ 이미지 파일을 다음과 같이 처리하시오.
- '이미지3.jpg' ⇒ 이미지 지속 시간 : 6.00, 오버레이 클립 : 위 → 아래 이동 (지속 시간 : 2.00),
  영상 전환 : 오른쪽으로 덮기 (지속 시간 : 2.00)
- '이미지2.jpg' ⇒ 이미지 지속 시간 : 5.00, 오버레이 클립 : 위 클로즈업 → 전체 화면 (지속 시간 : 1.00),
  영상 전환 : 세로 회전 날아가기 (지속 시간 : 2.00)
- '이미지1.jpg' ⇒ 이미지 지속 시간 : 6.00, 오버레이 클립 : 전체 화면 → 왼쪽 클로즈업 (지속 시간 : 2.00),
  영상 전환 : 십자형 나누기 (지속 시간 : 1.00)

▶ 다음 조건에 따라 제목을 이용하여 자막을 지정하시오.
- 텍스트 입력 : 꽃들의 미소 (Smile of Flowers)

  글꼴 서식(휴먼옛체, 72pt, A1E12A), 텍스트 윤곽선 색(4467AE, 테두리 두께 : 20%), 시작 시간(0.00s),
  텍스트 지속 시간(3.00), 나타내기(닦아내기, 지속 시간 : 3.00)

▶ 다음 조건에 따라 동영상 전체에 음악 파일('음악.mp3')을 삽입하시오.
- 시작구간 : 0.00s, 종료구간 : 24.20s, 음량 조절 : 80

▶ 다음과 같은 규칙으로 GRP 파일을 내보내기 하시오.
- 저장위치 : 바탕화면 – KAIT – 제출파일 폴더

| GRP | 파일명 | dic_03_수검번호(6자리)_이름.GRP |

(예 수검번호가 DIC–XXXX–000000인 경우 "dic_03_000000_이름.GRP"로 저장할 것)
(* 내보내기 이외의 기능을 이용하여 저장할 시 "0점" 처리 됨)

제 07 회 실전모의고사

- 시험과목 : 멀티미디어제작
- 시험일자 : 20XX. XX. XX(X)
- 응시자 기재사항 및 감독위원 확인

수검번호	DIC - XXXX -	감독위원 확인
성 명		

응시자 유의사항

1. 응시자는 신분증을 지참하여야 시험에 응시할 수 있으며, 시험이 종료될 때까지 신분증을 제시하지 못 할 경우 해당 시험은 0점 처리됩니다.
2. 시스템(PC작동여부, 네트워크 상태 등)의 이상여부를 반드시 확인하여야 하며, 시스템 이상이 있을시 감독위원에게 조치를 받으셔야 합니다.
3. 시험 중 부주의 또는 고의로 시스템을 파손한 경우는 응시자 부담으로 합니다.
4. 답안 전송 프로그램을 통해 다운로드 받은 파일을 이용하여 답안파일을 작성하시기 바랍니다.
5. 작성한 답안 파일은 답안 전송 프로그램을 통하여 전송됩니다. 감독위원의 지시에 따라 주시기 바랍니다.
6. 다음사항의 경우 실격(0점) 혹은 부정행위 처리됩니다.
    1) 답안파일을 저장하지 않았거나, 저장한 파일이 손상되었을 경우
    2) 답안파일을 지정된 폴더(바탕화면 – "KAIT" 폴더)에 저장하지 않았을 경우
        ※ 답안 전송 프로그램 로그인 시 바탕화면에 자동 생성됨
    3) 답안파일을 다른 보조 기억장치(USB) 혹은 네트워크(메신저, 게시판 등)로 전송할 경우
    4) 휴대용 전화기 등 통신기기를 사용할 경우
7. 시험지에 제시된 글꼴이 응시 프로그램에 없는 경우, 반드시 감독위원에게 해당 내용을 통보한 뒤 조치를 받아야 합니다.
8. 시험의 완료는 작성이 완료된 답안을 저장하고, 답안 전송이 완료된 상태를 확인한 것으로 합니다.
    답안 전송 확인 후 문제지는 감독위원에게 제출한 후 퇴실하여야 합니다.
9. 답안전송이 완료된 경우에는 수정 또는 정정이 불가능합니다.
10. [ ]안의 지시사항은 PhotoShop 영문 버전용 입니다.
11. 답안은 PhotoShop과 Gom Mix Pro를 활용하여 작성하십시오.
    ※ PhotoShop 답안파일의 해상도는 72 Pixels/inch로 작성하십시오.
12. 시험시행 후 결과는 홈페이지(www.ihd.or.kr)에서 확인하시기 바랍니다.
    1) 문제 및 모범답안 공개 : 20XX. XX. XX(X)
    2) 합격자 발표 : 20XX. XX. XX(X)

디지털정보활용능력 ❶ 멀티미디어제작

소요시간 : 분

※ PhotoShop 프로그램을 활용하여 [문제 1], [문제 2]를 작업하시오.

문제 01 원본파일을 처리조건에 따라 결과파일로 완성하시오. 50점

≪처리조건≫

▶ 다음과 같이 캔버스 크기를 변경하시오.
  • 캔버스 크기[Canvas Size] ⇒ 가로(650 픽셀[Pixels]) X 세로(450 픽셀[Pixels])

▶ '사진1.jpg' 이미지를 불러와 기존 캔버스에 복사한 후 다음과 같이 처리하시오.
  • ① ⇒ 복제 도장 도구[Clone Stamp Tool]를 이용하여 이미지 복사
  • ② ⇒ 색상 균형[Color Balance]을 이용하여 파란색 계열로 보정
  • ③ ⇒ 색조/채도[Hue/Saturation]를 이용하여 보라색 계열로 보정
  • 밝기 조정 ⇒ 곡선[Curves]을 이용하여 이미지 조정 (Input : 80, Output : 110)
  • 필터 효과 ⇒ 그물눈[Crosshatch]을 이용하여 필터 적용
    (선/획 길이[Stroke Length] : 5, 선명도[Sharpness] : 3, 강도[Strength] : 1)

▶ 지시사항이 없는 경우는 기본 값을 적용하시오.

▶ 다음과 같은 규칙으로 JPG 파일과 PSD 파일을 각각 저장하시오.
  • 저장위치 : 바탕화면 – KAIT – 제출파일 폴더

JPG	파일명	dic_01_수검번호(6자리)_이름.JPG	PSD	파일명	dic_01_수검번호(6자리)_이름.PSD
	이미지 크기	600 X 400 픽셀[Pixels]		이미지 크기	65 X 45 픽셀[Pixels]

(예 수검번호가 DIC-XXXX-000000인 경우 "dic_01_000000_이름.JPG"과 "dic_01_000000_이름.PSD"로 저장할 것)
(* dic_01_000000_이름.JPG와 dic_01_000000_이름.PSD 파일 중 하나라도 누락시 "0점" 처리 됨)

디지털정보활용능력 ❷ 멀티미디어제작

소요시간 :   분

문제 02 원본파일을 처리조건에 따라 결과파일로 완성하시오.   80점

≪처리조건≫

▶ 다음과 같이 캔버스 크기를 변경하시오.
- 캔버스 크기[Canvas Size] ⇒ 가로(650 픽셀[Pixels]) X 세로(450 픽셀[Pixels])

▶ '사진2.jpg' 이미지를 불러와 기존 캔버스에 복사한 후 다음과 같이 처리하시오.
- ① ⇒ 모양 도구[Shape Tool] 이용
  레이어 스타일 – 선/획[Stroke] (크기 : 3px, 색상 : #ffa800),
  그라디언트 오버레이[Gradient Overlay] (색상 : #fff600 – #ffffff)
- "A Lotus Flower" ⇒ 글꼴(Arial), 글꼴 스타일(Bold Italic), 크기(48pt), 색상(#0f8000),
  앤티 앨리어싱 : 선명하게[Sharp],
  레이어 스타일 – 선/획[Stroke] (크기 : 3px, 색상 : #ffffff)
- "연못에 핀 연꽃" ⇒ 글꼴(궁서), 크기(36pt), 색상(#622000), 앤티 앨리어싱 : 선명하게[Sharp],
  레이어 스타일 – 선/획[Stroke] (크기 : 2px, 색상 : #ffffff)

▶ 타원 도구[Ellipse Tool]와 '사진3.jpg'를 이용하여 새로운 레이어를 생성하시오.
- 원의 크기 ⇒ 180 px × 180 px (단, 클리핑 마스크 기능을 이용할 것)
  레이어 스타일 – 선/획[Stroke] (크기 : 5px, 색상 : #f6ff00, 위치 : 안쪽[Inside]),
  그림자 효과[Drop Shadow] (혼합모드[Blend Mode] : 곱하기[Multiply], 각도[Angle] : 120°)

▶ 지시사항이 없는 경우는 기본 값을 적용하시오.

▶ 다음과 같은 규칙으로 JPG 파일과 PSD 파일을 각각 저장하시오.
- 저장위치 : 바탕화면 – KAIT – 제출파일 폴더

JPG	파일명	dic_02_수검번호(6자리)_이름.JPG	PSD	파일명	dic_02_수검번호(6자리)_이름.PSD
	이미지 크기	600 X 400 픽셀[Pixels]		이미지 크기	65 X 45 픽셀[Pixels]

(예 수검번호가 DIC-XXXX-000000인 경우 "dic_02_000000_이름.JPG"과 "dic_02_000000_이름.PSD"로 저장할 것)
(* dic_02_000000_이름.JPG와 dic_02_000000_이름.PSD 파일 중 하나라도 누락시 "0점" 처리 됨)

디지털정보활용능력 ❸ 멀티미디어제작

소요시간 :   분

※ Gom Mix Pro 프로그램을 활용하여 [문제 3]을 작업하시오.

문제 03 처리조건에 따라 출력형태와 같이 완성하시오. 70점

≪출력형태≫

≪처리조건≫ | 원본 파일 | 이미지1.jpg, 이미지2.jpg, 이미지3.jpg, 동영상.mp4, 음악.mp3

▶ 미디어 소스의 순서를 다음과 같이 지정하시오.
  • 미디어 소스 순서 ⇒ 동영상.mp4 〉 이미지3.jpg 〉 이미지1.jpg 〉 이미지2.jpg
▶ 동영상 파일('동영상.mp4')을 다음과 같이 처리하시오.
  • 재생 속도 : 1.5x
  • 자르기 : 시작 지점(0.00s), 종료 지점(12.30s)
  • 필터 효과 : 터키석(감마 : 140, 노출 : 10)
  • 텍스트 ⇒ 텍스트 입력 : 연못에 활짝 핀 연꽃
    글꼴 서식(돋움체, 48pt, E56300), 텍스트 윤곽선 색(색 없음), 시작 시간(5.20s), 지속 시간(5.00),
    위치 설정(화면 정가운데 아래)
  • 재생 속도 설정 후 자르기를 하여야 하며, 동영상을 자른 후 뒷 부분의 동영상은 삭제할 것
  • 원본 동영상에 포함된 오디오는 모두 음소거 할 것
▶ 이미지 파일을 다음과 같이 처리하시오.
  • '이미지3.jpg' ⇒ 이미지 지속 시간 : 6.00, 오버레이 클립 : 오른쪽 → 왼쪽 이동 (지속 시간 : 3.00),
    영상 전환 : 십자형 나누기 (지속 시간 : 1.00)
  • '이미지1.jpg' ⇒ 이미지 지속 시간 : 5.00, 오버레이 클립 : 전체 화면 → 아래로 클로즈업 (지속 시간 : 2.00),
    영상 전환 : 위로 덮기 (지속 시간 : 2.00)
  • '이미지2.jpg' ⇒ 이미지 지속 시간 : 6.00, 오버레이 클립 : 오른쪽 클로즈업 → 전체 화면 (지속 시간 : 1.00),
    영상 전환 : 페이드 (지속 시간 : 1.00)
▶ 다음 조건에 따라 제목을 이용하여 자막을 지정하시오.
  • 텍스트 입력 : 연꽃의 아름다움 (Beauty of Lotus)
    글꼴 서식(휴먼옛체, 72pt, 6EFF00), 텍스트 윤곽선 색(3E5FA0, 테두리 두께 : 30%), 시작 시간(0.00s),
    텍스트 지속 시간(4.00), 나타내기(도장찍기, 지속 시간 : 2.00)
▶ 다음 조건에 따라 동영상 전체에 음악 파일('음악.mp3')을 삽입하시오.
  • 시작구간 : 0.00s, 종료구간 : 25.20s, 음량 조절 : 80
▶ 다음과 같은 규칙으로 GRP 파일을 내보내기 하시오.
  • 저장위치 : 바탕화면 – KAIT – 제출파일 폴더

| GRP | 파일명 | dic_03_수검번호(6자리)_이름.GRP |

(예) 수검번호가 DIC-XXXX-000000인 경우 "dic_03_000000_이름.GRP"로 저장할 것)
(* 내보내기 이외의 기능을 이용하여 저장할 시 "0점" 처리 됨)

제 08 회 실전모의고사

- 시험과목 : 멀티미디어제작
- 시험일자 : 20XX. XX. XX(X)
- 응시자 기재사항 및 감독위원 확인

수 검 번 호	DIC - XXXX -	감독위원 확인
성 명		

응시자 유의사항

1. 응시자는 신분증을 지참하여야 시험에 응시할 수 있으며, 시험이 종료될 때까지 신분증을 제시하지 못 할 경우 해당 시험은 0점 처리됩니다.
2. 시스템(PC작동여부, 네트워크 상태 등)의 이상여부를 반드시 확인하여야 하며, 시스템 이상이 있을시 감독위원에게 조치를 받으셔야 합니다.
3. 시험 중 부주의 또는 고의로 시스템을 파손한 경우는 응시자 부담으로 합니다.
4. 답안 전송 프로그램을 통해 다운로드 받은 파일을 이용하여 답안파일을 작성하시기 바랍니다.
5. 작성한 답안 파일은 답안 전송 프로그램을 통하여 전송됩니다. 감독위원의 지시에 따라 주시기 바랍니다.
6. 다음사항의 경우 실격(0점) 혹은 부정행위 처리됩니다.
    1) 답안파일을 저장하지 않았거나, 저장한 파일이 손상되었을 경우
    2) 답안파일을 지정된 폴더(바탕화면 – "KAIT" 폴더)에 저장하지 않았을 경우
        ※ 답안 전송 프로그램 로그인 시 바탕화면에 자동 생성됨
    3) 답안파일을 다른 보조 기억장치(USB) 혹은 네트워크(메신저, 게시판 등)로 전송할 경우
    4) 휴대용 전화기 등 통신기기를 사용할 경우
7. 시험지에 제시된 글꼴이 응시 프로그램에 없는 경우, 반드시 감독위원에게 해당 내용을 통보한 뒤 조치를 받아야 합니다.
8. 시험의 완료는 작성이 완료된 답안을 저장하고, 답안 전송이 완료된 상태를 확인한 것으로 합니다.
   답안 전송 확인 후 문제지는 감독위원에게 제출한 후 퇴실하여야 합니다.
9. 답안전송이 완료된 경우에는 수정 또는 정정이 불가능합니다.
10. [ ]안의 지시사항은 PhotoShop 영문 버전용 입니다.
11. 답안은 PhotoShop과 Gom Mix Pro를 활용하여 작성하십시오.
    ※ PhotoShop 답안파일의 해상도는 72 Pixels/inch로 작성하십시오.
12. 시험시행 후 결과는 홈페이지(www.ihd.or.kr)에서 확인하시기 바랍니다.
    1) 문제 및 모범답안 공개 : 20XX. XX. XX(X)
    2) 합격자 발표 : 20XX. XX. XX(X)

디지털정보활용능력 ❶ 멀티미디어제작

소요시간 :   분

※ PhotoShop 프로그램을 활용하여 [문제 1], [문제 2]를 작업하시오.

문제 01 원본파일을 처리조건에 따라 결과파일로 완성하시오.   50점

≪처리조건≫

▶ 다음과 같이 캔버스 크기를 변경하시오.
- 캔버스 크기[Canvas Size] ⇒ 가로(650 픽셀[Pixels]) X 세로(450 픽셀[Pixels])

▶ '사진1.jpg' 이미지를 불러와 기존 캔버스에 복사한 후 다음과 같이 처리하시오.
- ① ⇒ 복구 브러시 도구[Healing Brush Tool]를 이용하여 이미지 제거
- ② ⇒ 색조/채도[Hue/Saturation]를 이용하여 파란색 계열로 보정
- ③ ⇒ 색상 균형[Color Balance]을 이용하여 빨간색 계열로 보정
- 밝기 조정 ⇒ 곡선[Curves]을 이용하여 이미지 조정 (Input : 80, Output : 120)
- 필터 효과 ⇒ 텍스처화[Texturizer]를 이용하여 필터 적용
  (텍스처[Texture] : 캔버스[Canvas], 비율[Scaling] : 100%, 부조[Relief] : 4, 조명[Light] : 위[Top])

▶ 지시사항이 없는 경우는 기본 값을 적용하시오.

▶ 다음과 같은 규칙으로 JPG 파일과 PSD 파일을 각각 저장하시오.
- 저장위치 : 바탕화면 – KAIT – 제출파일 폴더

JPG	파일명	dic_01_수검번호(6자리)_이름.JPG	PSD	파일명	dic_01_수검번호(6자리)_이름.PSD
	이미지 크기	600 X 400 픽셀[Pixels]		이미지 크기	65 X 45 픽셀[Pixels]

(예) 수검번호가 DIC-XXXX-000000인 경우 "dic_01_000000_이름.JPG"과 "dic_01_000000_이름.PSD"로 저장할 것)
(* dic_01_000000_이름.JPG와 dic_01_000000_이름.PSD 파일 중 하나라도 누락시 "0점" 처리 됨)

문제 02 원본파일을 처리조건에 따라 결과파일로 완성하시오. (80점)

≪처리조건≫

▶ 다음과 같이 캔버스 크기를 변경하시오.
- 캔버스 조정 ⇒ 캔버스 크기[Canvas Size] : 가로(650 픽셀[Pixels]) X 세로(350 픽셀[Pixels])
  캔버스 배경색(색상 : #005b02)

▶ '사진2.jpg' 이미지를 불러와 기존 캔버스에 복사한 후 다음과 같이 처리하시오.
- 이미지 복사 ⇒ 자유 변형[Free Transform]으로 캔버스 크기에 맞게 변형, 레이어 이름 – '자작나무', 레이어 마스크[Layer Mask] 설정, 가로 방향으로 흐릿하게
- "Silver birch forest" ⇒ 글꼴(Arial), 글꼴 스타일(Bold), 크기(48pt), 색상(#c520a8),
  앤티 앨리어싱 : 선명하게[Sharp],
  레이어 스타일 – 선/획[Stroke] (크기 : 5px, 색상 : #e4ff00)
- "자작나무 숲에서의 하루" ⇒ 글꼴(궁서체), 크기(36pt), 색상(#c55320), 앤티 앨리어싱 : 선명하게[Sharp],
  레이어 스타일 – 선/획[Stroke] (크기 : 2px, 색상 : #ffffff)

▶ '사진3.jpg'를 이용하여 새로운 레이어를 생성하시오.
- 이미지 복사 ⇒ 자유 변형[Free Transform]으로 크기 변형, 레이어 이름 – '금지사항'
  레이어 스타일 – 그림자 효과[Drop Shadow] (혼합모드[Blend Mode] : 곱하기[Multiply],
  각도[Angle] : 120°)
- '사진3.jpg'의 자유 변형[Free Transform] 후, 이미지의 형태는 결과파일과 동일할 것

▶ 지시사항이 없는 경우는 기본 값을 적용하시오.

▶ 다음과 같은 규칙으로 JPG 파일과 PSD 파일을 각각 저장하시오.
- 저장위치 : 바탕화면 – KAIT – 제출파일 폴더

JPG	파일명	dic_02_수검번호(6자리)_이름.JPG	PSD	파일명	dic_02_수검번호(6자리)_이름.PSD
	이미지 크기	600 X 300 픽셀[Pixels]		이미지 크기	65 X 35 픽셀[Pixels]

(예 수검번호가 DIC-XXXX-000000인 경우 "dic_02_000000_이름.JPG"과 "dic_02_000000_이름.PSD"로 저장할 것)
(* dic_02_000000_이름.JPG와 dic_02_000000_이름.PSD 파일 중 하나라도 누락시 "0점" 처리 됨)

디지털정보활용능력 ③ 멀티미디어제작

※ Gom Mix Pro 프로그램을 활용하여 [문제 3]을 작업하시오.

문제 03 처리조건에 따라 출력형태와 같이 완성하시오. 70점

≪출력형태≫

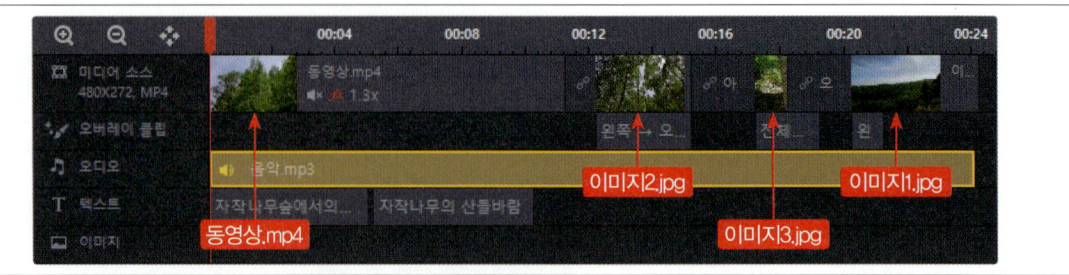

≪처리조건≫

원본 파일	이미지1.jpg, 이미지2.jpg, 이미지3.jpg, 동영상.mp4, 음악.mp3

▶ 미디어 소스의 순서를 다음과 같이 지정하시오.
  • 미디어 소스 순서 ⇒ 동영상.mp4 〉 이미지2.jpg 〉 이미지3.jpg 〉 이미지1.jpg

▶ 동영상 파일('동영상.mp4')을 다음과 같이 처리하시오.
  • 재생 속도 : 1.3x
  • 자르기 : 시작 지점(0.00s), 종료 지점(12.20s)
  • 필터 효과 : 토파즈(감마 : 130, 노출 : 20)
  • 텍스트 ⇒ 텍스트 입력 : 자작나무의 산들바람
      글꼴 서식(바탕체, 54pt, FF8E24), 텍스트 윤곽선 색(색 없음), 시작 시간(5.20s), 지속 시간(5.00),
      위치 설정(화면 정가운데 아래)
  • 재생 속도 설정 후 자르기를 하여야 하며, 동영상을 자른 후 뒷 부분의 동영상은 삭제할 것
  • 원본 동영상에 포함된 오디오는 모두 음소거 할 것

▶ 이미지 파일을 다음과 같이 처리하시오.
  • '이미지2.jpg' ⇒ 이미지 지속 시간 : 6.00, 오버레이 클립 : 왼쪽 → 오른쪽 이동 (지속 시간 : 3.00),
            영상 전환 : 가로 나누기 (지속 시간 : 1.00)
  • '이미지3.jpg' ⇒ 이미지 지속 시간 : 5.00, 오버레이 클립 : 전체 화면 → 위로 클로즈업 (지속 시간 : 2.00),
            영상 전환 : 아래로 덮기 (지속 시간 : 2.00)
  • '이미지1.jpg' ⇒ 이미지 지속 시간 : 6.00, 오버레이 클립 : 왼쪽 클로즈업 → 전체 화면 (지속 시간 : 1.00),
            영상 전환 : 오른쪽으로 펼치며 밀기 (지속 시간 : 2.00)

▶ 다음 조건에 따라 제목을 이용하여 자막을 지정하시오.
  • 텍스트 입력 : 자작나무숲에서의 힐링
            (Healing in birch forest)
    글꼴 서식(휴먼편지체, 66pt, EAEA01), 텍스트 윤곽선 색(936C29, 테두리 두께 : 20%), 시작 시간(0.00s),
    텍스트 지속 시간(5.00), 나타내기(서서히 나타나기, 지속 시간 : 3.00)

▶ 다음 조건에 따라 동영상 전체에 음악 파일('음악.mp3')을 삽입하시오.
  • 시작구간 : 0.00s, 종료구간 : 24.10s, 음량 조절 : 70

▶ 다음과 같은 규칙으로 GRP 파일을 내보내기 하시오.
  • 저장위치 : 바탕화면 – KAIT – 제출파일 폴더

GRP	파일명	dic_03_수검번호(6자리)_이름.GRP

(예) 수검번호가 DIC-XXXX-000000인 경우 "dic_03_000000_이름.GRP"로 저장할 것)
(* 내보내기 이외의 기능을 이용하여 저장할 시 "0점" 처리 됨)

제 09회 실전모의고사

- 시험과목 : 멀티미디어제작
- 시험일자 : 20XX. XX. XX(X)
- 응시자 기재사항 및 감독위원 확인

수검번호	DIC - XXXX -	감독위원 확인
성 명		

응시자 유의사항

1. 응시자는 신분증을 지참하여야 시험에 응시할 수 있으며, 시험이 종료될 때까지 신분증을 제시하지 못 할 경우 해당 시험은 0점 처리됩니다.
2. 시스템(PC작동여부, 네트워크 상태 등)의 이상여부를 반드시 확인하여야 하며, 시스템 이상이 있을시 감독위원에게 조치를 받으셔야 합니다.
3. 시험 중 부주의 또는 고의로 시스템을 파손한 경우는 응시자 부담으로 합니다.
4. 답안 전송 프로그램을 통해 다운로드 받은 파일을 이용하여 답안파일을 작성하시기 바랍니다.
5. 작성한 답안 파일은 답안 전송 프로그램을 통하여 전송됩니다. 감독위원의 지시에 따라 주시기 바랍니다.
6. 다음사항의 경우 실격(0점) 혹은 부정행위 처리됩니다.
    1) 답안파일을 저장하지 않았거나, 저장한 파일이 손상되었을 경우
    2) 답안파일을 지정된 폴더(바탕화면 – "KAIT" 폴더)에 저장하지 않았을 경우
        ※ 답안 전송 프로그램 로그인 시 바탕화면에 자동 생성됨
    3) 답안파일을 다른 보조 기억장치(USB) 혹은 네트워크(메신저, 게시판 등)로 전송할 경우
    4) 휴대용 전화기 등 통신기기를 사용할 경우
7. 시험지에 제시된 글꼴이 응시 프로그램에 없는 경우, 반드시 감독위원에게 해당 내용을 통보한 뒤 조치를 받아야 합니다.
8. 시험의 완료는 작성이 완료된 답안을 저장하고, 답안 전송이 완료된 상태를 확인한 것으로 합니다.
    답안 전송 확인 후 문제지는 감독위원에게 제출한 후 퇴실하여야 합니다.
9. 답안전송이 완료된 경우에는 수정 또는 정정이 불가능합니다.
10. [ ]안의 지시사항은 PhotoShop 영문 버전용 입니다.
11. 답안은 PhotoShop과 Gom Mix Pro를 활용하여 작성하십시오.
    ※ PhotoShop 답안파일의 해상도는 72 Pixels/inch로 작성하십시오.
12. 시험시행 후 결과는 홈페이지(www.ihd.or.kr)에서 확인하시기 바랍니다.
    1) 문제 및 모범답안 공개 : 20XX. XX. XX(X)
    2) 합격자 발표 : 20XX. XX. XX(X)

디지털정보활용능력 ❶ 멀티미디어제작

소요시간 :   분

※ PhotoShop 프로그램을 활용하여 [문제 1], [문제 2]를 작업하시오.

문제 01 원본파일을 처리조건에 따라 결과파일로 완성하시오.   50점

≪원본파일≫	≪결과파일≫

≪처리조건≫

▶ 다음과 같이 캔버스 크기를 변경하시오.
  • 캔버스 크기[Canvas Size] ⇒ 가로(650 픽셀[Pixels]) X 세로(450 픽셀[Pixels])

▶ '사진1.jpg' 이미지를 불러와 기존 캔버스에 복사한 후 다음과 같이 처리하시오.
  • ① ⇒ 복구 브러쉬 도구[Healing Brush Tool]를 이용하여 이미지 제거
  • ② ⇒ 색상 균형[Color Balance]을 이용하여 빨간색 계열로 보정
  • ③ ⇒ 색조/채도[Hue/Saturation]를 이용하여 파란색 계열로 보정
  • 밝기 조정 ⇒ 곡선[Curves]을 이용하여 이미지 조정 (Input : 80, Output : 100)
  • 필터 효과 ⇒ 그물눈[Crosshatch]을 이용하여 필터 적용
           (선/획 길이[Stroke Length] : 5, 선명도[Sharpness] : 10, 강도[Strength] : 1)

▶ 지시사항이 없는 경우는 기본 값을 적용하시오.

▶ 다음과 같은 규칙으로 JPG 파일과 PSD 파일을 각각 저장하시오.
  • 저장위치 : 바탕화면 – KAIT – 제출파일 폴더

JPG	파일명	dic_01_수검번호(6자리)_이름.JPG	PSD	파일명	dic_01_수검번호(6자리)_이름.PSD
	이미지 크기	600 X 400 픽셀[Pixels]		이미지 크기	65 X 45 픽셀[Pixels]

(예) 수검번호가 DIC-XXXX-000000인 경우 "dic_01_000000_이름.JPG"과 "dic_01_000000_이름.PSD"로 저장할 것)
(* dic_01_000000_이름.JPG와 dic_01_000000_이름.PSD 파일 중 하나라도 누락시 "0점" 처리 됨)

디지털정보활용능력 ❷ 멀티미디어제작

소요시간 :   분

문제 02 원본파일을 처리조건에 따라 결과파일로 완성하시오.   80점

≪원본파일≫	≪결과파일≫

≪처리조건≫

▶ 다음과 같이 캔버스 크기를 변경하시오.
- 캔버스 조정 ⇒ 캔버스 크기[Canvas Size] : 가로(650 픽셀[Pixels]) X 세로(450 픽셀[Pixels])

▶ '사진2.jpg' 이미지를 불러와 기존 캔버스에 복사한 후 다음과 같이 처리하시오.
- ① ⇒ 모양 도구[Shape Tool] 이용
  레이어 스타일 – 선/획[Stroke] (크기 : 2px, 색상 : #0053c3),
  그라디언트 오버레이[Gradient Overlay] (색상 : #017f9f – #f6ff00)
- "Island Trip" ⇒ 글꼴(Arial), 글꼴 스타일(Bold Italic), 크기(54pt), 색상(#008e07),
  앤티 앨리어싱 : 선명하게[Sharp],
  레이어 스타일 – 선/획[Stroke] (크기 : 5px, 색상 : #feff8e)
- "섬으로 떠나는 여행" ⇒ 글꼴(궁서체), 크기(30pt), 색상(#3f7aff), 앤티 앨리어싱 : 선명하게[Sharp],
  레이어 스타일 – 선/획[Stroke] (크기 : 2px, 색상 : #ffffff)

▶ 타원 도구[Ellipse Tool]와 '사진3.jpg'를 이용하여 새로운 레이어를 생성하시오.
- 원의 크기 ⇒ 180 px × 180 px (단, 클리핑 마스크 기능을 이용할 것)
  레이어 스타일 – 선/획[Stroke] (크기 : 5px, 색상 : #02d7b6, 위치 : 안쪽[Inside]),
  그림자 효과[Drop Shadow] (혼합모드[Blend Mode] : 곱하기[Multiply], 각도[Angle] : 120°)

▶ 지시사항이 없는 경우는 기본 값을 적용하시오.

▶ 다음과 같은 규칙으로 JPG 파일과 PSD 파일을 각각 저장하시오.
- 저장위치 : 바탕화면 – KAIT – 제출파일 폴더

JPG	파일명	dic_02_수검번호(6자리)_이름.JPG	PSD	파일명	dic_02_수검번호(6자리)_이름.PSD
	이미지 크기	600 X 400 픽셀[Pixels]		이미지 크기	65 X 45 픽셀[Pixels]

(예 수검번호가 DIC-XXXX-000000인 경우 "dic_02_000000_이름.JPG"과 "dic_02_000000_이름.PSD"로 저장할 것)
(* dic_02_000000_이름.JPG와 dic_02_000000_이름.PSD 파일 중 하나라도 누락시 "0점" 처리 됨)

디지털정보활용능력 ❸ 멀티미디어제작

※ Gom Mix Pro 프로그램을 활용하여 [문제 3]을 작업하시오.

문제 03 처리조건에 따라 출력형태와 같이 완성하시오. 70점

《출력형태》

《처리조건》

| 원본 파일 | 이미지1.jpg, 이미지2.jpg, 이미지3.jpg, 동영상.mp4, 음악.mp3 |

▶ 미디어 소스의 순서를 다음과 같이 지정하시오.
  • 미디어 소스 순서 ⇒ 동영상.mp4 〉 이미지3.jpg 〉 이미지1.jpg 〉 이미지2.jpg
▶ 동영상 파일('동영상.mp4')을 다음과 같이 처리하시오.
  • 재생 속도 : 1.5x   • 자르기 : 시작 지점(0.00s), 종료 지점(12.40s)
  • 필터 효과 : 터키석(감마 : 110, 노출 : 10)
  • 텍스트 ⇒ 텍스트 입력 : 도심 속의 폭포
      글꼴 서식(바탕체, 48pt, 00CFFF), 텍스트 윤곽선 색(색 없음), 시작 시간(5.20s),
      지속 시간(5.00), 위치 설정(화면 정가운데 아래)
  • 재생 속도 설정 후 자르기를 하여야 하며, 동영상을 자른 후 뒷 부분의 동영상은 삭제할 것
  • 원본 동영상에 포함된 오디오는 모두 음소거 할 것
▶ 이미지 파일을 다음과 같이 처리하시오.
  • '이미지3.jpg' ⇒ 이미지 지속 시간 : 5.00, 오버레이 클립 : 아래 → 위 이동 (지속 시간 : 2.00),
      영상 전환 : 세로 나누기 (지속 시간 : 1.00)
  • '이미지1.jpg' ⇒ 이미지 지속 시간 : 6.00, 오버레이 클립 : 위 클로즈업 → 전체 화면 (지속 시간 : 1.00),
      영상 전환 : 모자이크 (지속 시간 : 2.00)
  • '이미지2.jpg' ⇒ 이미지 지속 시간 : 6.00, 오버레이 클립 : 전체 화면 → 왼쪽 클로즈업 (지속 시간 : 2.00),
      영상 전환 : 왼쪽으로 펼치며 밀기 (지속 시간 : 2.00)
▶ 다음 조건에 따라 제목을 이용하여 자막을 지정하시오.
  • 텍스트 입력 : 웅장한 자연 폭포 (Waterfall)
    글꼴 서식(휴먼옛체, 72pt, B488EE), 텍스트 윤곽선 색(60288C, 테두리 두께 : 20%), 시작 시간(0.00s),
    텍스트 지속 시간(4.00), 나타내기(서서히 커지면서 나타나기, 지속 시간 : 2.00)
▶ 다음 조건에 따라 동영상 전체에 음악 파일('음악.mp3')을 삽입하시오.
  • 시작구간 : 0.00s, 종료구간 : 24.30s, 음량 조절 : 80
▶ 다음과 같은 규칙으로 GRP 파일을 내보내기 하시오.
  • 저장위치 : 바탕화면 – KAIT – 제출파일 폴더

| GRP | 파일명 | dic_03_수검번호(6자리)_이름.GRP |

(예 수검번호가 DIC-XXXX-000000인 경우 "dic_03_000000_이름.GRP"로 저장할 것)
(* 내보내기 이외의 기능을 이용하여 저장할 시 "0점" 처리 됨)

제10회 실전모의고사

- 시험과목 : 멀티미디어제작
- 시험일자 : 20XX. XX. XX(X)
- 응시자 기재사항 및 감독위원 확인

수 검 번 호	DIC - XXXX -	감독위원 확인
성 명		

응시자 유의사항

1. 응시자는 신분증을 지참하여야 시험에 응시할 수 있으며, 시험이 종료될 때까지 신분증을 제시하지 못 할 경우 해당 시험은 0점 처리됩니다.
2. 시스템(PC작동여부, 네트워크 상태 등)의 이상여부를 반드시 확인하여야 하며, 시스템 이상이 있을시 감독위원에게 조치를 받으셔야 합니다.
3. 시험 중 부주의 또는 고의로 시스템을 파손한 경우는 응시자 부담으로 합니다.
4. 답안 전송 프로그램을 통해 다운로드 받은 파일을 이용하여 답안파일을 작성하시기 바랍니다.
5. 작성한 답안 파일은 답안 전송 프로그램을 통하여 전송됩니다. 감독위원의 지시에 따라 주시기 바랍니다.
6. 다음사항의 경우 실격(0점) 혹은 부정행위 처리됩니다.
    1) 답안파일을 저장하지 않았거나, 저장한 파일이 손상되었을 경우
    2) 답안파일을 지정된 폴더(바탕화면 – "KAIT" 폴더)에 저장하지 않았을 경우
        ※ 답안 전송 프로그램 로그인 시 바탕화면에 자동 생성됨
    3) 답안파일을 다른 보조 기억장치(USB) 혹은 네트워크(메신저, 게시판 등)로 전송할 경우
    4) 휴대용 전화기 등 통신기기를 사용할 경우
7. 시험지에 제시된 글꼴이 응시 프로그램에 없는 경우, 반드시 감독위원에게 해당 내용을 통보한 뒤 조치를 받아야 합니다.
8. 시험의 완료는 작성이 완료된 답안을 저장하고, 답안 전송이 완료된 상태를 확인한 것으로 합니다.
    답안 전송 확인 후 문제지는 감독위원에게 제출한 후 퇴실하여야 합니다.
9. 답안전송이 완료된 경우에는 수정 또는 정정이 불가능합니다.
10. [ ]안의 지시사항은 PhotoShop 영문 버전용 입니다.
11. 답안은 PhotoShop과 Gom Mix Pro를 활용하여 작성하십시오.
    ※ PhotoShop 답안파일의 해상도는 72 Pixels/inch로 작성하십시오.
12. 시험시행 후 결과는 홈페이지(www.ihd.or.kr)에서 확인하시기 바랍니다.
    1) 문제 및 모범답안 공개 : 20XX. XX. XX(X)
    2) 합격자 발표 : 20XX. XX. XX(X)

식별CODE
멀

디지털정보활용능력 ❶ 멀티미디어제작

소요시간 :   분

※ PhotoShop 프로그램을 활용하여 [문제 1], [문제 2]를 작업하시오.

문제 01 원본파일을 처리조건에 따라 결과파일로 완성하시오. 50점

≪원본파일≫	≪결과파일≫

≪처리조건≫

▶ 다음과 같이 캔버스 크기를 변경하시오.
  • 캔버스 크기[Canvas Size] ⇒ 가로(650 픽셀[Pixels]) X 세로(450 픽셀[Pixels])

▶ '사진1.jpg' 이미지를 불러와 기존 캔버스에 복사한 후 다음과 같이 처리하시오.
  • ① ⇒ 복구 브러시 도구[Healing Brush Tool]를 이용하여 이미지 제거
  • ② ⇒ 색조/채도[Hue/Saturation]를 이용하여 초록색 계열로 보정
  • ③ ⇒ 색상 균형[Color Balance]을 이용하여 보라색 계열로 보정
  • 밝기 조정 ⇒ 곡선[Curves]을 이용하여 이미지 조정 (Input : 80, Output : 120)
  • 필터 효과 ⇒ 그물눈[Crosshatch]을 이용하여 필터 적용
    (선/획 길이[Stroke Length] : 9, 선명도[Sharpness] : 4, 강도[Strength] : 1)

▶ 지시사항이 없는 경우는 기본 값을 적용하시오.

▶ 다음과 같은 규칙으로 JPG 파일과 PSD 파일을 각각 저장하시오.
  • 저장위치 : 바탕화면 – KAIT – 제출파일 폴더

JPG	파일명	dic_01_수검번호(6자리)_이름.JPG	PSD	파일명	dic_01_수검번호(6자리)_이름.PSD
	이미지 크기	600 X 400 픽셀[Pixels]		이미지 크기	65 X 45 픽셀[Pixels]

(예 수검번호가 DIC-XXXX-000000인 경우 "dic_01_000000_이름.JPG"과 "dic_01_000000_이름.PSD"로 저장할 것)
(* dic_01_000000_이름.JPG와 dic_01_000000_이름.PSD 파일 중 하나라도 누락시 "0점" 처리 됨)

디지털정보활용능력 ❷ 멀티미디어제작

소요시간: 분

문제 02 원본파일을 처리조건에 따라 결과파일로 완성하시오. 80점

≪처리조건≫

▶ 다음과 같이 캔버스 크기를 변경하시오.
- 캔버스 조정 ⇒ 캔버스 크기[Canvas Size] : 가로(650 픽셀[Pixels]) X 세로(350 픽셀[Pixels])
  캔버스 배경색(색상 : #ff6800)

▶ '사진2.jpg' 이미지를 불러와 기존 캔버스에 복사한 후 다음과 같이 처리하시오.
- 이미지 복사 ⇒ 자유 변형[Free Transform]으로 캔버스 크기에 맞게 변형, 레이어 이름 – '돌길',
  레이어 마스크[Layer Mask] 설정, 가로방향으로 흐릿하게
- "Health Road" ⇒ 글꼴(Arial), 글꼴 스타일(Bold Italic), 크기(48pt), 색상(#00811b),
  앤티 앨리어싱 : 선명하게[Sharp],
  레이어 스타일 – 선/획[Stroke] (크기 : 4px, 색상 : #fff000)
- "건강한 걷기 운동" ⇒ 글꼴(궁서), 크기(28pt), 색상(#00a122), 앤티 앨리어싱 : 선명하게[Sharp],
  레이어 스타일 – 선/획[Stroke] (크기 : 2px, 색상 : #ffffff)

▶ '사진3.jpg'를 이용하여 새로운 레이어를 생성하시오.
- 이미지 복사 ⇒ 자유 변형[Free Transform]으로 크기 변형, 레이어 이름 – '발바닥'
  레이어 스타일 – 그림자 효과[Drop Shadow]
  (혼합모드[Blend Mode] : 곱하기[Multiply], 각도[Angle] : 120°)
- '사진3.jpg'의 자유 변형[Free Transform] 후, 이미지의 형태는 결과파일과 동일할 것

▶ 지시사항이 없는 경우는 기본 값을 적용하시오.

▶ 다음과 같은 규칙으로 JPG 파일과 PSD 파일을 각각 저장하시오.
- 저장위치 : 바탕화면 – KAIT – 제출파일 폴더

JPG	파일명	dic_02_수검번호(6자리)_이름.JPG	PSD	파일명	dic_02_수검번호(6자리)_이름.PSD
	이미지 크기	600 X 300 픽셀[Pixels]		이미지 크기	65 X 35 픽셀[Pixels]

(예 수검번호가 DIC–XXXX–000000인 경우 "dic_02_000000_이름.JPG"과 "dic_02_000000_이름.PSD"로 저장할 것)
(* dic_02_000000_이름.JPG와 dic_02_000000_이름.PSD 파일 중 하나라도 누락시 "0점" 처리 됨)

디지털정보활용능력 ❸ 멀티미디어제작

소요시간 :   분

※ **Gom Mix Pro 프로그램을 활용하여 [문제 3]을 작업하시오.**

문제 03 처리조건에 따라 출력형태와 같이 완성하시오. 70점

≪출력형태≫

≪처리조건≫ | 원본 파일 | 이미지1.jpg, 이미지2.jpg, 이미지3.jpg, 동영상.mp4, 음악.mp3

▶ 미디어 소스의 순서를 다음과 같이 지정하시오.
  • 미디어 소스 순서 ⇒ 동영상.mp4 〉이미지3.jpg 〉이미지2.jpg 〉이미지1.jpg
▶ 동영상 파일('동영상.mp4')을 다음과 같이 처리하시오.
  • 재생 속도 : 1.3x
  • 자르기 : 시작 지점(0.00s), 종료 지점(11.20s)
  • 필터 효과 : 사파이어(감마 : 120, 노출 : 10)
  • 텍스트 ⇒ 텍스트 입력 : 공원의 풍경
    글꼴 서식(돋움체, 48pt, 000000), 텍스트 윤곽선 색(색 없음), 시작 시간(5.40s), 지속 시간(5.00), 위치 설정(화면 정가운데 아래)
  • 재생 속도 설정 후 자르기를 하여야 하며, 동영상을 자른 후 뒷 부분의 동영상은 삭제할 것
  • 원본 동영상에 포함된 오디오는 모두 음소거 할 것
▶ 이미지 파일을 다음과 같이 처리하시오.
  • '이미지3.jpg' ⇒ 이미지 지속 시간 : 6.00, 오버레이 클립 : 위 → 아래 이동 (지속 시간 : 3.00),
    영상 전환 : 문 닫기 (지속 시간 : 2.00)
  • '이미지2.jpg' ⇒ 이미지 지속 시간 : 5.00, 오버레이 클립 : 전체 화면 → 아래로 클로즈업 (지속 시간 : 2.00),
    영상 전환 : 회전하며 멀어지기 (지속 시간 : 2.00)
  • '이미지1.jpg' ⇒ 이미지 지속 시간 : 5.00, 오버레이 클립 : 오른쪽 클로즈업 → 전체 화면 (지속 시간 : 1.00),
    영상 전환 : 아래로 펼치며 밀기 (지속 시간 : 1.00)
▶ 다음 조건에 따라 제목을 이용하여 자막을 지정하시오.
  • 텍스트 입력 : 공원 속의 산책길
    (Walk in a Park)
    글꼴 서식(휴먼편지체, 66pt, CEFF94), 텍스트 윤곽선 색(00880D, 테두리 두께 : 20%), 시작 시간(0.00s), 텍스트 지속 시간(4.00), 나타내기(서서히 작아지며 나타나기, 지속 시간 : 2.00)
▶ 다음 조건에 따라 동영상 전체에 음악 파일('음악.mp3')을 삽입하시오.
  • 시작구간 : 0.00s, 종료구간 : 22.10s, 음량 조절 : 80
▶ 다음과 같은 규칙으로 GRP 파일을 내보내기 하시오.
  • 저장위치 : 바탕화면 – KAIT – 제출파일 폴더

| GRP | 파일명 | dic_03_수검번호(6자리)_이름.GRP |

(📌 수검번호가 DIC-XXXX-000000인 경우 "dic_03_000000_이름.GRP"로 저장할 것)
(* 내보내기 이외의 기능을 이용하여 저장할 시 "0점" 처리 됨)

제 11 회 실전모의고사

- 시험과목 : 멀티미디어제작
- 시험일자 : 20XX. XX. XX(X)
- 응시자 기재사항 및 감독위원 확인

수검번호	DIC - XXXX -	감독위원 확인
성 명		

응시자 유의사항

1. 응시자는 신분증을 지참하여야 시험에 응시할 수 있으며, 시험이 종료될 때까지 신분증을 제시하지 못 할 경우 해당 시험은 0점 처리됩니다.
2. 시스템(PC작동여부, 네트워크 상태 등)의 이상여부를 반드시 확인하여야 하며, 시스템 이상이 있을시 감독위원에게 조치를 받으셔야 합니다.
3. 시험 중 부주의 또는 고의로 시스템을 파손한 경우는 응시자 부담으로 합니다.
4. 답안 전송 프로그램을 통해 다운로드 받은 파일을 이용하여 답안파일을 작성하시기 바랍니다.
5. 작성한 답안 파일은 답안 전송 프로그램을 통하여 전송됩니다. 감독위원의 지시에 따라 주시기 바랍니다.
6. 다음사항의 경우 실격(0점) 혹은 부정행위 처리됩니다.
   1) 답안파일을 저장하지 않았거나, 저장한 파일이 손상되었을 경우
   2) 답안파일을 지정된 폴더(바탕화면 – "KAIT" 폴더)에 저장하지 않았을 경우
      ※ 답안 전송 프로그램 로그인 시 바탕화면에 자동 생성됨
   3) 답안파일을 다른 보조 기억장치(USB) 혹은 네트워크(메신저, 게시판 등)로 전송할 경우
   4) 휴대용 전화기 등 통신기기를 사용할 경우
7. 시험지에 제시된 글꼴이 응시 프로그램에 없는 경우, 반드시 감독위원에게 해당 내용을 통보한 뒤 조치를 받아야 합니다.
8. 시험의 완료는 작성이 완료된 답안을 저장하고, 답안 전송이 완료된 상태를 확인한 것으로 합니다.
   답안 전송 확인 후 문제지는 감독위원에게 제출한 후 퇴실하여야 합니다.
9. 답안전송이 완료된 경우에는 수정 또는 정정이 불가능합니다.
10. [ ]안의 지시사항은 PhotoShop 영문 버전용 입니다.
11. 답안은 PhotoShop과 Gom Mix Pro를 활용하여 작성하십시오.
    ※ PhotoShop 답안파일의 해상도는 72 Pixels/inch로 작성하십시오.
12. 시험시행 후 결과는 홈페이지(www.ihd.or.kr)에서 확인하시기 바랍니다.
    1) 문제 및 모범답안 공개 : 20XX. XX. XX(X)
    2) 합격자 발표 : 20XX. XX. XX(X)

디지털정보활용능력 ① 멀티미디어제작

소요시간 :   분

※ PhotoShop 프로그램을 활용하여 [문제 1], [문제 2]를 작업하시오.

문제 01 원본파일을 처리조건에 따라 결과파일로 완성하시오. 50점

≪원본파일≫

≪결과파일≫

≪처리조건≫

▶ 다음과 같이 캔버스 크기를 변경하시오.
- 캔버스 크기[Canvas Size] ⇒ 가로(650 픽셀[Pixels]) X 세로(450 픽셀[Pixels])

▶ '사진1.jpg' 이미지를 불러와 기존 캔버스에 복사한 후 다음과 같이 처리하시오.
- ① ⇒ 복구 브러시 도구[Healing Brush Tool]를 이용하여 이미지 제거
- ② ⇒ 색상 균형[Color Balance]을 이용하여 초록색 계열로 보정
- ③ ⇒ 색조/채도[Hue/Saturation]를 이용하여 빨간색 계열로 보정
- 밝기 조정 ⇒ 곡선[Curves]을 이용하여 이미지 조정 (Input : 90, Output : 120)
- 필터 효과 ⇒ 그물눈[Crosshatch]을 이용하여 필터 적용
  (선/획 길이[Stroke Length] : 7, 선명도[Sharpness] : 3, 강도[Strength] : 1)

▶ 지시사항이 없는 경우는 기본 값을 적용하시오.

▶ 다음과 같은 규칙으로 JPG 파일과 PSD 파일을 각각 저장하시오.
- 저장위치 : 바탕화면 – KAIT – 제출파일 폴더

JPG	파일명	dic_01_수검번호(6자리)_이름.JPG	PSD	파일명	dic_01_수검번호(6자리)_이름.PSD
	이미지 크기	600 X 400 픽셀[Pixels]		이미지 크기	65 X 45 픽셀[Pixels]

(예 수검번호가 DIC-XXXX-000000인 경우 "dic_01_000000_이름.JPG"과 "dic_01_000000_이름.PSD"로 저장할 것)
(* dic_01_000000_이름.JPG와 dic_01_000000_이름.PSD 파일 중 하나라도 누락시 "0점" 처리 됨)

디지털정보활용능력 ❷ 멀티미디어제작

소요시간 :   분

문제 02 원본파일을 처리조건에 따라 결과파일로 완성하시오.   80점

≪처리조건≫

▶ 다음과 같이 캔버스 크기를 변경하시오.
- 캔버스 크기[Canvas Size] ⇒ 가로(650 픽셀[Pixels]) X 세로(450 픽셀[Pixels])

▶ '사진2.jpg' 이미지를 불러와 기존 캔버스에 복사한 후 다음과 같이 처리하시오.
- ① ⇒ 모양 도구[Shape Tool] 이용
  레이어 스타일 – 선/획[Stroke] (크기 : 2px, 색상 : #663300),
  그라디언트 오버레이[Gradient Overlay] (색상 : #cc6600 – #ffcc66)
- "Flying Insects" ⇒ 글꼴(Arial), 글꼴 스타일(Bold Italic), 크기(48pt), 색상(#fffc00),
  앤티 앨리어싱 : 선명하게[Sharp],
  레이어 스타일 – 선/획[Stroke] (크기 : 4px, 색상 : #683800)
- "날아다니는 곤충" ⇒ 글꼴(돋움체), 크기(36pt), 색상(#990000), 앤티 앨리어싱 : 선명하게[Sharp],
  레이어 스타일 – 선/획[Stroke] (크기 : 2px, 색상 : #ffffcc)

▶ 사각형 도구[Rectangle Tool]와 '사진3.jpg'를 이용하여 새로운 레이어를 생성하시오.
- 사각형의 크기 ⇒ 180 px × 180 px (단, 클리핑 마스크 기능을 이용할 것)
  레이어 스타일 – 선/획[Stroke] (크기 : 4px, 색상 : #663333, 위치 : 안쪽[Inside]),
  그림자 효과[Drop Shadow] (혼합모드[Blend Mode] : 곱하기[Multiply], 각도[Angle] : 120°)

▶ 지시사항이 없는 경우는 기본 값을 적용하시오.

▶ 다음과 같은 규칙으로 JPG 파일과 PSD 파일을 각각 저장하시오.
- 저장위치 : 바탕화면 – KAIT – 제출파일 폴더

JPG	파일명	dic_02_수검번호(6자리)_이름.JPG	PSD	파일명	dic_02_수검번호(6자리)_이름.PSD
	이미지 크기	600 X 400 픽셀[Pixels]		이미지 크기	65 X 45 픽셀[Pixels]

(예) 수검번호가 DIC-XXXX-000000인 경우 "dic_02_000000_이름.JPG"과 "dic_02_000000_이름.PSD"로 저장할 것)
(* dic_02_000000_이름.JPG와 dic_02_000000_이름.PSD 파일 중 하나라도 누락시 "0점" 처리 됨)

디지털정보활용능력 ❸ 멀티미디어제작

소요시간 :   분

※ Gom Mix Pro 프로그램을 활용하여 [문제 3]을 작업하시오.

문제 03 처리조건에 따라 출력형태와 같이 완성하시오. 70점

《출력형태》

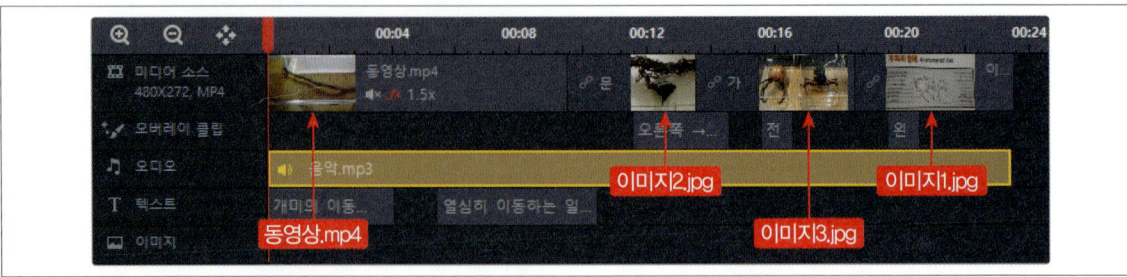

《처리조건》 | 원본 파일 | 이미지1.jpg, 이미지2.jpg, 이미지3.jpg, 동영상.mp4, 음악.mp3

▶ 미디어 소스의 순서를 다음과 같이 지정하시오.
- 미디어 소스 순서 ⇒ 동영상.mp4 > 이미지2.jpg > 이미지3.jpg > 이미지1.jpg

▶ 동영상 파일('동영상.mp4')을 다음과 같이 처리하시오.
- 재생 속도 : 1.5x
- 자르기 : 시작 지점(0.00s), 종료 지점(11.50s)
- 필터 효과 : 파스텔(감마 : 140, 노출 : 10)
- 텍스트 ⇒ 텍스트 입력 : 열심히 이동하는 일개미들
  글꼴 서식(바탕체, 48pt, 00910E), 텍스트 윤곽선 색(색 없음), 시작 시간(5.40s), 지속 시간(5.00), 위치 설정(화면 정가운데 아래)
- 재생 속도 설정 후 자르기를 하여야 하며, 동영상을 자른 후 뒷 부분의 동영상은 삭제할 것
- 원본 동영상에 포함된 오디오는 모두 음소거 할 것

▶ 이미지 파일을 다음과 같이 처리하시오.
- '이미지2.jpg' ⇒ 이미지 지속 시간 : 6.00, 오버레이 클립 : 오른쪽 → 왼쪽 이동 (지속 시간 : 3.00),
  영상 전환 : 문 열기 (지속 시간 : 2.00)
- '이미지3.jpg' ⇒ 이미지 지속 시간 : 6.00, 오버레이 클립 : 전체 화면 → 위로 클로즈업 (지속 시간 : 1.00),
  영상 전환 : 가로 회전 날아가기 (지속 시간 : 2.00)
- '이미지1.jpg' ⇒ 이미지 지속 시간 : 5.00, 오버레이 클립 : 왼쪽 클로즈업 → 전체 화면 (지속 시간 : 1.00),
  영상 전환 : 위로 펼치며 밀기 (지속 시간 : 1.00)

▶ 다음 조건에 따라 제목을 이용하여 자막을 지정하시오.
- 텍스트 입력 : 개미의 이동 (Movement of Ants)
  글꼴 서식(궁서체, 66pt, D3751D), 텍스트 윤곽선 색(FFFFFF, 테두리 두께 : 30%), 시작 시간(0.00s),
  텍스트 지속 시간(4.00), 나타내기(세로로 늘어났다 나타나기, 지속 시간 : 2.00)

▶ 다음 조건에 따라 동영상 전체에 음악 파일('음악.mp3')을 삽입하시오.
- 시작구간 : 0.00s, 종료구간 : 23.40s, 음량 조절 : 80

▶ 다음과 같은 규칙으로 GRP 파일을 내보내기 하시오.
- 저장위치 : 바탕화면 – KAIT – 제출파일 폴더

| GRP | 파일명 | dic_03_수검번호(6자리)_이름.GRP |

(예 수검번호가 DIC-XXXX-000000인 경우 "dic_03_000000_이름.GRP"로 저장할 것)
(* 내보내기 이외의 기능을 이용하여 저장할 시 "0점" 처리 됨)

제 12 회 실전모의고사

- 시험과목 : 멀티미디어제작
- 시험일자 : 20XX. XX. XX(X)
- 응시자 기재사항 및 감독위원 확인

수 검 번 호	DIC - XXXX -	감독위원 확인
성 명		

응시자 유의사항

1. 응시자는 신분증을 지참하여야 시험에 응시할 수 있으며, 시험이 종료될 때까지 신분증을 제시하지 못 할 경우 해당 시험은 0점 처리됩니다.
2. 시스템(PC작동여부, 네트워크 상태 등)의 이상여부를 반드시 확인하여야 하며, 시스템 이상이 있을시 감독위원에게 조치를 받으셔야 합니다.
3. 시험 중 부주의 또는 고의로 시스템을 파손한 경우는 응시자 부담으로 합니다.
4. 답안 전송 프로그램을 통해 다운로드 받은 파일을 이용하여 답안파일을 작성하시기 바랍니다.
5. 작성한 답안 파일은 답안 전송 프로그램을 통하여 전송됩니다. 감독위원의 지시에 따라 주시기 바랍니다.
6. 다음사항의 경우 실격(0점) 혹은 부정행위 처리됩니다.
    1) 답안파일을 저장하지 않았거나, 저장한 파일이 손상되었을 경우
    2) 답안파일을 지정된 폴더(바탕화면 – "KAIT" 폴더)에 저장하지 않았을 경우
       ※ 답안 전송 프로그램 로그인 시 바탕화면에 자동 생성됨
    3) 답안파일을 다른 보조 기억장치(USB) 혹은 네트워크(메신저, 게시판 등)로 전송할 경우
    4) 휴대용 전화기 등 통신기기를 사용할 경우
7. 시험지에 제시된 글꼴이 응시 프로그램에 없는 경우, 반드시 감독위원에게 해당 내용을 통보한 뒤 조치를 받아야 합니다.
8. 시험의 완료는 작성이 완료된 답안을 저장하고, 답안 전송이 완료된 상태를 확인한 것으로 합니다. 답안 전송 확인 후 문제지는 감독위원에게 제출한 후 퇴실하여야 합니다.
9. 답안전송이 완료된 경우에는 수정 또는 정정이 불가능합니다.
10. [ ]안의 지시사항은 PhotoShop 영문 버전용 입니다.
11. 답안은 PhotoShop과 Gom Mix Pro를 활용하여 작성하십시오.
    ※ PhotoShop 답안파일의 해상도는 72 Pixels/inch로 작성하십시오.
12. 시험시행 후 결과는 홈페이지(www.ihd.or.kr)에서 확인하시기 바랍니다.
    1) 문제 및 모범답안 공개 : 20XX. XX. XX(X)
    2) 합격자 발표 : 20XX. XX. XX(X)

디지털정보활용능력 ❶ 멀티미디어제작

소요시간 :   분

※ PhotoShop 프로그램을 활용하여 [문제 1], [문제 2]를 작업하시오.

문제 01 원본파일을 처리조건에 따라 결과파일로 완성하시오.   50점

≪처리조건≫

▶ 다음과 같이 캔버스 크기를 변경하시오.
  • 캔버스 크기[Canvas Size] ⇒ 가로(650 픽셀[Pixels]) X 세로(450 픽셀[Pixels])

▶ '사진1.jpg' 이미지를 불러와 기존 캔버스에 복사한 후 다음과 같이 처리하시오.
  • ① ⇒ 복구 브러시 도구[Healing Brush Tool]를 이용하여 이미지 제거
  • ② ⇒ 색상 균형[Color Balance]을 이용하여 파란색 계열로 보정
  • ③ ⇒ 색조/채도[Hue/Saturation]를 이용하여 빨간색 계열로 보정
  • 밝기 조정 ⇒ 곡선[Curves]을 이용하여 이미지 조정 (Input : 80, Output : 130)
  • 필터 효과 ⇒ 렌즈 플레어[Lens Flare]를 이용하여 필터 적용
              (명도[Brightness] : 120%, 렌즈 유형[Lens Type] : 105mm 프라임[105mm Prime])

▶ 지시사항이 없는 경우는 기본 값을 적용하시오.

▶ 다음과 같은 규칙으로 JPG 파일과 PSD 파일을 각각 저장하시오.
  • 저장위치 : 바탕화면 - KAIT - 제출파일 폴더

JPG	파일명	dic_01_수검번호(6자리)_이름.JPG	PSD	파일명	dic_01_수검번호(6자리)_이름.PSD
	이미지 크기	600 X 400 픽셀[Pixels]		이미지 크기	65 X 45 픽셀[Pixels]

(예 수검번호가 DIC-XXXX-000000인 경우 "dic_01_000000_이름.JPG"과 "dic_01_000000_이름.PSD"로 저장할 것)
(* dic_01_000000_이름.JPG와 dic_01_000000_이름.PSD 파일 중 하나라도 누락시 "0점" 처리 됨)

디지털정보활용능력 ❷ 멀티미디어제작

소요시간 :   분

문제 02 원본파일을 처리조건에 따라 결과파일로 완성하시오.   80점

≪처리조건≫

▶ 다음과 같이 캔버스 크기를 변경하시오.
- 캔버스 조정 ⇒ 캔버스 크기[Canvas Size] : 가로(650 픽셀[Pixels]) X 세로(350 픽셀[Pixels])
  캔버스 배경색(색상 : #8415b8)

▶ '사진2.jpg' 이미지를 불러와 기존 캔버스에 복사한 후 다음과 같이 처리하시오.
- 이미지 복사 ⇒ 자유 변형[Free Transform]으로 캔버스 크기에 맞게 변형, 레이어 이름 – '꽃천지',
  레이어 마스크[Layer Mask] 설정, 가로 방향으로 흐릿하게
- "Scent of Flowers" ⇒ 글꼴(Arial), 글꼴 스타일(Bold Italic), 크기(48pt), 색상(#dbdbdb),
  앤티 앨리어싱 : 선명하게[Sharp],
  레이어 스타일 – 선/획[Stroke] (크기 : 5px, 색상 : #2a3792)
- "꽃의 향기" ⇒ 글꼴(휴먼옛체), 크기(36pt), 색상(#cf00e2), 앤티 앨리어싱 : 선명하게[Sharp],
  레이어 스타일 – 선/획[Stroke] (크기 : 2px, 색상 : #f9d1fd)

▶ '사진3.jpg'를 이용하여 새로운 레이어를 생성하시오.
- 이미지 복사 ⇒ 자유 변형[Free Transform]으로 크기 변형, 레이어 이름 – '꽃뭉치'
  레이어 스타일 – 그림자 효과[Drop Shadow]
  (혼합모드[Blend Mode] : 곱하기[Multiply], 각도[Angle] : 120°)
- '사진3.jpg'의 자유 변형[Free Transform] 후, 이미지의 형태는 결과파일과 동일할 것

▶ 지시사항이 없는 경우는 기본 값을 적용하시오.

▶ 다음과 같은 규칙으로 JPG 파일과 PSD 파일을 각각 저장하시오.
- 저장위치 : 바탕화면 – KAIT – 제출파일 폴더

JPG	파일명	dic_02_수검번호(6자리)_이름.JPG	PSD	파일명	dic_02_수검번호(6자리)_이름.PSD
	이미지 크기	600 X 300 픽셀[Pixels]		이미지 크기	65 X 35 픽셀[Pixels]

(예 수검번호가 DIC-XXXX-000000인 경우 "dic_02_000000_이름.JPG"과 "dic_02_000000_이름.PSD"로 저장할 것)
(* dic_02_000000_이름.JPG와 dic_02_000000_이름.PSD 파일 중 하나라도 누락시 "0점" 처리 됨)

디지털정보활용능력 ❸ 멀티미디어제작

소요시간 :   분

※ Gom Mix Pro 프로그램을 활용하여 [문제 3]을 작업하시오.

문제 03 처리조건에 따라 출력형태와 같이 완성하시오.   70점

≪출력형태≫

≪처리조건≫   원본 파일   이미지1.jpg, 이미지2.jpg, 이미지3.jpg, 동영상.mp4, 음악.mp3

▶ 미디어 소스의 순서를 다음과 같이 지정하시오.
  • 미디어 소스 순서 ⇒ 동영상.mp4 〉 이미지3.jpg 〉 이미지1.jpg 〉 이미지2.jpg
▶ 동영상 파일('동영상.mp4')을 다음과 같이 처리하시오.
  • 재생 속도 : 1.3x
  • 자르기 : 시작 지점(0.00s), 종료 지점(12.10s)
  • 필터 효과 : 카메라/필름(감마 : 120, 노출 : 10)
  • 텍스트 ⇒ 텍스트 입력 : 길가의 아름다운 꽃
      글꼴 서식(궁서체, 54pt, 91122C), 텍스트 윤곽선 색(색 없음), 시작 시간(5.20s), 지속 시간(5.00),
      위치 설정(화면 정가운데 아래)
  • 재생 속도 설정 후 자르기를 하여야 하며, 동영상을 자른 후 뒷 부분의 동영상은 삭제할 것
  • 원본 동영상에 포함된 오디오는 모두 음소거 할 것
▶ 이미지 파일을 다음과 같이 처리하시오.
  • '이미지3.jpg' ⇒ 이미지 지속 시간 : 5.00, 오버레이 클립 : 왼쪽 → 오른쪽 이동 (지속 시간 : 2.00),
           영상 전환 : 회전 (지속 시간 : 2.00)
  • '이미지1.jpg' ⇒ 이미지 지속 시간 : 6.00, 오버레이 클립 : 아래로 클로즈업 → 전체 화면 (지속 시간 : 2.00),
           영상 전환 : 세로 회전 날아가기 (지속 시간 : 1.00)
  • '이미지2.jpg' ⇒ 이미지 지속 시간 : 6.00, 오버레이 클립 : 전체 화면 → 오른쪽 클로즈업 (지속 시간 : 2.00),
           영상 전환 : 왼쪽으로 덮기 (지속 시간 : 2.00)
▶ 다음 조건에 따라 제목을 이용하여 자막을 지정하시오.
  • 텍스트 입력 : 향기로운 꽃 (Fragrant flowers)
    글꼴 서식(휴먼엣체, 72pt, 8892EC), 텍스트 윤곽선 색(1F358C, 테두리 두께 : 20%), 시작 시간(0.00s),
    텍스트 지속 시간(4.00), 나타내기(깜빡이며 나타나기, 지속 시간 : 2.00)
▶ 다음 조건에 따라 동영상 전체에 음악 파일('음악.mp3')을 삽입하시오.
  • 시작구간 : 0.00s, 종료구간 : 24.00s, 음량 조절 : 70
▶ 다음과 같은 규칙으로 GRP 파일을 내보내기 하시오.
  • 저장위치 : 바탕화면 – KAIT – 제출파일 폴더

GRP	파일명	dic_03_수검번호(6자리)_이름.GRP

(**예** 수검번호가 DIC–XXXX–000000인 경우 "dic_03_000000_이름.GRP"로 저장할 것)
(*내보내기 이외의 기능을 이용하여 저장할 시 "0점" 처리 됨)

제13회 실전모의고사

- 시험과목 : 멀티미디어제작
- 시험일자 : 20XX. XX. XX(X)
- 응시자 기재사항 및 감독위원 확인

수검번호	DIC - XXXX -	감독위원 확인
성 명		

응시자 유의사항

1. 응시자는 신분증을 지참하여야 시험에 응시할 수 있으며, 시험이 종료될 때까지 신분증을 제시하지 못 할 경우 해당 시험은 0점 처리됩니다.
2. 시스템(PC작동여부, 네트워크 상태 등)의 이상여부를 반드시 확인하여야 하며, 시스템 이상이 있을시 감독위원에게 조치를 받으셔야 합니다.
3. 시험 중 부주의 또는 고의로 시스템을 파손한 경우는 응시자 부담으로 합니다.
4. 답안 전송 프로그램을 통해 다운로드 받은 파일을 이용하여 답안파일을 작성하시기 바랍니다.
5. 작성한 답안 파일은 답안 전송 프로그램을 통하여 전송됩니다. 감독위원의 지시에 따라 주시기 바랍니다.
6. 다음사항의 경우 실격(0점) 혹은 부정행위 처리됩니다.
    1) 답안파일을 저장하지 않았거나, 저장한 파일이 손상되었을 경우
    2) 답안파일을 지정된 폴더(바탕화면 – "KAIT" 폴더)에 저장하지 않았을 경우
        ※ 답안 전송 프로그램 로그인 시 바탕화면에 자동 생성됨
    3) 답안파일을 다른 보조 기억장치(USB) 혹은 네트워크(메신저, 게시판 등)로 전송할 경우
    4) 휴대용 전화기 등 통신기기를 사용할 경우
7. 시험지에 제시된 글꼴이 응시 프로그램에 없는 경우, 반드시 감독위원에게 해당 내용을 통보한 뒤 조치를 받아야 합니다.
8. 시험의 완료는 작성이 완료된 답안을 저장하고, 답안 전송이 완료된 상태를 확인한 것으로 합니다.
    답안 전송 확인 후 문제지는 감독위원에게 제출한 후 퇴실하여야 합니다.
9. 답안전송이 완료된 경우에는 수정 또는 정정이 불가능합니다.
10. [ ]안의 지시사항은 PhotoShop 영문 버전용 입니다.
11. 답안은 PhotoShop과 Gom Mix Pro를 활용하여 작성하십시오.
    ※ PhotoShop 답안파일의 해상도는 72 Pixels/inch로 작성하십시오.
12. 시험시행 후 결과는 홈페이지(www.ihd.or.kr)에서 확인하시기 바랍니다.
    1) 문제 및 모범답안 공개 : 20XX. XX. XX(X)
    2) 합격자 발표 : 20XX. XX. XX(X)

디지털정보활용능력 ❶ 멀티미디어제작

※ PhotoShop 프로그램을 활용하여 [문제 1], [문제 2]를 작업하시오.

문제 01 원본파일을 처리조건에 따라 결과파일로 완성하시오. 50점

≪원본파일≫	≪결과파일≫

≪처리조건≫

▶ 다음과 같이 캔버스 크기를 변경하시오.
 • 캔버스 크기[Canvas Size] ⇒ 가로(650 픽셀[Pixels]) X 세로(450 픽셀[Pixels])

▶ '사진1.jpg' 이미지를 불러와 기존 캔버스에 복사한 후 다음과 같이 처리하시오.
 • ① ⇒ 복제 도장 도구[Clone Stamp Tool]를 이용하여 이미지 복사
 • ② ⇒ 색조/채도[Hue/Saturation]를 이용하여 보라색 계열로 보정
 • ③ ⇒ 색상 균형[Color Balance]을 이용하여 빨간색 계열로 보정
 • 밝기 조정 ⇒ 곡선[Curves]을 이용하여 이미지 조정 (Input : 90, Output : 120)
 • 필터 효과 ⇒ 렌즈 플레어[Lens Flare]를 이용하여 필터 적용
    (명도[Brightness] : 120%, 렌즈 유형[Lens Type] : 35mm 프라임[35mm Prime])

▶ 지시사항이 없는 경우는 기본 값을 적용하시오.

▶ 다음과 같은 규칙으로 JPG 파일과 PSD 파일을 각각 저장하시오.
 • 저장위치 : 바탕화면 – KAIT – 제출파일 폴더

JPG	파일명	dic_01_수검번호(6자리)_이름.JPG	PSD	파일명	dic_01_수검번호(6자리)_이름.PSD
	이미지 크기	600 X 400 픽셀[Pixels]		이미지 크기	65 X 45 픽셀[Pixels]

(예 수검번호가 DIC-XXXX-000000인 경우 "dic_01_000000_이름.JPG"과 "dic_01_000000_이름.PSD"로 저장할 것)
(* dic_01_000000_이름.JPG와 dic_01_000000_이름.PSD 파일 중 하나라도 누락시 "0점" 처리 됨)

디지털정보활용능력 ❷ 멀티미디어제작

소요시간: 분

문제 02 원본파일을 처리조건에 따라 결과파일로 완성하시오. 80점

≪처리조건≫

▶ 다음과 같이 캔버스 크기를 변경하시오.
  • 캔버스 조정 ⇒ 캔버스 크기[Canvas Size] ⇒ 가로(650 픽셀[Pixels]) X 세로(450 픽셀[Pixels])

▶ '사진2.jpg' 이미지를 불러와 기존 캔버스에 복사한 후 다음과 같이 처리하시오.
  • ① ⇒ 모양 도구[Shape Tool] 이용
        레이어 스타일 – 선/획[Stroke] (크기 : 2px, 색상 : #ff5400),
        그라디언트 오버레이[Gradient Overlay] (색상 : #ff9000 – #fff600)
  • "Chrysanthemum" ⇒ 글꼴(Arial), 글꼴 스타일(Bold Italic), 크기(48pt), 색상(#fffc00),
        앤티 앨리어싱 : 선명하게[Sharp],
        레이어 스타일 – 선/획[Stroke] (크기 : 5px, 색상 : #043e00)
  • "다양한 모양의 국화" ⇒ 글꼴(궁서), 크기(36pt), 색상(#9cff00), 앤티 앨리어싱 : 선명하게[Sharp],
        레이어 스타일 – 선/획[Stroke] (크기 : 3px, 색상 : #000000)

▶ 타원 도구[Ellipse Tool]와 '사진3.jpg'를 이용하여 새로운 레이어를 생성하시오.
  • 원의 크기 ⇒ 200 px × 200 px (단, 클리핑 마스크 기능을 이용할 것)
        레이어 스타일 – 선/획[Stroke] (크기 : 5px, 색상 : #ccff00, 위치 : 안쪽[Inside]),
        그림자 효과[Drop Shadow] (혼합모드[Blend Mode] : 곱하기[Multiply], 각도[Angle] : 120°)

▶ 지시사항이 없는 경우는 기본 값을 적용하시오.

▶ 다음과 같은 규칙으로 JPG 파일과 PSD 파일을 각각 저장하시오.
  • 저장위치 : 바탕화면 – KAIT – 제출파일 폴더

JPG	파일명	dic_02_수검번호(6자리)_이름.JPG	PSD	파일명	dic_02_수검번호(6자리)_이름.PSD
	이미지 크기	600 X 400 픽셀[Pixels]		이미지 크기	65 X 45 픽셀[Pixels]

(예) 수검번호가 DIC-XXXX-000000인 경우 "dic_02_000000_이름.JPG"과 "dic_02_000000_이름.PSD"로 저장할 것)
(* dic_02_000000_이름.JPG와 dic_02_000000_이름.PSD 파일 중 하나라도 누락시 "0점" 처리 됨)

디지털정보활용능력 ❸ 멀티미디어제작

소요시간: 분

※ Gom Mix Pro 프로그램을 활용하여 [문제 3]을 작업하시오.

문제 03 처리조건에 따라 출력형태와 같이 완성하시오. 70점

≪출력형태≫

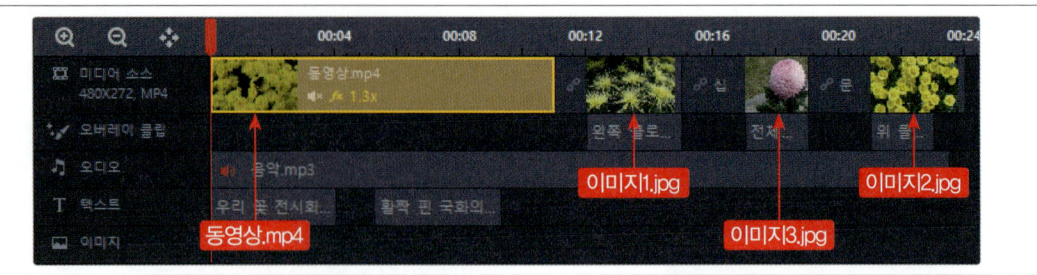

≪처리조건≫

원본 파일	이미지1.jpg, 이미지2.jpg, 이미지3.jpg, 동영상.mp4, 음악.mp3

▶ 미디어 소스의 순서를 다음과 같이 지정하시오.
　• 미디어 소스 순서 ⇒ 동영상.mp4 〉 이미지1.jpg 〉 이미지3.jpg 〉 이미지2.jpg
▶ 동영상 파일('동영상.mp4')을 다음과 같이 처리하시오.
　• 재생 속도 : 1.3x　　• 자르기 : 시작 지점(0.00s), 종료 지점(12.00s)
　• 필터 효과 : 빈티지(감마 : 130, 노출 : 20)
　• 텍스트 ⇒ 텍스트 입력 : 활짝 핀 국화의 향연
　　　　글꼴 서식(굴림체, 48pt, 5D2688), 텍스트 윤곽선 색(색 없음), 시작 시간(5.30s), 지속 시간(4.00),
　　　　위치 설정(화면 정가운데 아래)
　• 재생 속도 설정 후 자르기를 하여야 하며, 동영상을 자른 후 뒷 부분의 동영상은 삭제할 것
　• 원본 동영상에 포함된 오디오는 모두 음소거 할 것
▶ 이미지 파일을 다음과 같이 처리하시오.
　• '이미지1.jpg' ⇒ 이미지 지속 시간 : 6.00, 오버레이 클립 : 왼쪽 클로즈업 → 전체 화면 (지속 시간 : 3.00),
　　　　영상 전환 : 위로 덮기 (지속 시간 : 1.00)
　• '이미지3.jpg' ⇒ 이미지 지속 시간 : 6.00, 오버레이 클립 : 전체 화면 → 오른쪽 클로즈업 (지속 시간 : 2.00),
　　　　영상 전환 : 십자형 나누기 (지속 시간 : 2.00)
　• '이미지2.jpg' ⇒ 이미지 지속 시간 : 5.00, 오버레이 클립 : 위 클로즈업 → 전체 화면 (지속 시간 : 2.00),
　　　　영상 전환 : 문 닫기 (지속 시간 : 2.00)
▶ 다음 조건에 따라 제목을 이용하여 자막을 지정하시오.
　• 텍스트 입력 : 우리 꽃 전시회 (Flower Exhibition)
　　글꼴 서식(휴먼편지체, 66pt, E3E382), 텍스트 윤곽선 색(9A712B, 테두리 두께 : 30%), 시작 시간(0.00s),
　　텍스트 지속 시간(4.00), 나타내기(닦아내기, 지속 시간 : 2.00)
▶ 다음 조건에 따라 동영상 전체에 음악 파일('음악.mp3')을 삽입하시오.
　• 시작구간 : 0.00s, 종료구간 : 23.50s, 음량 조절 : 80
▶ 다음과 같은 규칙으로 GRP 파일을 내보내기 하시오.
　• 저장위치 : 바탕화면 - KAIT - 제출파일 폴더

GRP	파일명	dic_03_수검번호(6자리)_이름.GRP

(예 수검번호가 DIC-XXXX-000000인 경우 "dic_03_000000_이름.GRP"로 저장할 것)
(* 내보내기 이외의 기능을 이용하여 저장할 시 "0점" 처리 됨)

제14회 실전모의고사

- 시험과목 : 멀티미디어제작
- 시험일자 : 20XX. XX. XX(X)
- 응시자 기재사항 및 감독위원 확인

수 검 번 호	DIC - XXXX -	감독위원 확인
성 명		

응시자 유의사항

1. 응시자는 신분증을 지참하여야 시험에 응시할 수 있으며, 시험이 종료될 때까지 신분증을 제시하지 못 할 경우 해당 시험은 0점 처리됩니다.
2. 시스템(PC작동여부, 네트워크 상태 등)의 이상여부를 반드시 확인하여야 하며, 시스템 이상이 있을시 감독위원에게 조치를 받으셔야 합니다.
3. 시험 중 부주의 또는 고의로 시스템을 파손한 경우는 응시자 부담으로 합니다.
4. 답안 전송 프로그램을 통해 다운로드 받은 파일을 이용하여 답안파일을 작성하시기 바랍니다.
5. 작성한 답안 파일은 답안 전송 프로그램을 통하여 전송됩니다. 감독위원의 지시에 따라 주시기 바랍니다.
6. 다음사항의 경우 실격(0점) 혹은 부정행위 처리됩니다.
   1) 답안파일을 저장하지 않았거나, 저장한 파일이 손상되었을 경우
   2) 답안파일을 지정된 폴더(바탕화면 – "KAIT" 폴더)에 저장하지 않았을 경우
      ※ 답안 전송 프로그램 로그인 시 바탕화면에 자동 생성됨
   3) 답안파일을 다른 보조 기억장치(USB) 혹은 네트워크(메신저, 게시판 등)로 전송할 경우
   4) 휴대용 전화기 등 통신기기를 사용할 경우
7. 시험지에 제시된 글꼴이 응시 프로그램에 없는 경우, 반드시 감독위원에게 해당 내용을 통보한 뒤 조치를 받아야 합니다.
8. 시험의 완료는 작성이 완료된 답안을 저장하고, 답안 전송이 완료된 상태를 확인한 것으로 합니다.
   답안 전송 확인 후 문제지는 감독위원에게 제출한 후 퇴실하여야 합니다.
9. 답안전송이 완료된 경우에는 수정 또는 정정이 불가능합니다.
10. [ ]안의 지시사항은 PhotoShop 영문 버전용 입니다.
11. 답안은 PhotoShop과 Gom Mix Pro를 활용하여 작성하십시오.
    ※ PhotoShop 답안파일의 해상도는 72 Pixels/inch로 작성하십시오.
12. 시험시행 후 결과는 홈페이지(www.ihd.or.kr)에서 확인하시기 바랍니다.
    1) 문제 및 모범답안 공개 : 20XX. XX. XX(X)
    2) 합격자 발표 : 20XX. XX. XX(X)

식별CODE: 멀

디지털정보활용능력 ❶ 멀티미디어제작

소요시간 :   분

※ PhotoShop 프로그램을 활용하여 [문제 1], [문제 2]를 작업하시오.

문제 01 원본파일을 처리조건에 따라 결과파일로 완성하시오. 50점

≪원본파일≫

≪결과파일≫

≪처리조건≫

▶ 다음과 같이 캔버스 크기를 변경하시오.
- 캔버스 크기[Canvas Size] ⇒ 가로(650 픽셀[Pixels]) X 세로(450 픽셀[Pixels])

▶ '사진1.jpg' 이미지를 불러와 기존 캔버스에 복사한 후 다음과 같이 처리하시오.
- ① ⇒ 복구 브러쉬 도구[Healing Brush Tool]를 이용하여 이미지 제거
- ② ⇒ 색조/채도[Hue/Saturation]를 이용하여 초록색 계열로 보정
- ③ ⇒ 색상 균형[Color Balance]을 이용하여 빨간색 계열로 보정
- 밝기 조정 ⇒ 곡선[Curves]을 이용하여 이미지 조정 (Input : 80, Output : 110)
- 필터 효과 ⇒ 그물눈[Crosshatch]을 이용하여 필터 적용
  (선/획 길이[Stroke Length] : 5, 선명도[Sharpness] : 3, 강도[Strength] : 1)

▶ 지시사항이 없는 경우는 기본 값을 적용하시오.

▶ 다음과 같은 규칙으로 JPG 파일과 PSD 파일을 각각 저장하시오.
- 저장위치 : 바탕화면 – KAIT – 제출파일 폴더

JPG	파일명	dic_01_수검번호(6자리)_이름.JPG	PSD	파일명	dic_01_수검번호(6자리)_이름.PSD
	이미지 크기	600 X 400 픽셀[Pixels]		이미지 크기	65 X 45 픽셀[Pixels]

(예) 수검번호가 DIC-XXXX-000000인 경우 "dic_01_000000_이름.JPG"과 "dic_01_000000_이름.PSD"로 저장할 것)
(* dic_01_000000_이름.JPG와 dic_01_000000_이름.PSD 파일 중 하나라도 누락시 "0점" 처리 됨)

디지털정보활용능력 ❷ 멀티미디어제작

소요시간 :   분

문제 02 원본파일을 처리조건에 따라 결과파일로 완성하시오.　　　　80점

≪원본파일≫	≪결과파일≫

≪처리조건≫

▶ 다음과 같이 캔버스 크기를 변경하시오.
- 캔버스 조정 ⇒ 캔버스 크기[Canvas Size] : 가로(650 픽셀[Pixels]) X 세로(350 픽셀[Pixels])
  캔버스 배경색(색상 : #7f6000)

▶ '사진2.jpg' 이미지를 불러와 기존 캔버스에 복사한 후 다음과 같이 처리하시오.
- 이미지 복사 ⇒ 자유 변형[Free Transform]으로 캔버스 크기에 맞게 변형, 레이어 이름 – '우리',
  레이어 마스크[Layer Mask] 설정, 가로 방향으로 흐릿하게
- "The Rabbit Cage" ⇒ 글꼴(Arial), 글꼴 스타일(Bold Italic), 크기(48pt), 색상(#ffc100),
  앤티 앨리어싱 : 선명하게[Sharp],
  레이어 스타일 – 선/획[Stroke] (크기 : 5px, 색상 : #452500)
- "토끼가 사는 집" ⇒ 글꼴(궁서), 크기(36pt), 색상(#fff000), 앤티 앨리어싱 : 선명하게[Sharp],
  레이어 스타일 – 선/획[Stroke] (크기 : 2px, 색상 : #000000)

▶ '사진3.jpg'를 이용하여 새로운 레이어를 생성하시오.
- 이미지 복사 ⇒ 자유 변형[Free Transform]으로 크기 변형, 레이어 이름 – '토끼'
  레이어 스타일 – 그림자 효과[Drop Shadow]
  (혼합모드[Blend Mode] : 곱하기[Multiply], 각도[Angle] : 120°)
- '사진3.jpg'의 자유 변형[Free Transform] 후, 이미지의 형태는 결과파일과 동일할 것

▶ 지시사항이 없는 경우는 기본 값을 적용하시오.

▶ 다음과 같은 규칙으로 JPG 파일과 PSD 파일을 각각 저장하시오.
- 저장위치 : 바탕화면 – KAIT – 제출파일 폴더

JPG	파일명	dic_02_수검번호(6자리)_이름.JPG	PSD	파일명	dic_02_수검번호(6자리)_이름.PSD
	이미지 크기	600 X 300 픽셀[Pixels]		이미지 크기	65 X 35 픽셀[Pixels]

(예 수검번호가 DIC-XXXX-000000인 경우 "dic_02_000000_이름.JPG"과 "dic_02_000000_이름.PSD"로 저장할 것)
(* dic_02_000000_이름.JPG와 dic_02_000000_이름.PSD 파일 중 하나라도 누락시 "0점" 처리 됨)

디지털정보활용능력 ❸ 멀티미디어제작

소요시간 :   분

※ Gom Mix Pro 프로그램을 활용하여 [문제 3]을 작업하시오.

문제 03 처리조건에 따라 출력형태와 같이 완성하시오.   70점

≪출력형태≫

≪처리조건≫ | 원본 파일 | 이미지1.jpg, 이미지2.jpg, 이미지3.jpg, 동영상.mp4, 음악.mp3

▶ 미디어 소스의 순서를 다음과 같이 지정하시오.
   • 미디어 소스 순서 ⇒ 동영상.mp4 〉 이미지1.jpg 〉 이미지3.jpg 〉 이미지2.jpg
▶ 동영상 파일('동영상.mp4')을 다음과 같이 처리하시오.
   • 재생 속도 : 1.3x
   • 자르기 : 시작 지점(0.00s), 종료 지점(12.30s)
   • 필터 효과 : 옛날 사진(감마 : 130, 노출 : 10)
   • 텍스트 ⇒ 텍스트 입력 : 귀여운 토끼 친구들
        글꼴 서식(굴림체, 54pt, 2A48BD, 텍스트 윤곽선 색(색 없음), 시작 시간(5.10s), 지속 시간(4.00),
        위치 설정(화면 정가운데 아래)
   • 재생 속도 설정 후 자르기를 하여야 하며, 동영상을 자른 후 뒷 부분의 동영상은 삭제할 것
   • 원본 동영상에 포함된 오디오는 모두 음소거 할 것
▶ 이미지 파일을 다음과 같이 처리하시오.
   • '이미지1.jpg' ⇒ 이미지 지속 시간 : 6.00, 오버레이 클립 : 오른쪽 → 왼쪽 이동 (지속 시간 : 3.00),
        영상 전환 : 가로 회전 날아가기 (지속 시간 : 1.00)
   • '이미지3.jpg' ⇒ 이미지 지속 시간 : 6.00, 오버레이 클립 : 오른쪽 클로즈업 → 전체 화면 (지속 시간 : 2.00),
        영상 전환 : 위로 펼치며 밀기 (지속 시간 : 2.00)
   • '이미지2.jpg' ⇒ 이미지 지속 시간 : 5.00, 오버레이 클립 : 전체 화면 → 위로 클로즈업 (지속 시간 : 1.00),
        영상 전환 : 모자이크 (지속 시간 : 1.00)
▶ 다음 조건에 따라 제목을 이용하여 자막을 지정하시오.
   • 텍스트 입력 : 토끼들의 이야기
                    (Story of Rabbit)
     글꼴 서식(휴먼옛체, 66pt, 8CF7F9), 텍스트 윤곽선 색(3F60A3, 테두리 두께 : 30%), 시작 시간(0.00s),
     텍스트 지속 시간(4.00), 나타내기(도장 찍기, 지속 시간 : 2.00)
▶ 다음 조건에 따라 동영상 전체에 음악 파일('음악.mp3')을 삽입하시오.
   • 시작구간 : 0.00s, 종료구간 : 25.20s, 음량 조절 : 70
▶ 다음과 같은 규칙으로 GRP 파일을 내보내기 하시오.
   • 저장위치 : 바탕화면 – KAIT – 제출파일 폴더

| GRP | 파일명 | dic_03_수검번호(6자리)_이름.GRP |

(예 수검번호가 DIC-XXXX-000000인 경우 "dic_03_000000_이름.GRP"로 저장할 것)
(* 내보내기 이외의 기능을 이용하여 저장할 시 "0점" 처리 됨)

제 15 회 실전모의고사

- 시험과목 : 멀티미디어제작
- 시험일자 : 20XX. XX. XX(X)
- 응시자 기재사항 및 감독위원 확인

수 검 번 호	DIC - XXXX -	감독위원 확인
성 명		

응시자 유의사항

1. 응시자는 신분증을 지참하여야 시험에 응시할 수 있으며, 시험이 종료될 때까지 신분증을 제시하지 못 할 경우 해당 시험은 0점 처리됩니다.
2. 시스템(PC작동여부, 네트워크 상태 등)의 이상여부를 반드시 확인하여야 하며, 시스템 이상이 있을시 감독위원에게 조치를 받으셔야 합니다.
3. 시험 중 부주의 또는 고의로 시스템을 파손한 경우는 응시자 부담으로 합니다.
4. 답안 전송 프로그램을 통해 다운로드 받은 파일을 이용하여 답안파일을 작성하시기 바랍니다.
5. 작성한 답안 파일은 답안 전송 프로그램을 통하여 전송됩니다. 감독위원의 지시에 따라 주시기 바랍니다.
6. 다음사항의 경우 실격(0점) 혹은 부정행위 처리됩니다.
   1) 답안파일을 저장하지 않았거나, 저장한 파일이 손상되었을 경우
   2) 답안파일을 지정된 폴더(바탕화면 – "KAIT" 폴더)에 저장하지 않았을 경우
      ※ 답안 전송 프로그램 로그인 시 바탕화면에 자동 생성됨
   3) 답안파일을 다른 보조 기억장치(USB) 혹은 네트워크(메신저, 게시판 등)로 전송할 경우
   4) 휴대용 전화기 등 통신기기를 사용할 경우
7. 시험지에 제시된 글꼴이 응시 프로그램에 없는 경우, 반드시 감독위원에게 해당 내용을 통보한 뒤 조치를 받아야 합니다.
8. 시험의 완료는 작성이 완료된 답안을 저장하고, 답안 전송이 완료된 상태를 확인한 것으로 합니다.
   답안 전송 확인 후 문제지는 감독위원에게 제출한 후 퇴실하여야 합니다.
9. 답안전송이 완료된 경우에는 수정 또는 정정이 불가능합니다.
10. [ ]안의 지시사항은 PhotoShop 영문 버전용 입니다.
11. 답안은 PhotoShop과 Gom Mix Pro를 활용하여 작성하십시오.
    ※ PhotoShop 답안파일의 해상도는 72 Pixels/inch로 작성하십시오.
12. 시험시행 후 결과는 홈페이지(www.ihd.or.kr)에서 확인하시기 바랍니다.
    1) 문제 및 모범답안 공개 : 20XX. XX. XX(X)
    2) 합격자 발표 : 20XX. XX. XX(X)

디지털정보활용능력 ❶ 멀티미디어제작

소요시간 :   분

※ PhotoShop 프로그램을 활용하여 [문제 1], [문제 2]를 작업하시오.

문제 01 원본파일을 처리조건에 따라 결과파일로 완성하시오. 50점

≪원본파일≫	≪결과파일≫

≪처리조건≫

▶ 다음과 같이 캔버스 크기를 변경하시오.
  • 캔버스 크기[Canvas Size] ⇒ 가로(650 픽셀[Pixels]) X 세로(450 픽셀[Pixels])

▶ '사진1.jpg' 이미지를 불러와 기존 캔버스에 복사한 후 다음과 같이 처리하시오.
  • ① ⇒ 복제 도장 도구[Clone Stamp Tool]를 이용하여 이미지 복사
  • ② ⇒ 색조/채도[Hue/Saturation]를 이용하여 파란색 계열로 보정
  • ③ ⇒ 색상 균형[Color Balance]을 이용하여 보라색 계열로 보정
  • 밝기 조정 ⇒ 곡선[Curves]을 이용하여 이미지 조정 (Input : 80, Output : 120)
  • 필터 효과 ⇒ 그물눈[Crosshatch]을 이용하여 필터 적용
              (선/획 길이[Stroke Length] : 6, 선명도[Sharpness] : 5, 강도[Strength] : 1)

▶ 지시사항이 없는 경우는 기본 값을 적용하시오.

▶ 다음과 같은 규칙으로 JPG 파일과 PSD 파일을 각각 저장하시오.
  • 저장위치 : 바탕화면 – KAIT – 제출파일 폴더

JPG	파일명	dic_01_수검번호(6자리)_이름.JPG	PSD	파일명	dic_01_수검번호(6자리)_이름.PSD
	이미지 크기	600 X 400 픽셀[Pixels]		이미지 크기	65 X 45 픽셀[Pixels]

(**예** 수검번호가 DIC-XXXX-000000인 경우 "dic_01_000000_이름.JPG"과 "dic_01_000000_이름.PSD"로 저장할 것)
(* dic_01_000000_이름.JPG와 dic_01_000000_이름.PSD 파일 중 하나라도 누락시 "0점" 처리 됨)

디지털정보활용능력 ❷ 멀티미디어제작

소요시간 :   분

문제 02 원본파일을 처리조건에 따라 결과파일로 완성하시오. 80점

≪처리조건≫

▶ 다음과 같이 캔버스 크기를 변경하시오.
- 캔버스 크기[Canvas Size] ⇒ 가로(650 픽셀[Pixels]) X 세로(450 픽셀[Pixels])

▶ '사진2.jpg' 이미지를 불러와 기존 캔버스에 복사한 후 다음과 같이 처리하시오.
- ① ⇒ 모양 도구[Shape Tool] 이용
  레이어 스타일 – 선/획[Stroke] (크기 : 3px, 색상 : #68daef),
  그라디언트 오버레이[Gradient Overlay] (색상 : #1676d8 – #ffffff)
- "The woods of winter" ⇒ 글꼴(Arial), 글꼴 스타일(Bold Italic), 크기(48pt), 색상(#6354fb),
  앤티 앨리어싱 : 선명하게[Sharp],
  레이어 스타일 – 선/획[Stroke] (크기 : 4px, 색상 : #88f6fa)
- "겨울의 숲" ⇒ 글꼴(궁서체), 크기(36pt), 색상(#ffffff), 앤티 앨리어싱 : 선명하게[Sharp],
  레이어 스타일 – 선/획[Stroke] (크기 : 3px, 색상 : #2232c3)

▶ 사각형 도구[Rectangle Tool]와 '사진3.jpg'를 이용하여 새로운 레이어를 생성하시오.
- 사각형의 크기 ⇒ 240 px × 130 px (단, 클리핑 마스크 기능을 이용할 것)
  레이어 스타일 – 선/획[Stroke] (크기 : 5px, 색상 : #aee5ef, 위치 : 안쪽[Inside]),
  그림자 효과[Drop Shadow] (혼합모드[Blend Mode] : 곱하기[Multiply], 각도[Angle] : 120°)

▶ 지시사항이 없는 경우는 기본 값을 적용하시오.

▶ 다음과 같은 규칙으로 JPG 파일과 PSD 파일을 각각 저장하시오.
- 저장위치 : 바탕화면 – KAIT – 제출파일 폴더

JPG	파일명	dic_02_수검번호(6자리)_이름.JPG	PSD	파일명	dic_02_수검번호(6자리)_이름.PSD
	이미지 크기	600 X 400 픽셀[Pixels]		이미지 크기	65 X 45 픽셀[Pixels]

(**예**) 수검번호가 DIC-XXXX-000000인 경우 "dic_02_000000_이름.JPG"과 "dic_02_000000_이름.PSD"로 저장할 것)
(* dic_02_000000_이름.JPG와 dic_02_000000_이름.PSD 파일 중 하나라도 누락시 "0점" 처리 됨)

디지털정보활용능력 ❸ 멀티미디어제작

소요시간 : 분

※ **Gom Mix Pro** 프로그램을 활용하여 [문제 3]을 작업하시오.

문제 03 처리조건에 따라 출력형태와 같이 완성하시오. 70점

≪출력형태≫

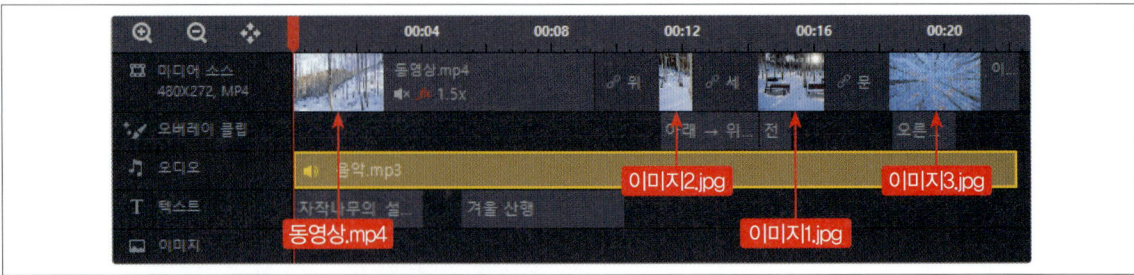

≪처리조건≫ | 원본 파일 | 이미지1.jpg, 이미지2.jpg, 이미지3.jpg, 동영상.mp4, 음악.mp3

▶ 미디어 소스의 순서를 다음과 같이 지정하시오.
  • 미디어 소스 순서 ⇒ 동영상.mp4 〉 이미지2.jpg 〉 이미지1.jpg 〉 이미지3.jpg
▶ 동영상 파일('동영상.mp4')을 다음과 같이 처리하시오.
  • 재생 속도 : 1.5x
  • 자르기 : 시작 지점(0.00s), 종료 지점(11.30s)
  • 필터 효과 : 빈티지(감마 : 120, 노출 : 10)
  • 텍스트 ⇒ 텍스트 입력 : 　겨울 산행　
    글꼴 서식(바탕체, 48pt, F98A23), 텍스트 윤곽선 색(색 없음), 시작 시간(5.20s), 지속 시간(5.00),
    위치 설정(화면 정가운데 아래)
  • 재생 속도 설정 후 자르기를 하여야 하며, 동영상을 자른 후 뒷 부분의 동영상은 삭제할 것
  • 원본 동영상에 포함된 오디오는 모두 음소거 할 것
▶ 이미지 파일을 다음과 같이 처리하시오.
  • '이미지2.jpg' ⇒ 이미지 지속 시간 : 5.00, 오버레이 클립 : 아래 → 위 이동 (지속 시간 : 3.00),
    　　　　　　　영상 전환 : 위로 덮기 (지속 시간 : 2.00)
  • '이미지1.jpg' ⇒ 이미지 지속 시간 : 6.00, 오버레이 클립 : 전체 화면 → 아래로 클로즈업 (지속 시간 : 1.00),
    　　　　　　　영상 전환 : 세로 나누기 (지속 시간 : 2.00)
  • '이미지3.jpg' ⇒ 이미지 지속 시간 : 6.00, 오버레이 클립 : 오른쪽 클로즈업 → 전체 화면 (지속 시간 : 2.00),
    　　　　　　　영상 전환 : 문 열기 (지속 시간 : 2.00)
▶ 다음 조건에 따라 제목을 이용하여 자막을 지정하시오.
  • 텍스트 입력 : 　자작나무의 설경
　　　　　　　　(The winter scenery of birch)　
    글꼴 서식(휴먼편지체, 66pt, CEFF94), 텍스트 윤곽선 색(00970F, 테두리 두께 : 30%), 시작 시간(0.00s),
    텍스트 지속 시간(4.00), 나타내기(깜빡이며 나타나기, 지속 시간 : 1.00)
▶ 다음 조건에 따라 동영상 전체에 음악 파일('음악.mp3')을 삽입하시오.
  • 시작구간 : 0.00s, 종료구간 : 22.20s, 음량 조절 : 70
▶ 다음과 같은 규칙으로 GRP 파일을 내보내기 하시오.
  • 저장위치 : 바탕화면 – KAIT – 제출파일 폴더

| GRP | 파일명 | dic_03_수검번호(6자리)_이름.GRP |

(예) 수검번호가 DIC-XXXX-000000인 경우 "dic_03_000000_이름.GRP"로 저장할 것)
(* 내보내기 이외의 기능을 이용하여 저장할 시 "0점" 처리 됨)

최신기출유형

제**01**회 최신기출유형 제**06**회 최신기출유형
제**02**회 최신기출유형 제**07**회 최신기출유형
제**03**회 최신기출유형 제**08**회 최신기출유형
제**04**회 최신기출유형 제**09**회 최신기출유형
제**05**회 최신기출유형 제**10**회 최신기출유형

제 01 회 최신기출유형

- 시험과목 : 멀티미디어제작
- 시험일자 : 20XX. XX. XX(X)
- 응시자 기재사항 및 감독위원 확인

수검번호	DIC - XXXX -	감독위원 확인
성 명		

응시자 유의사항

1. 응시자는 신분증을 지참하여야 시험에 응시할 수 있으며, 시험이 종료될 때까지 신분증을 제시하지 못 할 경우 해당 시험은 0점 처리됩니다.
2. 시스템(PC작동여부, 네트워크 상태 등)의 이상여부를 반드시 확인하여야 하며, 시스템 이상이 있을시 감독위원에게 조치를 받으셔야 합니다.
3. 시험 중 부주의 또는 고의로 시스템을 파손한 경우는 응시자 부담으로 합니다.
4. 답안 전송 프로그램을 통해 다운로드 받은 파일을 이용하여 답안파일을 작성하시기 바랍니다.
5. 작성한 답안 파일은 답안 전송 프로그램을 통하여 전송됩니다. 감독위원의 지시에 따라 주시기 바랍니다.
6. 다음사항의 경우 실격(0점) 혹은 부정행위 처리됩니다.
    1) 답안파일을 저장하지 않았거나, 저장한 파일이 손상되었을 경우
    2) 답안파일을 지정된 폴더(바탕화면 – "KAIT" 폴더)에 저장하지 않았을 경우
        ※ 답안 전송 프로그램 로그인 시 바탕화면에 자동 생성됨
    3) 답안파일을 다른 보조 기억장치(USB) 혹은 네트워크(메신저, 게시판 등)로 전송할 경우
    4) 휴대용 전화기 등 통신기기를 사용할 경우
7. 시험지에 제시된 글꼴이 응시 프로그램에 없는 경우, 반드시 감독위원에게 해당 내용을 통보한 뒤 조치를 받아야 합니다.
8. 시험의 완료는 작성이 완료된 답안을 저장하고, 답안 전송이 완료된 상태를 확인한 것으로 합니다. 답안 전송 확인 후 문제지는 감독위원에게 제출한 후 퇴실하여야 합니다.
9. 답안전송이 완료된 경우에는 수정 또는 정정이 불가능합니다.
10. [ ]안의 지시사항은 PhotoShop 영문 버전용 입니다.
11. 답안은 PhotoShop과 Gom Mix Pro를 활용하여 작성하십시오.
    ※ PhotoShop 답안파일의 해상도는 72 Pixels/inch로 작성하십시오.
12. 시험시행 후 결과는 홈페이지(www.ihd.or.kr)에서 확인하시기 바랍니다.
    1) 문제 및 모범답안 공개 : 20XX. XX. XX(X)
    2) 합격자 발표 : 20XX. XX. XX(X)

디지털정보활용능력 ❶ 멀티미디어제작

※ PhotoShop 프로그램을 활용하여 [문제 1], [문제 2]를 작업하시오.

문제 01 원본파일을 처리조건에 따라 결과파일로 완성하시오. 50점

≪원본파일≫

≪결과파일≫

≪처리조건≫

▶ 다음과 같이 캔버스 크기를 변경하시오.
- 캔버스 크기[Canvas Size] ⇒ 가로(650 픽셀[Pixels]) X 세로(450 픽셀[Pixels])

▶ '사진1.jpg' 이미지를 불러와 기존 캔버스에 복사한 후 다음과 같이 처리하시오.
- ① ⇒ 복제 도장 도구[Clone Stamp Tool]를 이용하여 이미지 복사
- ② ⇒ 색조/채도[Hue/Saturation]를 이용하여 빨간색 계열로 보정
- ③ ⇒ 색상 균형[Color Balance]을 이용하여 초록색 계열로 보정
- 밝기 조정 ⇒ 곡선[Curves]을 이용하여 이미지 조정 (Input : 80, Output : 110)
- 필터 효과 ⇒ 렌즈 플레어[Lens Flare]를 이용하여 필터 적용
  (명도[Brightness] : 70%, 렌즈 유형[Lens Type] : 35mm 프라임[35mm Prime])

▶ 지시사항이 없는 경우는 기본 값을 적용하시오.

▶ 다음과 같은 규칙으로 JPG 파일과 PSD 파일을 각각 저장하시오.
- 저장위치 : 바탕화면 − KAIT − 제출파일 폴더

JPG	파일명	dic_01_수검번호(6자리)_이름.JPG	PSD	파일명	dic_01_수검번호(6자리)_이름.PSD
	이미지 크기	600 X 400 픽셀[Pixels]		이미지 크기	65 X 45 픽셀[Pixels]

(예 수검번호가 DIC-XXXX-000000인 경우 "dic_01_000000_이름.JPG"과 "dic_01_000000_이름.PSD"로 저장할 것)
(* dic_01_000000_이름.JPG와 dic_01_000000_이름.PSD 파일 중 하나라도 누락시 "0점" 처리 됨)

디지털정보활용능력 ❷ 멀티미디어제작

문제 02 원본파일을 처리조건에 따라 결과파일로 완성하시오. 80점

≪원본파일≫	≪결과파일≫

≪처리조건≫

▶ 다음과 같이 캔버스 크기를 변경하시오.
- 캔버스 조정 ⇒ 캔버스 크기[Canvas Size] : 가로(650 픽셀[Pixels]) X 세로(350 픽셀[Pixels])
  캔버스 배경색(색상 : #99cc33)

▶ '사진2.jpg' 이미지를 불러와 기존 캔버스에 복사한 후 다음과 같이 처리하시오.
- 이미지 복사 ⇒ 자유 변형[Free Transform]으로 캔버스 크기에 맞게 변형, 레이어 이름 – '습지',
  레이어 마스크[Layer Mask] 설정, 가로 방향으로 흐릿하게
- "Flower in wetland" ⇒ 글꼴(Arial), 글꼴 스타일(Bold Italic), 크기(48pt), 색상(#996600),
  앤티 앨리어싱 : 선명하게[Sharp],
  레이어 스타일 – 선/획[Stroke] (크기 : 5px, 색상 : #ffffff)
- "습지에 피어 있는 꽃" ⇒ 글꼴(휴먼옛체), 크기(36pt), 색상(#cc0099), 앤티 앨리어싱 : 선명하게[Sharp],
  레이어 스타일 – 선/획[Stroke] (크기 : 2px, 색상 : #b9ff00)

▶ '사진3.jpg'를 이용하여 새로운 레이어를 생성하시오.
- 이미지 복사 ⇒ 자유 변형[Free Transform]으로 크기 변형, 레이어 이름 – '분홍꽃'
  레이어 스타일 – 그림자 효과[Drop Shadow]
  (혼합모드[Blend Mode] : 곱하기[Multiply], 각도[Angle] : 120°)
- '사진3.jpg'의 자유 변형[Free Transform] 후, 이미지의 형태는 결과파일과 동일할 것

▶ 지시사항이 없는 경우는 기본 값을 적용하시오.

▶ 다음과 같은 규칙으로 JPG 파일과 PSD 파일을 각각 저장하시오.
- 저장위치 : 바탕화면 – KAIT – 제출파일 폴더

JPG	파일명	dic_02_수검번호(6자리)_이름.JPG	PSD	파일명	dic_02_수검번호(6자리)_이름.PSD
	이미지 크기	600 X 300 픽셀[Pixels]		이미지 크기	65 X 35 픽셀[Pixels]

(예 수검번호가 DIC-XXXX-000000인 경우 "dic_02_000000_이름.JPG"과 "dic_02_000000_이름.PSD"로 저장할 것)
(* dic_02_000000_이름.JPG와 dic_02_000000_이름.PSD 파일 중 하나라도 누락시 "0점" 처리 됨)

디지털정보활용능력 ❸ 멀티미디어제작

소요시간 :   분

※ Gom Mix Pro 프로그램을 활용하여 [문제 3]을 작업하시오.

문제 03 처리조건에 따라 출력형태와 같이 완성하시오. 70점

≪출력형태≫

≪처리조건≫ | 원본 파일 | 이미지1.jpg, 이미지2.jpg, 이미지3.jpg, 동영상.mp4, 음악.mp3

▶ 미디어 소스의 순서를 다음과 같이 지정하시오.
  • 미디어 소스 순서 ⇒ 동영상.mp4 〉 이미지1.jpg 〉 이미지3.jpg 〉 이미지2.jpg
▶ 동영상 파일('동영상.mp4')을 다음과 같이 처리하시오.
  • 재생 속도 : 1.5x
  • 자르기 : 시작 지점(0.00s), 종료 지점(11.50s)
  • 필터 효과 : 토파즈(감마 : 140, 노출 : 10)
  • 텍스트 ⇒ 텍스트 입력 : 자유롭게 날아다니는 새들
    텍스트 서식(돋움체, 54pt, F77200), 텍스트 윤곽선 색(색 없음), 시작 시간(5.20s), 지속 시간(4.00),
    위치 설정(화면 정가운데 아래)
  • 재생 속도 설정 후 자르기를 하여야 하며, 동영상을 자른 후 뒷 부분의 동영상은 삭제할 것
  • 원본 동영상에 포함된 오디오는 모두 음소거 할 것
▶ 이미지 파일을 다음과 같이 처리하시오.
  • '이미지1.jpg' ⇒ 이미지 지속 시간 : 6.00, 오버레이 클립 : 왼쪽 클로즈업 → 전체 화면 (지속 시간 : 3.00),
    영상 전환 : 페이드 (지속 시간 : 1.00)
  • '이미지3.jpg' ⇒ 이미지 지속 시간 : 5.00, 오버레이 클립 : 전체 화면 → 위로 클로즈업 (지속 시간 : 2.00),
    영상 전환 : 십자형 나누기 (지속 시간 : 2.00)
  • '이미지2.jpg' ⇒ 이미지 지속 시간 : 6.00, 오버레이 클립 : 왼쪽 → 오른쪽 이동 (지속 시간 : 1.00),
    영상 전환 : 위로 덮기 (지속 시간 : 1.00)
▶ 다음 조건에 따라 제목을 이용하여 자막을 지정하시오.
  • 텍스트 입력 : 습지 환경
    (Life in the wetland)

    텍스트 서식(휴먼편지체, 72pt, 3B5997), 텍스트 윤곽선 색(000000, 테두리 두께 : 20%), 시작 시간(0.00s),
    텍스트 지속 시간(4.00), 나타내기(서서히 나타나기, 지속 시간 : 2.00)
▶ 다음 조건에 따라 동영상 전체에 음악 파일('음악.mp3')을 삽입하시오.
  • 시작구간 : 0.00s, 종료구간 : 24.00s, 음량 조절 : 70
▶ 다음과 같은 규칙으로 GRP 파일을 내보내기 하시오.
  • 저장위치 : 바탕화면 – KAIT – 제출파일 폴더

| GRP | 파일명 | dic_03_수검번호(6자리)_이름.GRP |

(例 수검번호가 DIC-XXXX-000000인 경우 "dic_03_000000_이름.GRP"로 저장할 것)
(* 내보내기 이외의 기능을 이용하여 저장할 시 "0점" 처리 됨)

제 02 회 최신기출유형

- 시험과목 : 멀티미디어제작
- 시험일자 : 20XX. XX. XX(X)
- 응시자 기재사항 및 감독위원 확인

수검번호	DIC - XXXX -	감독위원 확인
성 명		

응시자 유의사항

1. 응시자는 신분증을 지참하여야 시험에 응시할 수 있으며, 시험이 종료될 때까지 신분증을 제시하지 못 할 경우 해당 시험은 0점 처리됩니다.
2. 시스템(PC작동여부, 네트워크 상태 등)의 이상여부를 반드시 확인하여야 하며, 시스템 이상이 있을시 감독위원에게 조치를 받으셔야 합니다.
3. 시험 중 부주의 또는 고의로 시스템을 파손한 경우는 응시자 부담으로 합니다.
4. 답안 전송 프로그램을 통해 다운로드 받은 파일을 이용하여 답안파일을 작성하시기 바랍니다.
5. 작성한 답안 파일은 답안 전송 프로그램을 통하여 전송됩니다. 감독위원의 지시에 따라 주시기 바랍니다.
6. 다음사항의 경우 실격(0점) 혹은 부정행위 처리됩니다.
    1) 답안파일을 저장하지 않았거나, 저장한 파일이 손상되었을 경우
    2) 답안파일을 지정된 폴더(바탕화면 – "KAIT" 폴더)에 저장하지 않았을 경우
        ※ 답안 전송 프로그램 로그인 시 바탕화면에 자동 생성됨
    3) 답안파일을 다른 보조 기억장치(USB) 혹은 네트워크(메신저, 게시판 등)로 전송할 경우
    4) 휴대용 전화기 등 통신기기를 사용할 경우
7. 시험지에 제시된 글꼴이 응시 프로그램에 없는 경우, 반드시 감독위원에게 해당 내용을 통보한 뒤 조치를 받아야 합니다.
8. 시험의 완료는 작성이 완료된 답안을 저장하고, 답안 전송이 완료된 상태를 확인한 것으로 합니다.
    답안 전송 확인 후 문제지는 감독위원에게 제출한 후 퇴실하여야 합니다.
9. 답안전송이 완료된 경우에는 수정 또는 정정이 불가능합니다.
10. [ ]안의 지시사항은 PhotoShop 영문 버전용 입니다.
11. 답안은 PhotoShop과 Gom Mix Pro를 활용하여 작성하십시오.
    ※ PhotoShop 답안파일의 해상도는 72 Pixels/inch로 작성하십시오.
12. 시험시행 후 결과는 홈페이지(www.ihd.or.kr)에서 확인하시기 바랍니다.
    1) 문제 및 모범답안 공개 : 20XX. XX. XX(X)
    2) 합격자 발표 : 20XX. XX. XX(X)

디지털정보활용능력 ❶ 멀티미디어제작

소요시간 :   분

※ PhotoShop 프로그램을 활용하여 [문제 1], [문제 2]를 작업하시오.

문제 01 원본파일을 처리조건에 따라 결과파일로 완성하시오.   50점

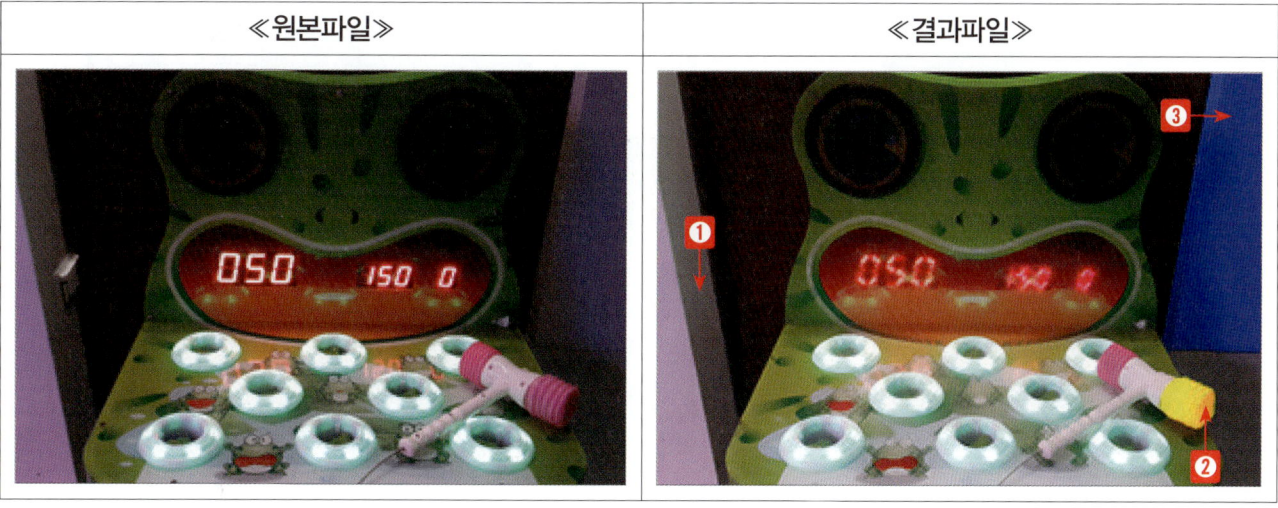

≪처리조건≫

▶ 다음과 같이 캔버스 크기를 변경하시오.
  • 캔버스 크기[Canvas Size] ⇒ 가로(650 픽셀[Pixels]) X 세로(450 픽셀[Pixels])

▶ '사진1.jpg' 이미지를 불러와 기존 캔버스에 복사한 후 다음과 같이 처리하시오.
  • ① ⇒ 복구 브러시 도구[Healing Brush Tool]를 이용하여 이미지 제거
  • ② ⇒ 색상 균형[Color Balance]을 이용하여 노란색 계열로 보정
  • ③ ⇒ 색조/채도[Hue/Saturation]를 이용하여 파란색 계열로 보정
  • 밝기 조정 ⇒ 곡선[Curves]을 이용하여 이미지 조정 (Input : 90, Output : 120)
  • 필터 효과 ⇒ 그물눈[Crosshatch]을 이용하여 필터 적용
           (선/획 길이[Stroke Length] : 10, 선명도[Sharpness] : 2, 강도[Strength] : 1)

▶ 지시사항이 없는 경우는 기본 값을 적용하시오.

▶ 다음과 같은 규칙으로 JPG 파일과 PSD 파일을 각각 저장하시오.
  • 저장위치 : 바탕화면 – KAIT – 제출파일 폴더

JPG	파일명	dic_01_수검번호(6자리)_이름.JPG	PSD	파일명	dic_01_수검번호(6자리)_이름.PSD
	이미지 크기	600 X 400 픽셀[Pixels]		이미지 크기	65 X 45 픽셀[Pixels]

(예 수검번호가 DIC-XXXX-000000인 경우 "dic_01_000000_이름.JPG"과 "dic_01_000000_이름.PSD"로 저장할 것)
(* dic_01_000000_이름.JPG와 dic_01_000000_이름.PSD 파일 중 하나라도 누락시 "0점" 처리 됨)

디지털정보활용능력 ❷ 멀티미디어제작

문제 02 원본파일을 처리조건에 따라 결과파일로 완성하시오. 80점

≪처리조건≫

▶ 다음과 같이 캔버스 크기를 변경하시오.
- 캔버스 조정 ⇒ 캔버스 크기[Canvas Size] ⇒ 가로(650 픽셀[Pixels]) X 세로(450 픽셀[Pixels])

▶ '사진2.jpg' 이미지를 불러와 기존 캔버스에 복사한 후 다음과 같이 처리하시오.
- ① ⇒ 모양 도구[Shape Tool] 이용
  레이어 스타일 – 선/획[Stroke] (크기 : 2px, 색상 : #ffcc00),
  그라디언트 오버레이[Gradient Overlay] (색상 : #0000cc – #00ccff)
- "Fun & Playtime" ⇒ 글꼴(Arial), 글꼴 스타일(Bold Italic), 크기(48pt), 색상(#0084ff),
  앤티 앨리어싱 : 선명하게[Sharp],
  레이어 스타일 – 선/획[Stroke] (크기 : 5px, 색상 : #ffffff)
- "재미있는 오락시간" ⇒ 글꼴(돋움체), 크기(36pt), 색상(#33ccff), 앤티 앨리어싱 : 선명하게[Sharp],
  레이어 스타일 – 선/획[Stroke] (크기 : 2px, 색상 : #003333)

▶ 타원 도구[Ellipse Tool]와 '사진3.jpg'를 이용하여 새로운 레이어를 생성하시오.
- 원의 크기 ⇒ 180 px × 180 px (단, 클리핑 마스크 기능을 이용할 것)
  레이어 스타일 – 선/획[Stroke] (크기 : 5px, 색상 : #ffcc33 위치 : 안쪽[Inside]),
  그림자 효과[Drop Shadow] (혼합모드[Blend Mode] : 곱하기[Multiply], 각도[Angle] : 120°)

▶ 지시사항이 없는 경우는 기본 값을 적용하시오.

▶ 다음과 같은 규칙으로 JPG 파일과 PSD 파일을 각각 저장하시오.
- 저장위치 : 바탕화면 – KAIT – 제출파일 폴더

JPG	파일명	dic_02_수검번호(6자리)_이름.JPG	PSD	파일명	dic_02_수검번호(6자리)_이름.PSD
	이미지 크기	600 X 400 픽셀[Pixels]		이미지 크기	65 X 45 픽셀[Pixels]

(예 수검번호가 DIC-XXXX-000000인 경우 "dic_02_000000_이름.JPG"과 "dic_02_000000_이름.PSD"로 저장할 것)
(* dic_02_000000_이름.JPG와 dic_02_000000_이름.PSD 파일 중 하나라도 누락시 "0점" 처리 됨)

디지털정보활용능력 ❸ 멀티미디어제작

※ Gom Mix Pro 프로그램을 활용하여 [문제 3]을 작업하시오.

문제 03 처리조건에 따라 출력형태와 같이 완성하시오. 70점

≪출력형태≫

≪처리조건≫

원본 파일	이미지1.jpg, 이미지2.jpg, 이미지3.jpg, 동영상.mp4, 음악.mp3

▶ 미디어 소스의 순서를 다음과 같이 지정하시오.
  • 미디어 소스 순서 ⇒ 동영상.mp4 〉 이미지1.jpg 〉 이미지3.jpg 〉 이미지2.jpg
▶ 동영상 파일('동영상.mp4')을 다음과 같이 처리하시오.
  • 재생 속도 : 1.5x
  • 자르기 : 시작 지점(0.00s), 종료 지점(11.40s)
  • 필터 효과 : 터키석(감마 : 150, 노출 : 20)
  • 텍스트 ⇒ 텍스트 입력 : 캔디를 집어라!
    글꼴 서식(돋움체, 60pt, FFFFFF), 텍스트 윤곽선 색(색 없음), 시작 시간(5.20s), 지속 시간(5.00), 위치 설정(화면 정가운데 아래)
  • 재생 속도 설정 후 자르기를 하여야 하며, 동영상을 자른 후 뒷 부분의 동영상은 삭제할 것
  • 원본 동영상에 포함된 오디오는 모두 음소거 할 것
▶ 이미지 파일을 다음과 같이 처리하시오.
  • '이미지1.jpg' ⇒ 이미지 지속 시간 : 5.00, 오버레이 클립 : 오른쪽 클로즈업 → 전체 화면 (지속 시간 : 3.00), 영상 전환 : 오른쪽으로 펼치며 밀기 (지속 시간 : 1.00)
  • '이미지3.jpg' ⇒ 이미지 지속 시간 : 7.00, 오버레이 클립 : 전체 화면 → 아래로 클로즈업 (지속 시간 : 2.00), 영상 전환 : 가로 나누기 (지속 시간 : 2.00)
  • '이미지2.jpg' ⇒ 이미지 지속 시간 : 6.00, 오버레이 클립 : 오른쪽 → 왼쪽 이동 (지속 시간 : 2.00), 영상 전환 : 아래로 덮기 (지속 시간 : 1.00)
▶ 다음 조건에 따라 제목을 이용하여 자막을 지정하시오.
  • 텍스트 입력 : 즐거움이 있는 곳 (Joyful Place)
  텍스트 서식(휴먼옛체, 72pt, FBE31E), 텍스트 윤곽선 색(6900AF, 테두리 두께 : 30%), 시작 시간(0.00s), 텍스트 지속 시간(5.00), 나타내기(서서히 커지면서 나타나기, 지속 시간 : 1.00)
▶ 다음 조건에 따라 동영상 전체에 음악 파일('음악.mp3')을 삽입하시오.
  • 시작구간 : 0.00s, 종료구간 : 25.30s, 음량 조절 : 80
▶ 다음과 같은 규칙으로 GRP 파일을 내보내기 하시오.
  • 저장위치 : 바탕화면 – KAIT – 제출파일 폴더

GRP	파일명	dic_03_수검번호(6자리)_이름.GRP

(예 수검번호가 DIC-XXXX-000000인 경우 "dic_03_000000_이름.GRP"로 저장할 것)
(* 내보내기 이외의 기능을 이용하여 저장할 시 "0점" 처리 됨)

제 03 회 최신기출유형

- 시험과목 : 멀티미디어제작
- 시험일자 : 20XX. XX. XX(X)
- 응시자 기재사항 및 감독위원 확인

수검번호	DIC - XXXX -	감독위원 확인
성 명		

응시자 유의사항

1. 응시자는 신분증을 지참하여야 시험에 응시할 수 있으며, 시험이 종료될 때까지 신분증을 제시하지 못 할 경우 해당 시험은 0점 처리됩니다.
2. 시스템(PC작동여부, 네트워크 상태 등)의 이상여부를 반드시 확인하여야 하며, 시스템 이상이 있을시 감독위원에게 조치를 받으셔야 합니다.
3. 시험 중 부주의 또는 고의로 시스템을 파손한 경우는 응시자 부담으로 합니다.
4. 답안 전송 프로그램을 통해 다운로드 받은 파일을 이용하여 답안파일을 작성하시기 바랍니다.
5. 작성한 답안 파일은 답안 전송 프로그램을 통하여 전송됩니다. 감독위원의 지시에 따라 주시기 바랍니다.
6. 다음사항의 경우 실격(0점) 혹은 부정행위 처리됩니다.
    1) 답안파일을 저장하지 않았거나, 저장한 파일이 손상되었을 경우
    2) 답안파일을 지정된 폴더(바탕화면 – "KAIT" 폴더)에 저장하지 않았을 경우
        ※ 답안 전송 프로그램 로그인 시 바탕화면에 자동 생성됨
    3) 답안파일을 다른 보조 기억장치(USB) 혹은 네트워크(메신저, 게시판 등)로 전송할 경우
    4) 휴대용 전화기 등 통신기기를 사용할 경우
7. 시험지에 제시된 글꼴이 응시 프로그램에 없는 경우, 반드시 감독위원에게 해당 내용을 통보한 뒤 조치를 받아야 합니다.
8. 시험의 완료는 작성이 완료된 답안을 저장하고, 답안 전송이 완료된 상태를 확인한 것으로 합니다.
    답안 전송 확인 후 문제지는 감독위원에게 제출한 후 퇴실하여야 합니다.
9. 답안전송이 완료된 경우에는 수정 또는 정정이 불가능합니다.
10. [ ]안의 지시사항은 PhotoShop 영문 버전용 입니다.
11. 답안은 PhotoShop과 Gom Mix Pro를 활용하여 작성하십시오.
    ※ PhotoShop 답안파일의 해상도는 72 Pixels/inch로 작성하십시오.
12. 시험시행 후 결과는 홈페이지(www.ihd.or.kr)에서 확인하시기 바랍니다.
    1) 문제 및 모범답안 공개 : 20XX. XX. XX(X)
    2) 합격자 발표 : 20XX. XX. XX(X)

식별CODE
멀

디지털정보활용능력 ❶ 멀티미디어제작

소요시간 :   분

※ PhotoShop 프로그램을 활용하여 [문제 1], [문제 2]를 작업하시오.

문제 01 원본파일을 처리조건에 따라 결과파일로 완성하시오.   50점

≪원본파일≫

≪결과파일≫

≪처리조건≫

▶ 다음과 같이 캔버스 크기를 변경하시오.
   • 캔버스 크기[Canvas Size] ⇒ 가로(650 픽셀[Pixels]) X 세로(450 픽셀[Pixels])

▶ '사진1.jpg' 이미지를 불러와 기존 캔버스에 복사한 후 다음과 같이 처리하시오.
   • ① ⇒ 복제 도장 도구[Clone Stamp Tool]를 이용하여 이미지 복사
   • ② ⇒ 색조/채도[Hue/Saturation]를 이용하여 보라색 계열로 보정
   • ③ ⇒ 색상 균형[Color Balance]을 이용하여 초록색 계열로 보정
   • 밝기 조정 ⇒ 곡선[Curves]을 이용하여 이미지 조정 (Input : 80, Output : 100)
   • 필터 효과 ⇒ 그물눈[Crosshatch]을 이용하여 필터 적용
          (선/획 길이[Stroke Length] : 5, 선명도[Sharpness] : 8, 강도[Strength] : 1)

▶ 지시사항이 없는 경우는 기본 값을 적용하시오.

▶ 다음과 같은 규칙으로 JPG 파일과 PSD 파일을 각각 저장하시오.
   • 저장위치 : 바탕화면 – KAIT – 제출파일 폴더

JPG	파일명	dic_01_수검번호(6자리)_이름.JPG	PSD	파일명	dic_01_수검번호(6자리)_이름.PSD
	이미지 크기	600 X 400 픽셀[Pixels]		이미지 크기	65 X 45 픽셀[Pixels]

(예) 수검번호가 DIC-XXXX-000000인 경우 "dic_01_000000_이름.JPG"과 "dic_01_000000_이름.PSD"로 저장할 것)
(* dic_01_000000_이름.JPG와 dic_01_000000_이름.PSD 파일 중 하나라도 누락시 "0점" 처리 됨)

디지털정보활용능력 ❷ 멀티미디어제작

문제 02 원본파일을 처리조건에 따라 결과파일로 완성하시오. 80점

≪원본파일≫

≪결과파일≫

≪처리조건≫

▶ 다음과 같이 캔버스 크기를 변경하시오.
- 캔버스 조정 ⇒ 캔버스 크기[Canvas Size] : 가로(650 픽셀[Pixels]) X 세로(350 픽셀[Pixels])
  캔버스 배경색(색상 : #101d3b)

▶ '사진2.jpg' 이미지를 불러와 기존 캔버스에 복사한 후 다음과 같이 처리하시오.
- 이미지 복사 ⇒ 자유 변형[Free Transform]으로 캔버스 크기에 맞게 변형, 레이어 이름 – '파도의자',
  레이어 마스크[Layer Mask] 설정, 가로 방향으로 흐릿하게
- "Funny Sculpture" ⇒ 글꼴(Arial), 글꼴 스타일(Bold Italic), 크기(48pt), 색상(#ffd800),
  앤티 앨리어싱 : 선명하게[Sharp],
  레이어 스타일 – 선/획[Stroke] (크기 : 5px, 색상 : #002b4d)
- "재미있는 조형물" ⇒ 글꼴(궁서), 크기(36pt), 색상(#ffae00), 앤티 앨리어싱 : 선명하게[Sharp],
  레이어 스타일 – 선/획[Stroke] (크기 : 2px, 색상 : #00174c)

▶ '사진3.jpg'를 이용하여 새로운 레이어를 생성하시오.
- 이미지 복사 ⇒ 자유 변형[Free Transform]으로 크기 변형, 레이어 이름 – '동상'
  레이어 스타일 – 그림자 효과[Drop Shadow]
  (혼합모드[Blend Mode] : 곱하기[Multiply], 각도[Angle] : 120°)
- '사진3.jpg'의 자유 변형[Free Transform] 후, 이미지의 형태는 결과파일과 동일할 것

▶ 지시사항이 없는 경우는 기본 값을 적용하시오.

▶ 다음과 같은 규칙으로 JPG 파일과 PSD 파일을 각각 저장하시오.
- 저장위치 : 바탕화면 – KAIT – 제출파일 폴더

JPG	파일명	dic_02_수검번호(6자리)_이름.JPG	PSD	파일명	dic_02_수검번호(6자리)_이름.PSD
	이미지 크기	600 X 300 픽셀[Pixels]		이미지 크기	65 X 35 픽셀[Pixels]

(예 수검번호가 DIC-XXXX-000000인 경우 "dic_02_000000_이름.JPG"과 "dic_02_000000_이름.PSD"로 저장할 것)
(* dic_02_000000_이름.JPG와 dic_02_000000_이름.PSD 파일 중 하나라도 누락시 "0점" 처리 됨)

디지털정보활용능력 ❸ 멀티미디어제작

※ Gom Mix Pro 프로그램을 활용하여 [문제 3]을 작업하시오.

문제 03 처리조건에 따라 출력형태와 같이 완성하시오. 70점

≪출력형태≫

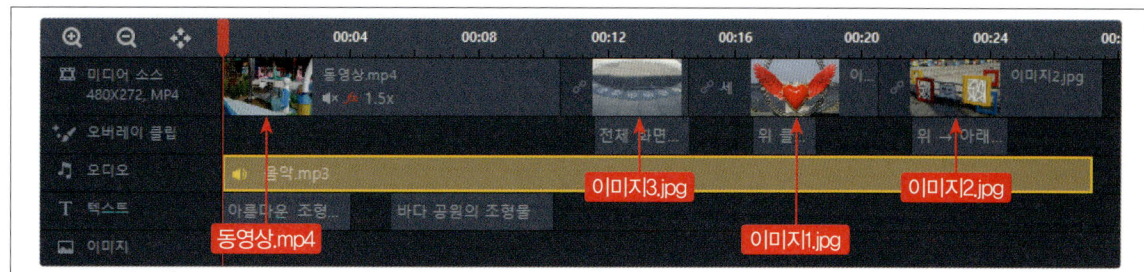

≪처리조건≫

원본 파일	이미지1.jpg, 이미지2.jpg, 이미지3.jpg, 동영상.mp4, 음악.mp3

▶ 미디어 소스의 순서를 다음과 같이 지정하시오.
  • 미디어 소스 순서 ⇒ 동영상.mp4 〉이미지3.jpg 〉이미지1.jpg 〉이미지2.jpg
▶ 동영상 파일('동영상.mp4')을 다음과 같이 처리하시오.
  • 재생 속도 : 1.5x
  • 자르기 : 시작 지점(0.00s), 종료 지점(11.50s)
  • 필터 효과 : 빈티지(감마 : 130, 노출 : 10)
  • 텍스트 ⇒ 텍스트 입력 : 바다 공원의 조형물
    글꼴 서식(바탕체, 48pt, F77200), 텍스트 윤곽선 색(색 없음), 시작 시간(5.30s), 지속 시간(5.00), 위치 설정(화면 정가운데 아래)
  • 재생 속도 설정 후 자르기를 하여야 하며, 동영상을 자른 후 뒷 부분의 동영상은 삭제할 것
  • 원본 동영상에 포함된 오디오는 모두 음소거 할 것
▶ 이미지 파일을 다음과 같이 처리하시오.
  • '이미지3.jpg' ⇒ 이미지 지속 시간 : 6.00, 오버레이 클립 : 전체 화면 → 왼쪽 클로즈업 (지속 시간 : 3.00), 영상 전환 : 왼쪽으로 펼치며 밀기 (지속 시간 : 1.00)
  • '이미지1.jpg' ⇒ 이미지 지속 시간 : 7.00, 오버레이 클립 : 위 클로즈업 → 전체 화면 (지속 시간 : 2.00), 영상 전환 : 세로 나누기 (지속 시간 : 2.00)
  • '이미지2.jpg' ⇒ 이미지 지속 시간 : 7.00, 오버레이 클립 : 위 → 아래 이동 (지속 시간 : 2.00), 영상 전환 : 모자이크 (지속 시간 : 1.00)
▶ 다음 조건에 따라 제목을 이용하여 자막을 지정하시오.
  • 텍스트 입력 : 아름다운 조형물 (Beautiful Sculpture)
    텍스트 서식(휴먼편지체, 72pt, 395DFB), 텍스트 윤곽선 색(FFFFFF, 테두리 두께 : 20%),
    시작 시간(0.00s), 텍스트 지속 시간(4.00), 나타내기(서서히 작아지며 나타나기, 지속 시간 : 2.00)
▶ 다음 조건에 따라 동영상 전체에 음악 파일('음악.mp3')을 삽입하시오.
  • 시작구간 : 0.00s, 종료구간 : 27.20s, 음량 조절 : 60
▶ 다음과 같은 규칙으로 GRP 파일을 내보내기 하시오.
  • 저장위치 : 바탕화면 – KAIT – 제출파일 폴더

GRP	파일명	dic_03_수검번호(6자리)_이름.GRP

(예 수검번호가 DIC-XXXX-000000인 경우 "dic_03_000000_이름.GRP"로 저장할 것)
(* 내보내기 이외의 기능을 이용하여 저장할 시 "0점" 처리 됨)

제 04 회 최신기출유형

- 시험과목 : 멀티미디어제작
- 시험일자 : 20XX. XX. XX(X)
- 응시자 기재사항 및 감독위원 확인

수 검 번 호	DIC - XXXX -	감독위원 확인
성 명		

응시자 유의사항

1. 응시자는 신분증을 지참하여야 시험에 응시할 수 있으며, 시험이 종료될 때까지 신분증을 제시하지 못 할 경우 해당 시험은 0점 처리됩니다.
2. 시스템(PC작동여부, 네트워크 상태 등)의 이상여부를 반드시 확인하여야 하며, 시스템 이상이 있을시 감독위원에게 조치를 받으셔야 합니다.
3. 시험 중 부주의 또는 고의로 시스템을 파손한 경우는 응시자 부담으로 합니다.
4. 답안 전송 프로그램을 통해 다운로드 받은 파일을 이용하여 답안파일을 작성하시기 바랍니다.
5. 작성한 답안 파일은 답안 전송 프로그램을 통하여 전송됩니다. 감독위원의 지시에 따라 주시기 바랍니다.
6. 다음사항의 경우 실격(0점) 혹은 부정행위 처리됩니다.
    1) 답안파일을 저장하지 않았거나, 저장한 파일이 손상되었을 경우
    2) 답안파일을 지정된 폴더(바탕화면 – "KAIT" 폴더)에 저장하지 않았을 경우
        ※ 답안 전송 프로그램 로그인 시 바탕화면에 자동 생성됨
    3) 답안파일을 다른 보조 기억장치(USB) 혹은 네트워크(메신저, 게시판 등)로 전송할 경우
    4) 휴대용 전화기 등 통신기기를 사용할 경우
7. 시험지에 제시된 글꼴이 응시 프로그램에 없는 경우, 반드시 감독위원에게 해당 내용을 통보한 뒤 조치를 받아야 합니다.
8. 시험의 완료는 작성이 완료된 답안을 저장하고, 답안 전송이 완료된 상태를 확인한 것으로 합니다.
    답안 전송 확인 후 문제지는 감독위원에게 제출한 후 퇴실하여야 합니다.
9. 답안전송이 완료된 경우에는 수정 또는 정정이 불가능합니다.
10. [ ]안의 지시사항은 PhotoShop 영문 버전용 입니다.
11. 답안은 PhotoShop과 Gom Mix Pro를 활용하여 작성하십시오.
    ※ PhotoShop 답안파일의 해상도는 72 Pixels/inch로 작성하십시오.
12. 시험시행 후 결과는 홈페이지(www.ihd.or.kr)에서 확인하시기 바랍니다.
    1) 문제 및 모범답안 공개 : 20XX. XX. XX(X)
    2) 합격자 발표 : 20XX. XX. XX(X)

디지털정보활용능력 ❶ 멀티미디어제작

소요시간 : 　　분

※ PhotoShop 프로그램을 활용하여 [문제 1], [문제 2]를 작업하시오.

문제 01 원본파일을 처리조건에 따라 결과파일로 완성하시오.　　50점

≪원본파일≫	≪결과파일≫

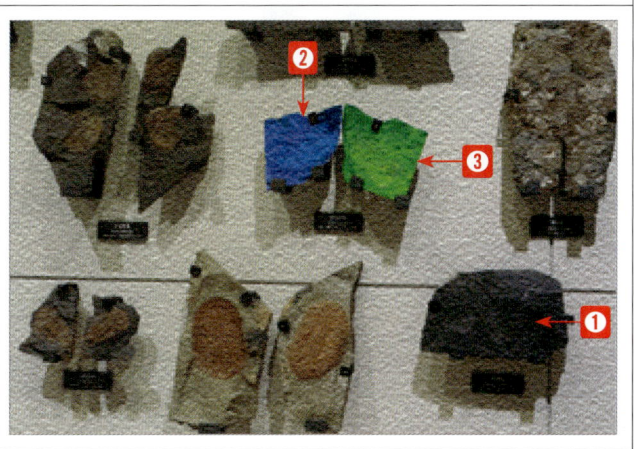

≪처리조건≫

▶ 다음과 같이 캔버스 크기를 변경하시오.
　• 캔버스 크기[Canvas Size] ⇒ 가로(650 픽셀[Pixels]) X 세로(450 픽셀[Pixels])

▶ '사진1.jpg' 이미지를 불러와 기존 캔버스에 복사한 후 다음과 같이 처리하시오.
　• ① ⇒ 복구 브러시 도구[Healing Brush Tool]를 이용하여 이미지 제거
　• ② ⇒ 색조/채도[Hue/Saturation]를 이용하여 파란색 계열로 보정
　• ③ ⇒ 색상 균형[Color Balance]을 이용하여 초록색 계열로 보정
　• 밝기 조정 ⇒ 곡선[Curves]을 이용하여 이미지 조정 (Input : 80, Output : 100)
　• 필터 효과 ⇒ 텍스처화[Texturizer]를 이용하여 필터 적용
　　　　　　　(텍스처[Texture] : 사암[Sandstone], 비율[Scaling] : 130%, 부조[Relief] : 5,
　　　　　　　조명[Light] : 위[Top])

▶ 지시사항이 없는 경우는 기본 값을 적용하시오.

▶ 다음과 같은 규칙으로 JPG 파일과 PSD 파일을 각각 저장하시오.
　• 저장위치 : 바탕화면 – KAIT – 제출파일 폴더

JPG	파일명	dic_01_수검번호(6자리)_이름.JPG	PSD	파일명	dic_01_수검번호(6자리)_이름.PSD
	이미지 크기	600 X 400 픽셀[Pixels]		이미지 크기	65 X 45 픽셀[Pixels]

(예 수검번호가 DIC-XXXX-000000인 경우 "dic_01_000000_이름.JPG"과 "dic_01_000000_이름.PSD"로 저장할 것)
(* dic_01_000000_이름.JPG와 dic_01_000000_이름.PSD 파일 중 하나라도 누락시 "0점" 처리 됨)

디지털정보활용능력 ❷ 멀티미디어제작

소요시간 :   분

문제 02 원본파일을 처리조건에 따라 결과파일로 완성하시오.   80점

≪원본파일≫	≪결과파일≫

≪처리조건≫

▶ 다음과 같이 캔버스 크기를 변경하시오.
- 캔버스 조정 ⇒ 캔버스 크기[Canvas Size] ⇒ 가로(650 픽셀[Pixels]) X 세로(450 픽셀[Pixels])

▶ '사진2.jpg' 이미지를 불러와 기존 캔버스에 복사한 후 다음과 같이 처리하시오.
- ① ⇒ 모양 도구[Shape Tool] 이용
    레이어 스타일 – 선/획[Stroke] (크기 : 2px, 색상 : #333333),
    그라디언트 오버레이[Gradient Overlay] (색상 : #660000 – #ffc081)
- "Ancient Fossils" ⇒ 글꼴(Arial), 글꼴 스타일(Bold), 크기(48pt), 색상(#666666),
    앤티 앨리어싱 : 선명하게[Sharp],
    레이어 스타일 – 선/획[Stroke] (크기 : 4px, 색상 : #ffffff)
- "고대의 화석들" ⇒ 글꼴(휴먼옛체), 크기(36pt), 색상(#663333), 앤티 앨리어싱 : 선명하게[Sharp],
    레이어 스타일 – 선/획[Stroke] (크기 : 2px, 색상 : #cccccc)

▶ 사각형 도구[Rectangle Tool]와 '사진3.jpg'를 이용하여 새로운 레이어를 생성하시오.
- 사각형의 크기 ⇒ 170 px × 170 px (단, 클리핑 마스크 기능을 이용할 것)
    레이어 스타일 – 선/획[Stroke] (크기 : 5px, 색상 : #663333, 위치 : 안쪽[Inside]),
    그림자 효과[Drop Shadow] (혼합모드[Blend Mode] : 곱하기[Multiply],
    각도[Angle] : 120°)

▶ 지시사항이 없는 경우는 기본 값을 적용하시오.

▶ 다음과 같은 규칙으로 JPG 파일과 PSD 파일을 각각 저장하시오.
- 저장위치 : 바탕화면 – KAIT – 제출파일 폴더

JPG	파일명	dic_02_수검번호(6자리)_이름.JPG	PSD	파일명	dic_02_수검번호(6자리)_이름.PSD
	이미지 크기	600 X 400 픽셀[Pixels]		이미지 크기	65 X 45 픽셀[Pixels]

(예) 수검번호가 DIC–XXXX–000000인 경우 "dic_02_000000_이름.JPG"과 "dic_02_000000_이름.PSD"로 저장할 것)
(* dic_02_000000_이름.JPG와 dic_02_000000_이름.PSD 파일 중 하나라도 누락시 "0점" 처리 됨)

디지털정보활용능력 ❸ 멀티미디어제작

※ Gom Mix Pro 프로그램을 활용하여 [문제 3]을 작업하시오.

문제 03 처리조건에 따라 출력형태와 같이 완성하시오. 70점

≪출력형태≫

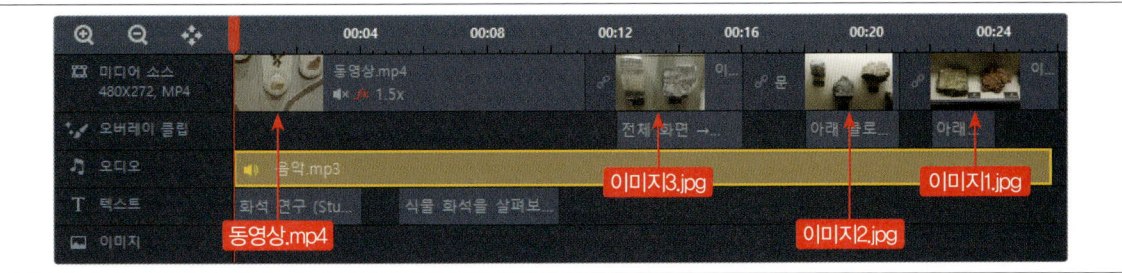

≪처리조건≫ | 원본 파일 | 이미지1.jpg, 이미지2.jpg, 이미지3.jpg, 동영상.mp4, 음악.mp3

▶ 미디어 소스의 순서를 다음과 같이 지정하시오.
- 미디어 소스 순서 ⇒ 동영상.mp4 〉 이미지3.jpg 〉 이미지2.jpg 〉 이미지1.jpg

▶ 동영상 파일('동영상.mp4')을 다음과 같이 처리하시오.
- 재생 속도 : 1.5x
- 자르기 : 시작 지점(0.00s), 종료 지점(12.00s)
- 필터 효과 : 사파이어(감마 : 120, 노출 : 10)
- 텍스트 ⇒ 텍스트 입력 : 식물 화석을 살펴보다.
  텍스트 서식(돋움체, 54pt, 4F78CA), 텍스트 윤곽선 색(색 없음), 시작 시간(5.20s), 지속 시간(5.00), 위치 설정(화면 정가운데 아래)
- 재생 속도 설정 후 자르기를 하여야 하며, 동영상을 자른 후 뒷 부분의 동영상은 삭제할 것
- 원본 동영상에 포함된 오디오는 모두 음소거 할 것

▶ 이미지 파일을 다음과 같이 처리하시오.
- '이미지3.jpg' ⇒ 이미지 지속 시간 : 7.00, 오버레이 클립 : 전체 화면 → 오른쪽 클로즈업 이동 (지속 시간 : 4.00), 영상 전환 : 아래로 펼치며 밀기 (지속 시간 : 1.00)
- '이미지2.jpg' ⇒ 이미지 지속 시간 : 6.00, 오버레이 클립 : 아래 클로즈업 → 전체 화면 (지속 시간 : 3.00), 영상 전환 : 문닫기 (지속 시간 : 2.00)
- '이미지1.jpg' ⇒ 이미지 지속 시간 : 5.00, 오버레이 클립 : 아래 → 위 이동 (지속 시간 : 2.00), 영상 전환 : 회전하며 멀어지기 (지속 시간 : 1.00)

▶ 다음 조건에 따라 제목을 이용하여 자막을 지정하시오.
- 텍스트 입력 : 화석 연구 (Study of Fossil)

  텍스트 서식(휴먼옛체, 72pt, F2C62F), 텍스트 윤곽선 색(000000, 테두리 두께 : 20%), 시작 시간(0.00s), 텍스트 지속 시간(4.00), 나타내기(세로로 늘어났다 나타나기, 지속 시간 : 2.00)

▶ 다음 조건에 따라 동영상 전체에 음악 파일('음악.mp3')을 삽입하시오.
- 시작구간 : 0.00s, 종료구간 : 25.80s, 음량 조절 : 80

▶ 다음과 같은 규칙으로 GRP 파일을 내보내기 하시오.
- 저장위치 : 바탕화면 - KAIT - 제출파일 폴더

| GRP | 파일명 | dic_03_수검번호(6자리)_이름.GRP |

(예) 수검번호가 DIC-XXXX-000000인 경우 "dic_03_000000_이름.GRP"로 저장할 것
(* 내보내기 이외의 기능을 이용하여 저장할 시 "0점" 처리 됨)

제 **05** 회 최신기출유형

- 시험과목 : 멀티미디어제작
- 시험일자 : 20XX. XX. XX(X)
- 응시자 기재사항 및 감독위원 확인

수 검 번 호	DIC - XXXX -	감독위원 확인
성 명		

응시자 유의사항

1. 응시자는 신분증을 지참하여야 시험에 응시할 수 있으며, 시험이 종료될 때까지 신분증을 제시하지 못 할 경우 해당 시험은 0점 처리됩니다.
2. 시스템(PC작동여부, 네트워크 상태 등)의 이상여부를 반드시 확인하여야 하며, 시스템 이상이 있을시 감독위원에게 조치를 받으셔야 합니다.
3. 시험 중 부주의 또는 고의로 시스템을 파손한 경우는 응시자 부담으로 합니다.
4. 답안 전송 프로그램을 통해 다운로드 받은 파일을 이용하여 답안파일을 작성하시기 바랍니다.
5. 작성한 답안 파일은 답안 전송 프로그램을 통하여 전송됩니다. 감독위원의 지시에 따라 주시기 바랍니다.
6. 다음사항의 경우 실격(0점) 혹은 부정행위 처리됩니다.
    1) 답안파일을 저장하지 않았거나, 저장한 파일이 손상되었을 경우
    2) 답안파일을 지정된 폴더(바탕화면 – "KAIT" 폴더)에 저장하지 않았을 경우
        ※ 답안 전송 프로그램 로그인 시 바탕화면에 자동 생성됨
    3) 답안파일을 다른 보조 기억장치(USB) 혹은 네트워크(메신저, 게시판 등)로 전송할 경우
    4) 휴대용 전화기 등 통신기기를 사용할 경우
7. 시험지에 제시된 글꼴이 응시 프로그램에 없는 경우, 반드시 감독위원에게 해당 내용을 통보한 뒤 조치를 받아야 합니다.
8. 시험의 완료는 작성이 완료된 답안을 저장하고, 답안 전송이 완료된 상태를 확인한 것으로 합니다.
    답안 전송 확인 후 문제지는 감독위원에게 제출한 후 퇴실하여야 합니다.
9. 답안전송이 완료된 경우에는 수정 또는 정정이 불가능합니다.
10. [ ]안의 지시사항은 PhotoShop 영문 버전용 입니다.
11. 답안은 PhotoShop과 Gom Mix Pro를 활용하여 작성하십시오.
    ※ PhotoShop 답안파일의 해상도는 72 Pixels/inch로 작성하십시오.
12. 시험시행 후 결과는 홈페이지(www.ihd.or.kr)에서 확인하시기 바랍니다.
    1) 문제 및 모범답안 공개 : 20XX. XX. XX(X)
    2) 합격자 발표 : 20XX. XX. XX(X)

식별CODE
멀

디지털정보활용능력 ❶ 멀티미디어제작

소요시간 :   분

※ PhotoShop 프로그램을 활용하여 [문제 1], [문제 2]를 작업하시오.

문제 01 원본파일을 처리조건에 따라 결과파일로 완성하시오.   50점

≪처리조건≫

▶ 다음과 같이 캔버스 크기를 변경하시오.
  • 캔버스 크기[Canvas Size] ⇒ 가로(650 픽셀[Pixels]) X 세로(450 픽셀[Pixels])

▶ '사진1.jpg' 이미지를 불러와 기존 캔버스에 복사한 후 다음과 같이 처리하시오.
  • ① ⇒ 복구 브러시 도구[Healing Brush Tool]를 이용하여 이미지 제거
  • ② ⇒ 색조/채도[Hue/Saturation]를 이용하여 초록색 계열로 보정
  • ③ ⇒ 색상 균형[Color Balance]을 이용하여 보라색 계열로 보정
  • 밝기 조정 ⇒ 곡선[Curves]을 이용하여 이미지 조정 (Input : 100, Output : 120)
  • 필터 효과 ⇒ 텍스처화[Texturizer]를 이용하여 필터 적용
            (텍스처[Texture] : 캔버스[Canvas], 비율[Scaling] : 100%, 부조[Relief] : 5,
            조명[Light] : 위[Top])

▶ 지시사항이 없는 경우는 기본 값을 적용하시오.

▶ 다음과 같은 규칙으로 JPG 파일과 PSD 파일을 각각 저장하시오.
  • 저장위치 : 바탕화면 – KAIT – 제출파일 폴더

JPG	파일명	dic_01_수검번호(6자리)_이름.JPG	PSD	파일명	dic_01_수검번호(6자리)_이름.PSD
	이미지 크기	600 X 400 픽셀[Pixels]		이미지 크기	65 X 45 픽셀[Pixels]

(예 수검번호가 DIC-XXXX-000000인 경우 "dic_01_000000_이름.JPG"과 "dic_01_000000_이름.PSD"로 저장할 것)
(* dic_01_000000_이름.JPG와 dic_01_000000_이름.PSD 파일 중 하나라도 누락시 "0점" 처리 됨)

문제 02 원본파일을 처리조건에 따라 결과파일로 완성하시오.   80점

≪처리조건≫

▶ 다음과 같이 캔버스 크기를 변경하시오.
- 캔버스 조정 ⇒ 캔버스 크기[Canvas Size] : 가로(650 픽셀[Pixels]) X 세로(350 픽셀[Pixels])
  캔버스 배경색(색상 : #022d77)

▶ '사진2.jpg' 이미지를 불러와 기존 캔버스에 복사한 후 다음과 같이 처리하시오.
- 이미지 복사 ⇒ 자유 변형[Free Transform]으로 캔버스 크기에 맞게 변형, 레이어 이름 – '회암사지',
  레이어 마스크[Layer Mask] 설정, 가로 방향으로 흐릿하게
- "HOEAMSAJI" ⇒ 글꼴(Arial), 글꼴 스타일(Bold Italic), 크기(48pt), 색상(#f6ff00),
  앤티 앨리어싱 : 선명하게[Sharp],
  레이어 스타일 – 선/획[Stroke] (크기 : 5px, 색상 : #002056)
- "유적지로 초대합니다" ⇒ 글꼴(휴먼옛체), 크기(36pt), 색상(#098806), 앤티 앨리어싱 : 선명하게[Sharp],
  레이어 스타일 – 선/획[Stroke] (크기 : 3px, 색상 : #ffffff)

▶ '사진3.jpg'를 이용하여 새로운 레이어를 생성하시오.
- 이미지 복사 ⇒ 자유 변형[Free Transform]으로 크기 변형, 레이어 이름 – '수막새'
  레이어 스타일 – 그림자 효과[Drop Shadow]
  (혼합모드[Blend Mode] : 곱하기[Multiply], 각도[Angle] : 120°)
- '사진3.jpg'의 자유 변형[Free Transform] 후, 이미지의 형태는 결과파일과 동일할 것

▶ 지시사항이 없는 경우는 기본 값을 적용하시오.

▶ 다음과 같은 규칙으로 JPG 파일과 PSD 파일을 각각 저장하시오.
- 저장위치 : 바탕화면 – KAIT – 제출파일 폴더

JPG	파일명	dic_02_수검번호(6자리)_이름.JPG	PSD	파일명	dic_02_수검번호(6자리)_이름.PSD
	이미지 크기	600 X 300 픽셀[Pixels]		이미지 크기	65 X 35 픽셀[Pixels]

(예) 수검번호가 DIC-XXXX-000000인 경우 "dic_02_000000_이름.JPG"과 "dic_02_000000_이름.PSD"로 저장할 것)
(* dic_02_000000_이름.JPG와 dic_02_000000_이름.PSD 파일 중 하나라도 누락시 "0점" 처리 됨)

디지털정보활용능력 ❸ 멀티미디어제작

소요시간: 분

※ Gom Mix Pro 프로그램을 활용하여 [문제 3]을 작업하시오.

문제 03 처리조건에 따라 출력형태와 같이 완성하시오.   70점

≪출력형태≫

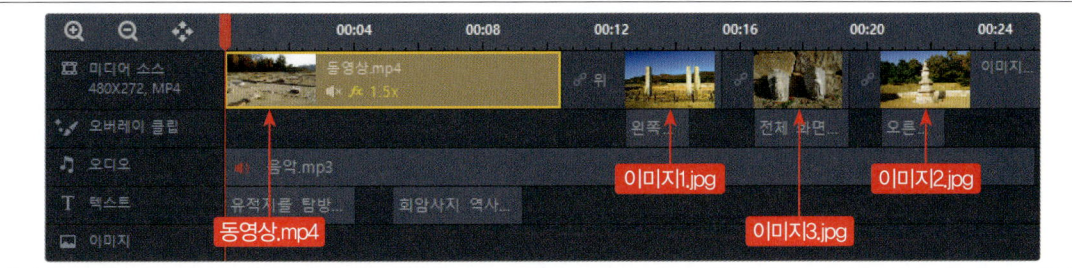

≪처리조건≫ | 원본 파일 | 이미지1.jpg, 이미지2.jpg, 이미지3.jpg, 동영상.mp4, 음악.mp3

▶ 미디어 소스의 순서를 다음과 같이 지정하시오.
  • 미디어 소스 순서 ⇒ 동영상.mp4 〉 이미지1.jpg 〉 이미지3.jpg 〉 이미지2.jpg
▶ 동영상 파일('동영상.mp4')을 다음과 같이 처리하시오.
  • 재생 속도 : 1.5x   • 자르기 : 시작 지점(0.00s), 종료 지점(12.40s)
  • 필터 효과 : 옛날 사진(감마 : 130, 노출 : 10)
  • 텍스트 ⇒ 텍스트 입력 : 회암사지 역사탐방
        텍스트 서식(바탕체, 54pt, FF2214), 텍스트 윤곽선 색(색 없음), 시작 시간(05.20s),
        지속 시간(4.00), 위치 설정(화면 정가운데 아래)
  • 재생 속도 설정 후 자르기를 하여야 하며, 동영상을 자른 후 뒷 부분의 동영상은 삭제할 것
  • 원본 동영상에 포함된 오디오는 모두 음소거 할 것
▶ 이미지 파일을 다음과 같이 처리하시오.
  • '이미지1.jpg' ⇒ 이미지 지속 시간 : 6.00, 오버레이 클립 : 왼쪽 클로즈업 → 전체 화면 (지속 시간 : 2.00),
        영상 전환 : 위로 펼치며 밀기 (지속 시간 : 2.00)
  • '이미지3.jpg' ⇒ 이미지 지속 시간 : 5.00, 오버레이 클립 : 전체 화면 → 아래로 클로즈업 (지속 시간 : 3.00),
        영상 전환 : 문 열기 (지속 시간 : 1.00)
  • '이미지2.jpg' ⇒ 이미지 지속 시간 : 6.00, 오버레이 클립 : 오른쪽 → 왼쪽 이동 (지속 시간 : 2.00),
        영상 전환 : 가로로 회전 날아가기 (지속 시간 : 1.00)
▶ 다음 조건에 따라 제목을 이용하여 자막을 지정하시오.
  • 텍스트 입력 : 유적지를 탐방하다 (Visit historical sites)
    텍스트 서식(휴먼편지체, 72pt, 0001FF), 텍스트 윤곽선 색(FF8E24, 테두리 두께 : 20%), 시작 시간(0.00s),
    텍스트 지속 시간(4.00), 나타내기(서서히 나타난 후 오른쪽으로 이동, 지속 시간 : 3.00)
▶ 다음 조건에 따라 동영상 전체에 음악 파일('음악.mp3')을 삽입하시오.
  • 시작구간 : 0.00s, 종료구간 : 25.20s, 음량 조절 : 70
▶ 다음과 같은 규칙으로 GRP 파일을 내보내기 하시오.
  • 저장위치 : 바탕화면 – KAIT – 제출파일 폴더

| GRP | 파일명 | dic_03_수검번호(6자리)_이름.GRP |

(예 수검번호가 DIC-XXXX-000000인 경우 "dic_03_000000_이름.GRP"로 저장할 것)
(* 내보내기 이외의 기능을 이용하여 저장할 시 "0점" 처리 됨)

제06회 최신기출유형

- 시험과목 : 멀티미디어제작
- 시험일자 : 20XX. XX. XX(X)
- 응시자 기재사항 및 감독위원 확인

수검번호	DIC - XXXX -	감독위원 확인
성 명		

응시자 유의사항

1. 응시자는 신분증을 지참하여야 시험에 응시할 수 있으며, 시험이 종료될 때까지 신분증을 제시하지 못 할 경우 해당 시험은 0점 처리됩니다.
2. 시스템(PC작동여부, 네트워크 상태 등)의 이상여부를 반드시 확인하여야 하며, 시스템 이상이 있을시 감독위원에게 조치를 받으셔야 합니다.
3. 시험 중 부주의 또는 고의로 시스템을 파손한 경우는 응시자 부담으로 합니다.
4. 답안 전송 프로그램을 통해 다운로드 받은 파일을 이용하여 답안파일을 작성하시기 바랍니다.
5. 작성한 답안 파일은 답안 전송 프로그램을 통하여 전송됩니다. 감독위원의 지시에 따라 주시기 바랍니다.
6. 다음사항의 경우 실격(0점) 혹은 부정행위 처리됩니다.
    1) 답안파일을 저장하지 않았거나, 저장한 파일이 손상되었을 경우
    2) 답안파일을 지정된 폴더(바탕화면 – "KAIT" 폴더)에 저장하지 않았을 경우
        ※ 답안 전송 프로그램 로그인 시 바탕화면에 자동 생성됨
    3) 답안파일을 다른 보조 기억장치(USB) 혹은 네트워크(메신저, 게시판 등)로 전송할 경우
    4) 휴대용 전화기 등 통신기기를 사용할 경우
7. 시험지에 제시된 글꼴이 응시 프로그램에 없는 경우, 반드시 감독위원에게 해당 내용을 통보한 뒤 조치를 받아야 합니다.
8. 시험의 완료는 작성이 완료된 답안을 저장하고, 답안 전송이 완료된 상태를 확인한 것으로 합니다.
    답안 전송 확인 후 문제지는 감독위원에게 제출한 후 퇴실하여야 합니다.
9. 답안전송이 완료된 경우에는 수정 또는 정정이 불가능합니다.
10. [ ]안의 지시사항은 PhotoShop 영문 버전용 입니다.
11. 답안은 PhotoShop과 Gom Mix Pro를 활용하여 작성하십시오.
    ※ PhotoShop 답안파일의 해상도는 72 Pixels/inch로 작성하십시오.
12. 시험시행 후 결과는 홈페이지(www.ihd.or.kr)에서 확인하시기 바랍니다.
    1) 문제 및 모범답안 공개 : 20XX. XX. XX(X)
    2) 합격자 발표 : 20XX. XX. XX(X)

식별CODE
멀

디지털정보활용능력 ❶ 멀티미디어제작

소요시간: 분

※ PhotoShop 프로그램을 활용하여 [문제 1], [문제 2]를 작업하시오.

문제 01 원본파일을 처리조건에 따라 결과파일로 완성하시오. 50점

≪원본파일≫	≪결과파일≫

≪처리조건≫

▶ 다음과 같이 캔버스 크기를 변경하시오.
- 캔버스 크기[Canvas Size] ⇒ 가로(650 픽셀[Pixels]) X 세로(450 픽셀[Pixels])

▶ '사진1.jpg' 이미지를 불러와 기존 캔버스에 복사한 후 다음과 같이 처리하시오.
- ① ⇒ 복구 브러쉬 도구[Healing Brush Tool]를 이용하여 이미지 제거
- ② ⇒ 색조/채도[Hue/Saturation]를 이용하여 파란색 계열로 보정
- ③ ⇒ 색상 균형[Color Balance]을 이용하여 빨간색 계열로 보정
- 밝기 조정 ⇒ 곡선[Curves]을 이용하여 이미지 조정 (Input : 80, Output : 120)
- 필터 효과 ⇒ 텍스처화[Texturizer]를 이용하여 필터 적용
  (텍스처[Texture] : 캔버스[Canvas], 비율[Scaling] : 100%, 부조[Relief] : 5,
  조명[Light] : 위[Top])

▶ 지시사항이 없는 경우는 기본 값을 적용하시오.

▶ 다음과 같은 규칙으로 JPG 파일과 PSD 파일을 각각 저장하시오.
- 저장위치 : 바탕화면 – KAIT – 제출파일 폴더

JPG	파일명	dic_01_수검번호(6자리)_이름.JPG	PSD	파일명	dic_01_수검번호(6자리)_이름.PSD
	이미지 크기	600 X 400 픽셀[Pixels]		이미지 크기	65 X 45 픽셀[Pixels]

(예 수검번호가 DIC-XXXX-000000인 경우 "dic_01_000000_이름.JPG"과 "dic_01_000000_이름.PSD"로 저장할 것)
(※ dic_01_000000_이름.JPG와 dic_01_000000_이름.PSD 파일 중 하나라도 누락시 "0점" 처리 됨)

디지털정보활용능력 ❷ 멀티미디어제작

문제 02 원본파일을 처리조건에 따라 결과파일로 완성하시오. 80점

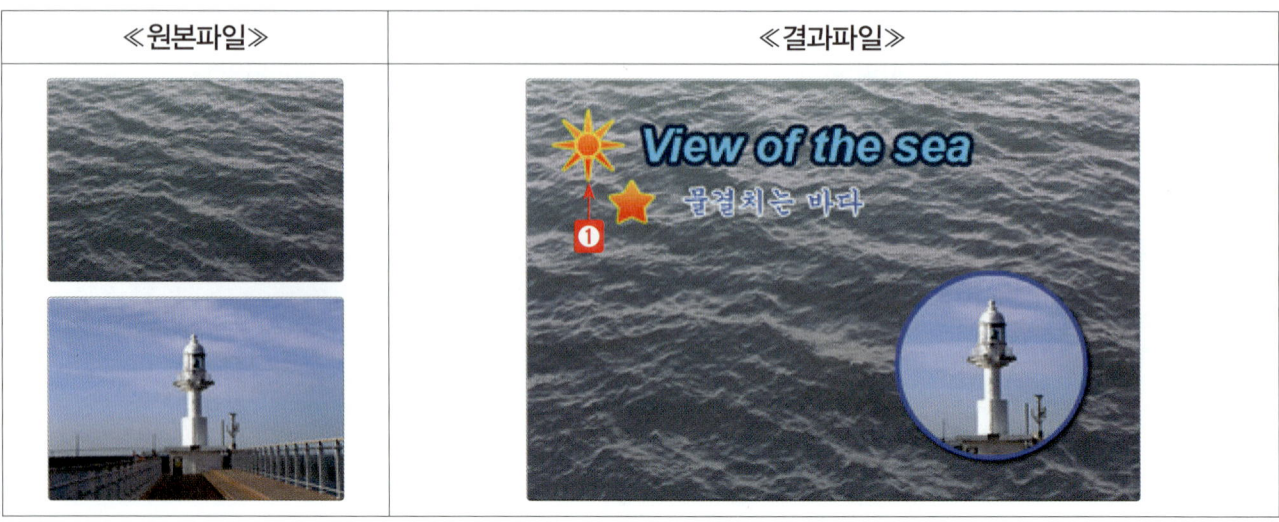

≪처리조건≫

▶ 다음과 같이 캔버스 크기를 변경하시오.
  • 캔버스 조정 ⇒ 캔버스 크기[Canvas Size] ⇒ 가로(650 픽셀[Pixels]) X 세로(450 픽셀[Pixels])

▶ '사진2.jpg' 이미지를 불러와 기존 캔버스에 복사한 후 다음과 같이 처리하시오.
  • ① ⇒ 모양 도구[Shape Tool] 이용
    레이어 스타일 – 선/획[Stroke] (크기 : 2px, 색상 : #fff000),
    그라디언트 오버레이[Gradient Overlay] (색상 : #ff0000 – #ffc000)
  • "View of the sea" ⇒ 글꼴(Arial), 글꼴 스타일(Bold Italic), 크기(48pt), 색상(#00d8ff),
    앤티 앨리어싱 : 선명하게[Sharp],
    레이어 스타일 – 선/획[Stroke] (크기 : 5px, 색상 : #003754)
  • "물결치는 바다" ⇒ 글꼴(궁서), 크기(30pt), 색상(#0072ff), 앤티 앨리어싱 : 선명하게[Sharp],
    레이어 스타일 – 선/획[Stroke] (크기 : 2px, 색상 : #ffffff)

▶ 타원 도구[Ellipse Tool]와 '사진3.jpg'를 이용하여 새로운 레이어를 생성하시오.
  • 원의 크기 ⇒ 200 px × 200 px (단, 클리핑 마스크 기능을 이용할 것)
    레이어 스타일 – 선/획[Stroke] (크기 : 5px, 색상 : #0054ff, 위치 : 안쪽[Inside]),
    그림자 효과[Drop Shadow] (혼합모드[Blend Mode] : 곱하기[Multiply], 각도[Angle] : 120°)

▶ 지시사항이 없는 경우는 기본 값을 적용하시오.

▶ 다음과 같은 규칙으로 JPG 파일과 PSD 파일을 각각 저장하시오.
  • 저장위치 : 바탕화면 – KAIT – 제출파일 폴더

JPG	파일명	dic_02_수검번호(6자리)_이름.JPG	PSD	파일명	dic_02_수검번호(6자리)_이름.PSD
	이미지 크기	600 X 400 픽셀[Pixels]		이미지 크기	65 X 45 픽셀[Pixels]

(예 수검번호가 DIC-XXXX-000000인 경우 "dic_02_000000_이름.JPG"과 "dic_02_000000_이름.PSD"로 저장할 것)
(* dic_02_000000_이름.JPG와 dic_02_000000_이름.PSD 파일 중 하나라도 누락시 "0점" 처리 됨)

디지털정보활용능력 ❸ 멀티미디어제작

※ Gom Mix Pro 프로그램을 활용하여 [문제 3]을 작업하시오.

문제 03 처리조건에 따라 출력형태와 같이 완성하시오. 70점

≪출력형태≫

≪처리조건≫ | 원본 파일 | 이미지1.jpg, 이미지2.jpg, 이미지3.jpg, 동영상.mp4, 음악.mp3

▶ 미디어 소스의 순서를 다음과 같이 지정하시오.
 • 미디어 소스 순서 ⇒ 동영상.mp4 〉 이미지1.jpg 〉 이미지3.jpg 〉 이미지2.jpg
▶ 동영상 파일('동영상.mp4')을 다음과 같이 처리하시오.
 • 재생 속도 : 1.5x
 • 자르기 : 시작 지점(0.00s), 종료 지점(12.00s)
 • 필터 효과 : 빈티지(감마 : 120, 노출 : 10)
 • 텍스트 ⇒ 텍스트 입력 : 바다와 친수공원
   텍스트 서식(바탕체, 54pt, 4DF936), 텍스트 윤곽선 색(색 없음), 시작 시간(5.40s),
   지속 시간(5.00), 위치 설정(화면 정가운데 아래)
 • 재생 속도 설정 후 자르기를 하여야 하며, 동영상을 자른 후 뒷 부분의 동영상은 삭제할 것
 • 원본 동영상에 포함된 오디오는 모두 음소거 할 것
▶ 이미지 파일을 다음과 같이 처리하시오.
 • '이미지1.jpg' ⇒ 이미지 지속 시간 : 6.00, 오버레이 클립 : 오른쪽 클로즈업 → 전체 화면 (지속 시간 : 1.00),
   영상 전환 : 왼쪽으로 덮기 (지속 시간 : 2.00)
 • '이미지3.jpg' ⇒ 이미지 지속 시간 : 6.00, 오버레이 클립 : 위 클로즈업 → 전체 화면 (지속 시간 : 2.00),
   영상 전환 : 회전 (지속 시간 : 1.00)
 • '이미지2.jpg' ⇒ 이미지 지속 시간 : 5.00, 오버레이 클립 : 위 → 아래 이동 (지속 시간 : 2.00),
   영상 전환 : 회전하며 멀어지기 (지속 시간 : 1.00)
▶ 다음 조건에 따라 제목을 이용하여 자막을 지정하시오.
 • 텍스트 입력 : 바다와 공원 (Sea & Park)
   텍스트 서식(휴먼옛체, 72pt, F50000), 텍스트 윤곽선 색(000000, 테두리 두께 : 20%), 시작 시간(0.00s),
   텍스트 지속 시간(4.00), 나타내기(깜빡이며 나타나기, 지속 시간 : 2.00)
▶ 다음 조건에 따라 동영상 전체에 음악 파일('음악.mp3')을 삽입하시오.
 • 시작구간 : 0.00s, 종료구간 : 24.80s, 음량 조절 : 80
▶ 다음과 같은 규칙으로 GRP 파일을 내보내기 하시오.
 • 저장위치 : 바탕화면 – KAIT – 제출파일 폴더

| GRP | 파일명 | dic_03_수검번호(6자리)_이름.GRP |

(예 수검번호가 DIC-XXXX-000000인 경우 "dic_03_000000_이름.GRP"로 저장할 것)
(* 내보내기 이외의 기능을 이용하여 저장할 시 "0점" 처리 됨)

제 07 회 최신기출유형

- 시험과목 : 멀티미디어제작
- 시험일자 : 20XX. XX. XX(X)
- 응시자 기재사항 및 감독위원 확인

수 검 번 호	DIC - XXXX -	감독위원 확인
성 명		

응시자 유의사항

1. 응시자는 신분증을 지참하여야 시험에 응시할 수 있으며, 시험이 종료될 때까지 신분증을 제시하지 못 할 경우 해당 시험은 0점 처리됩니다.
2. 시스템(PC작동여부, 네트워크 상태 등)의 이상여부를 반드시 확인하여야 하며, 시스템 이상이 있을시 감독위원에게 조치를 받으셔야 합니다.
3. 시험 중 부주의 또는 고의로 시스템을 파손한 경우는 응시자 부담으로 합니다.
4. 답안 전송 프로그램을 통해 다운로드 받은 파일을 이용하여 답안파일을 작성하시기 바랍니다.
5. 작성한 답안 파일은 답안 전송 프로그램을 통하여 전송됩니다. 감독위원의 지시에 따라 주시기 바랍니다.
6. 다음사항의 경우 실격(0점) 혹은 부정행위 처리됩니다.
    1) 답안파일을 저장하지 않았거나, 저장한 파일이 손상되었을 경우
    2) 답안파일을 지정된 폴더(바탕화면 – "KAIT" 폴더)에 저장하지 않았을 경우
        ※ 답안 전송 프로그램 로그인 시 바탕화면에 자동 생성됨
    3) 답안파일을 다른 보조 기억장치(USB) 혹은 네트워크(메신저, 게시판 등)로 전송할 경우
    4) 휴대용 전화기 등 통신기기를 사용할 경우
7. 시험지에 제시된 글꼴이 응시 프로그램에 없는 경우, 반드시 감독위원에게 해당 내용을 통보한 뒤 조치를 받아야 합니다.
8. 시험의 완료는 작성이 완료된 답안을 저장하고, 답안 전송이 완료된 상태를 확인한 것으로 합니다.
    답안 전송 확인 후 문제지는 감독위원에게 제출한 후 퇴실하여야 합니다.
9. 답안전송이 완료된 경우에는 수정 또는 정정이 불가능합니다.
10. [ ]안의 지시사항은 PhotoShop 영문 버전용 입니다.
11. 답안은 PhotoShop과 Gom Mix Pro를 활용하여 작성하십시오.
    ※ PhotoShop 답안파일의 해상도는 72 Pixels/inch로 작성하십시오.
12. 시험시행 후 결과는 홈페이지(www.ihd.or.kr)에서 확인하시기 바랍니다.
    1) 문제 및 모범답안 공개 : 20XX. XX. XX(X)
    2) 합격자 발표 : 20XX. XX. XX(X)

디지털정보활용능력 ❶ 멀티미디어제작

소요시간 :   분

※ PhotoShop 프로그램을 활용하여 [문제 1], [문제 2]를 작업하시오.

문제 01 원본파일을 처리조건에 따라 결과파일로 완성하시오. 50점

≪처리조건≫

▶ 다음과 같이 캔버스 크기를 변경하시오.
  • 캔버스 크기[Canvas Size] ⇒ 가로(650 픽셀[Pixels]) X 세로(450 픽셀[Pixels])

▶ '사진1.jpg' 이미지를 불러와 기존 캔버스에 복사한 후 다음과 같이 처리하시오.
  • ① ⇒ 복제 도장 도구[Clone Stamp Tool]를 이용하여 이미지 복사
  • ② ⇒ 색조/채도[Hue/Saturation]를 이용하여 보라색 계열로 보정
  • ③ ⇒ 색상 균형[Color Balance]을 이용하여 초록색 계열로 보정
  • 밝기 조정 ⇒ 곡선[Curves]을 이용하여 이미지 조정 (Input : 80, Output : 110)
  • 필터 효과 ⇒ 그레인[Grain]을 이용하여 필터 적용
        (강도[Intensity] : 10, 대비[Contrast] : 20, 그레인 유형[Grain Type] : 반점[Speckle])

▶ 지시사항이 없는 경우는 기본 값을 적용하시오.

▶ 다음과 같은 규칙으로 JPG 파일과 PSD 파일을 각각 저장하시오.
  • 저장위치 : 바탕화면 – KAIT – 제출파일 폴더

JPG	파일명	dic_01_수검번호(6자리)_이름.JPG	PSD	파일명	dic_01_수검번호(6자리)_이름.PSD
	이미지 크기	600 X 400 픽셀[Pixels]		이미지 크기	65 X 45 픽셀[Pixels]

(**예** 수검번호가 DIC-XXXX-000000인 경우 "dic_01_000000_이름.JPG"과 "dic_01_000000_이름.PSD"로 저장할 것)
(* dic_01_000000_이름.JPG와 dic_01_000000_이름.PSD 파일 중 하나라도 누락시 "0점" 처리 됨)

디지털정보활용능력 ❷ 멀티미디어제작

소요시간 :   분

문제 02 원본파일을 처리조건에 따라 결과파일로 완성하시오. 80점

≪원본파일≫	≪결과파일≫

≪처리조건≫

▶ 다음과 같이 캔버스 크기를 변경하시오.
- 캔버스 조정 ⇒ 캔버스 크기[Canvas Size] : 가로(650 픽셀[Pixels]) X 세로(350 픽셀[Pixels])
  캔버스 배경색(색상 : #8d631a)

▶ '사진2.jpg' 이미지를 불러와 기존 캔버스에 복사한 후 다음과 같이 처리하시오.
- 이미지 복사 ⇒ 자유 변형[Free Transform]으로 캔버스 크기에 맞게 변형, 레이어 이름 – '샐러드',
  레이어 마스크[Layer Mask] 설정, 가로 방향으로 흐릿하게
- "Green Salad & Bread" ⇒ 글꼴(Arial), 글꼴 스타일(Bold Italic), 크기(48pt), 색상(#99cc33),
  앤티 앨리어싱 : 선명하게[Sharp],
  레이어 스타일 – 선/획[Stroke] (크기 : 4px, 색상 : #330000)
- "신선한 샐러드와 빵" ⇒ 글꼴(궁서체), 크기(36pt), 색상(#ffffff), 앤티 앨리어싱 : 선명하게[Sharp],
  레이어 스타일 – 선/획[Stroke] (크기 : 2px, 색상 : #666600)

▶ '사진3.jpg'를 이용하여 새로운 레이어를 생성하시오.
- 이미지 복사 ⇒ 자유 변형[Free Transform]으로 크기 변형, 레이어 이름 – '피클'
  레이어 스타일 – 그림자 효과[Drop Shadow]
  (혼합모드[Blend Mode] : 곱하기[Multiply], 각도[Angle] : 120°)
- '사진3.jpg'의 자유 변형[Free Transform] 후, 이미지의 형태는 결과파일과 동일할 것

▶ 지시사항이 없는 경우는 기본 값을 적용하시오.

▶ 다음과 같은 규칙으로 JPG 파일과 PSD 파일을 각각 저장하시오.
- 저장위치 : 바탕화면 – KAIT – 제출파일 폴더

JPG	파일명	dic_02_수검번호(6자리)_이름.JPG	PSD	파일명	dic_02_수검번호(6자리)_이름.PSD
	이미지 크기	600 X 300 픽셀[Pixels]		이미지 크기	65 X 35 픽셀[Pixels]

(예 수검번호가 DIC-XXXX-000000인 경우 "dic_02_000000_이름.JPG"과 "dic_02_000000_이름.PSD"로 저장할 것)
(* dic_02_000000_이름.JPG와 dic_02_000000_이름.PSD 파일 중 하나라도 누락시 "0점" 처리 됨)

디지털정보활용능력 ❸ 멀티미디어제작

소요시간 :   분

※ Gom Mix Pro 프로그램을 활용하여 [문제 3]을 작업하시오.

문제 03 처리조건에 따라 출력형태와 같이 완성하시오.   70점

≪출력형태≫

≪처리조건≫ | 원본 파일 | 이미지1.jpg, 이미지2.jpg, 이미지3.jpg, 동영상.mp4, 음악.mp3

▶ 미디어 소스의 순서를 다음과 같이 지정하시오.
  • 미디어 소스 순서 ⇒ 동영상.mp4 〉 이미지3.jpg 〉 이미지1.jpg 〉 이미지2.jpg
▶ 동영상 파일('동영상.mp4')을 다음과 같이 처리하시오.
  • 재생 속도 : 1.5x
  • 자르기 : 시작 지점(0.00s), 종료 지점(12.10s)
  • 필터 효과 : 카메라/필름(감마 : 120, 노출 : 10)
  • 텍스트 ⇒ 텍스트 입력 : 보글보글 끓는 소스
    텍스트 서식(굴림체, 54pt, 3D8C9E), 텍스트 윤곽선 색(색 없음), 시작 시간(5.40s),
    지속 시간(4.00), 위치 설정(화면 정가운데 아래)
  • 재생 속도 설정 후 자르기를 하여야 하며, 동영상을 자른 후 뒷 부분의 동영상은 삭제할 것
  • 원본 동영상에 포함된 오디오는 모두 음소거 할 것
▶ 이미지 파일을 다음과 같이 처리하시오.
  • '이미지3.jpg' ⇒ 이미지 지속 시간 : 6.00, 오버레이 클립 : 전체 화면 → 왼쪽 클로즈업 (지속 시간 : 1.00),
        영상 전환 : 오른쪽으로 덮기 (지속 시간 : 1.00)
  • '이미지1.jpg' ⇒ 이미지 지속 시간 : 5.00, 오버레이 클립 : 아래 클로즈업 → 전체 화면 (지속 시간 : 2.00),
        영상 전환 : 세로 회전 날아가기 (지속 시간 : 2.00)
  • '이미지2.jpg' ⇒ 이미지 지속 시간 : 5.00, 오버레이 클립 : 아래 → 위 이동 (지속 시간 : 2.00),
        영상 전환 : 가로 회전 날아가기 (지속 시간 : 1.00)
▶ 다음 조건에 따라 제목을 이용하여 자막을 지정하시오.
  • 텍스트 입력 : 눈이 즐거운 점심 (Enjoy your lunch)
    텍스트 서식(휴먼옛체, 60pt, F9F901), 텍스트 윤곽선 색(585E99, 테두리 두께 : 30%), 시작 시간(0.00s),
    텍스트 지속 시간(4.00), 나타내기(닦아내기, 지속 시간 : 2.00)
▶ 다음 조건에 따라 동영상 전체에 음악 파일('음악.mp3')을 삽입하시오.
  • 시작구간 : 0.00s, 종료구간 : 24.00s, 음량 조절 : 70
▶ 다음과 같은 규칙으로 GRP 파일을 내보내기 하시오.
  • 저장위치 : 바탕화면 – KAIT – 제출파일 폴더

| GRP | 파일명 | dic_03_수검번호(6자리)_이름.GRP |

(🔴 수검번호가 DIC-XXXX-000000인 경우 "dic_03_000000_이름.GRP"로 저장할 것)
(* 내보내기 이외의 기능을 이용하여 저장 시 "0점" 처리 됨)

제 08 회 최신기출유형

- 시험과목 : 멀티미디어제작
- 시험일자 : 20XX. XX. XX(X)
- 응시자 기재사항 및 감독위원 확인

수검번호	DIC - XXXX -	감독위원 확인
성 명		

응시자 유의사항

1. 응시자는 신분증을 지참하여야 시험에 응시할 수 있으며, 시험이 종료될 때까지 신분증을 제시하지 못 할 경우 해당 시험은 0점 처리됩니다.
2. 시스템(PC작동여부, 네트워크 상태 등)의 이상여부를 반드시 확인하여야 하며, 시스템 이상이 있을시 감독위원에게 조치를 받으셔야 합니다.
3. 시험 중 부주의 또는 고의로 시스템을 파손한 경우는 응시자 부담으로 합니다.
4. 답안 전송 프로그램을 통해 다운로드 받은 파일을 이용하여 답안파일을 작성하시기 바랍니다.
5. 작성한 답안 파일은 답안 전송 프로그램을 통하여 전송됩니다. 감독위원의 지시에 따라 주시기 바랍니다.
6. 다음사항의 경우 실격(0점) 혹은 부정행위 처리됩니다.
    1) 답안파일을 저장하지 않았거나, 저장한 파일이 손상되었을 경우
    2) 답안파일을 지정된 폴더(바탕화면 – "KAIT" 폴더)에 저장하지 않았을 경우
        ※ 답안 전송 프로그램 로그인 시 바탕화면에 자동 생성됨
    3) 답안파일을 다른 보조 기억장치(USB) 혹은 네트워크(메신저, 게시판 등)로 전송할 경우
    4) 휴대용 전화기 등 통신기기를 사용할 경우
7. 시험지에 제시된 글꼴이 응시 프로그램에 없는 경우, 반드시 감독위원에게 해당 내용을 통보한 뒤 조치를 받아야 합니다.
8. 시험의 완료는 작성이 완료된 답안을 저장하고, 답안 전송이 완료된 상태를 확인한 것으로 합니다.
    답안 전송 확인 후 문제지는 감독위원에게 제출한 후 퇴실하여야 합니다.
9. 답안전송이 완료된 경우에는 수정 또는 정정이 불가능합니다.
10. [ ]안의 지시사항은 PhotoShop 영문 버전용 입니다.
11. 답안은 PhotoShop과 Gom Mix Pro를 활용하여 작성하십시오.
    ※ PhotoShop 답안파일의 해상도는 72 Pixels/inch로 작성하십시오.
12. 시험시행 후 결과는 홈페이지(www.ihd.or.kr)에서 확인하시기 바랍니다.
    1) 문제 및 모범답안 공개 : 20XX. XX. XX(X)
    2) 합격자 발표 : 20XX. XX. XX(X)

디지털정보활용능력 ❶ 멀티미디어제작

소요시간 :   분

※ PhotoShop 프로그램을 활용하여 [문제 1], [문제 2]를 작업하시오.

문제 01 원본파일을 처리조건에 따라 결과파일로 완성하시오. 50점

≪원본파일≫

≪결과파일≫

≪처리조건≫

▶ 다음과 같이 캔버스 크기를 변경하시오.
- 캔버스 크기[Canvas Size] ⇒ 가로(650 픽셀[Pixels]) X 세로(450 픽셀[Pixels])

▶ '사진1.jpg' 이미지를 불러와 기존 캔버스에 복사한 후 다음과 같이 처리하시오.
- ① ⇒ 복구 브러시 도구[Healing Brush Tool]를 이용하여 이미지 제거
- ② ⇒ 색상 균형[Color Balance]을 이용하여 초록색 계열로 보정
- ③ ⇒ 색조/채도[Hue/Saturation]를 이용하여 빨간색 계열로 보정
- 밝기 조정 ⇒ 곡선[Curves]을 이용하여 이미지 조정 (Input : 90, Output : 120)
- 필터 효과 ⇒ 텍스처화[Texturizer]를 이용하여 필터 적용
  (텍스처[Texture] : 캔버스[Canvas], 비율[Scaling] : 100%, 부조[Relief] : 5, 조명[Light] : 위[Top])

▶ 지시사항이 없는 경우는 기본 값을 적용하시오.

▶ 다음과 같은 규칙으로 JPG 파일과 PSD 파일을 각각 저장하시오.
- 저장위치 : 바탕화면 – KAIT – 제출파일 폴더

JPG	파일명	dic_01_수검번호(6자리)_이름.JPG	PSD	파일명	dic_01_수검번호(6자리)_이름.PSD
	이미지 크기	600 X 400 픽셀[Pixels]		이미지 크기	65 X 45 픽셀[Pixels]

(예 수검번호가 DIC-XXXX-000000인 경우 "dic_01_000000_이름.JPG"과 "dic_01_000000_이름.PSD"로 저장할 것)
(* dic_01_000000_이름.JPG와 dic_01_000000_이름.PSD 파일 중 하나라도 누락시 "0점" 처리 됨)

디지털정보활용능력 ❷ 멀티미디어제작

소요시간 :   분

문제 02 원본파일을 처리조건에 따라 결과파일로 완성하시오.   80점

≪원본파일≫   ≪결과파일≫

≪처리조건≫

▶ 다음과 같이 캔버스 크기를 변경하시오.
- 캔버스 조정 ⇒ 캔버스 크기[Canvas Size] ⇒ 가로(650 픽셀[Pixels]) X 세로(450 픽셀[Pixels])

▶ '사진2.jpg' 이미지를 불러와 기존 캔버스에 복사한 후 다음과 같이 처리하시오.
- ① ⇒ 모양 도구[Shape Tool] 이용
  레이어 스타일 – 선/획[Stroke] (크기 : 2px, 색상 : #ffffff),
  그라디언트 오버레이[Gradient Overlay] (색상 : #663300 – #ffcc00)
- "Automata Toy" ⇒ 글꼴(Arial), 글꼴 스타일(Bold Italic), 크기(48pt), 색상(#99cc33),
  앤티 앨리어싱 : 선명하게[Sharp],
  레이어 스타일 – 선/획[Stroke] (크기 : 4px, 색상 : #000000)
- "자동으로 움직이는 인형" ⇒ 글꼴(궁서체), 크기(30pt), 색상(#33cccc), 앤티 앨리어싱 : 선명하게[Sharp],
  레이어 스타일 – 선/획[Stroke] (크기 : 2px, 색상 : #0066cc)

▶ 사각형 도구[Rectangle Tool]와 '사진3.jpg'를 이용하여 새로운 레이어를 생성하시오.
- 사각형의 크기 ⇒ 200 px × 200 px (단, 클리핑 마스크 기능을 이용할 것)
  레이어 스타일 – 선/획[Stroke] (크기 : 5px, 색상 : #cc3300, 위치 : 안쪽[Inside]),
  그림자 효과[Drop Shadow] (혼합모드[Blend Mode] : 곱하기[Multiply], 각도[Angle] : 120°)

▶ 지시사항이 없는 경우는 기본 값을 적용하시오.

▶ 다음과 같은 규칙으로 JPG 파일과 PSD 파일을 각각 저장하시오.
- 저장위치 : 바탕화면 – KAIT – 제출파일 폴더

JPG	파일명	dic_02_수검번호(6자리)_이름.JPG	PSD	파일명	dic_02_수검번호(6자리)_이름.PSD
	이미지 크기	600 X 400 픽셀[Pixels]		이미지 크기	65 X 45 픽셀[Pixels]

(예 수검번호가 DIC-XXXX-000000인 경우 "dic_02_000000_이름.JPG"과 "dic_02_000000_이름.PSD"로 저장할 것)
(* dic_02_000000_이름.JPG와 dic_02_000000_이름.PSD 파일 중 하나라도 누락시 "0점" 처리 됨)

디지털정보활용능력 ❸ 멀티미디어제작

소요시간: 분

※ Gom Mix Pro 프로그램을 활용하여 [문제 3]을 작업하시오.

문제 03 처리조건에 따라 출력형태와 같이 완성하시오. 70점

≪출력형태≫

≪처리조건≫ | 원본 파일 | 이미지1.jpg, 이미지2.jpg, 이미지3.jpg, 동영상.mp4, 음악.mp3

▶ 미디어 소스의 순서를 다음과 같이 지정하시오.
  • 미디어 소스 순서 ⇒ 동영상.mp4 〉 이미지2.jpg 〉 이미지3.jpg 〉 이미지1.jpg
▶ 동영상 파일('동영상.mp4')을 다음과 같이 처리하시오.
  • 재생 속도 : 1.5x
  • 자르기 : 시작 지점(0.00s), 종료 지점(11.30s)
  • 필터 효과 : 토파즈(감마 : 140, 노출 : 10)
  • 텍스트 ⇒ 텍스트 입력 : 음악에 맞추어 움직이는 인형들
    텍스트 서식(바탕체, 48pt, B000AD), 텍스트 윤곽선 색(색 없음), 시작 시간(5.50s),
    지속 시간(4.00), 위치 설정(화면 정가운데 아래)
  • 재생 속도 설정 후 자르기를 하여야 하며, 동영상을 자른 후 뒷 부분의 동영상은 삭제할 것
  • 원본 동영상에 포함된 오디오는 모두 음소거 할 것
▶ 이미지 파일을 다음과 같이 처리하시오.
  • '이미지2.jpg' ⇒ 이미지 지속 시간 : 5.00, 오버레이 클립 : 전체 화면 → 오른쪽 클로즈업 (지속 시간 : 2.00),
    영상 전환 : 페이드 (지속 시간 : 2.00)
  • '이미지3.jpg' ⇒ 이미지 지속 시간 : 6.00, 오버레이 클립 : 전체 화면 → 위로 클로즈업 (지속 시간 : 1.00),
    영상 전환 : 오른쪽으로 덮기 (지속 시간 : 2.00)
  • '이미지1.jpg' ⇒ 이미지 지속 시간 : 6.00, 오버레이 클립 : 왼쪽 → 오른쪽 이동 (지속 시간 : 2.00),
    영상 전환 : 세로 회전 날아가기 (지속 시간 : 1.00)
▶ 다음 조건에 따라 제목을 이용하여 자막을 지정하시오.
  • 텍스트 입력 : 오토마타 세상 (Automata World)
    텍스트 서식(휴먼편지체, 72pt, 79A5D8), 텍스트 윤곽선 색(3C5B99, 테두리 두께 : 30%), 시작 시간(0.00s),
    텍스트 지속 시간(4.00), 나타내기(도장 찍기, 지속 시간 : 3.00)
▶ 다음 조건에 따라 동영상 전체에 음악 파일('음악.mp3')을 삽입하시오.
  • 시작구간 : 0.00s, 종료구간 : 23.20s, 음량 조절 : 80
▶ 다음과 같은 규칙으로 GRP 파일을 내보내기 하시오.
  • 저장위치 : 바탕화면 – KAIT – 제출파일 폴더

| GRP | 파일명 | dic_03_수검번호(6자리)_이름.GRP |

(예 수검번호가 DIC-XXXX-000000인 경우 "dic_03_000000_이름.GRP"로 저장할 것)
(* 내보내기 이외의 기능을 이용하여 저장할 시 "0점" 처리 됨)

제 09 회 최신기출유형

- 시험과목 : 멀티미디어제작
- 시험일자 : 20XX. XX. XX(X)
- 응시자 기재사항 및 감독위원 확인

수검번호	DIC - XXXX -	감독위원 확인
성 명		

응시자 유의사항

1. 응시자는 신분증을 지참하여야 시험에 응시할 수 있으며, 시험이 종료될 때까지 신분증을 제시하지 못 할 경우 해당 시험은 0점 처리됩니다.
2. 시스템(PC작동여부, 네트워크 상태 등)의 이상여부를 반드시 확인하여야 하며, 시스템 이상이 있을시 감독위원에게 조치를 받으셔야 합니다.
3. 시험 중 부주의 또는 고의로 시스템을 파손한 경우는 응시자 부담으로 합니다.
4. 답안 전송 프로그램을 통해 다운로드 받은 파일을 이용하여 답안파일을 작성하시기 바랍니다.
5. 작성한 답안 파일은 답안 전송 프로그램을 통하여 전송됩니다. 감독위원의 지시에 따라 주시기 바랍니다.
6. 다음사항의 경우 실격(0점) 혹은 부정행위 처리됩니다.
   1) 답안파일을 저장하지 않았거나, 저장한 파일이 손상되었을 경우
   2) 답안파일을 지정된 폴더(바탕화면 – "KAIT" 폴더)에 저장하지 않았을 경우
      ※ 답안 전송 프로그램 로그인 시 바탕화면에 자동 생성됨
   3) 답안파일을 다른 보조 기억장치(USB) 혹은 네트워크(메신저, 게시판 등)로 전송할 경우
   4) 휴대용 전화기 등 통신기기를 사용할 경우
7. 시험지에 제시된 글꼴이 응시 프로그램에 없는 경우, 반드시 감독위원에게 해당 내용을 통보한 뒤 조치를 받아야 합니다.
8. 시험의 완료는 작성이 완료된 답안을 저장하고, 답안 전송이 완료된 상태를 확인한 것으로 합니다.
   답안 전송 확인 후 문제지는 감독위원에게 제출한 후 퇴실하여야 합니다.
9. 답안전송이 완료된 경우에는 수정 또는 정정이 불가능합니다.
10. [ ]안의 지시사항은 PhotoShop 영문 버전용 입니다.
11. 답안은 PhotoShop과 Gom Mix Pro를 활용하여 작성하십시오.
    ※ PhotoShop 답안파일의 해상도는 72 Pixels/inch로 작성하십시오.
12. 시험시행 후 결과는 홈페이지(www.ihd.or.kr)에서 확인하시기 바랍니다.
    1) 문제 및 모범답안 공개 : 20XX. XX. XX(X)
    2) 합격자 발표 : 20XX. XX. XX(X)

디지털정보활용능력 ❶ 멀티미디어제작

※ PhotoShop 프로그램을 활용하여 [문제 1], [문제 2]를 작업하시오.

문제 01 원본파일을 처리조건에 따라 결과파일로 완성하시오. 50점

≪원본파일≫   ≪결과파일≫

≪처리조건≫

▶ 다음과 같이 캔버스 크기를 변경하시오.
- 캔버스 크기[Canvas Size] ⇒ 가로(650 픽셀[Pixels]) X 세로(450 픽셀[Pixels])

▶ '사진1.jpg' 이미지를 불러와 기존 캔버스에 복사한 후 다음과 같이 처리하시오.
- ① ⇒ 복구 브러시 도구[Healing Brush Tool]를 이용하여 이미지 제거
- ② ⇒ 색조/채도[Hue/Saturation]를 이용하여 파란색 계열로 보정
- ③ ⇒ 색상 균형[Color Balance]을 이용하여 빨간색 계열로 보정
- 밝기 조정 ⇒ 곡선[Curves]을 이용하여 이미지 조정 (Input : 80, Output : 110)
- 필터 효과 ⇒ 텍스처화[Texturizer]를 이용하여 필터 적용
  (텍스처[Texture] : 캔버스[Canvas], 비율[Scaling] : 120%, 부조[Relief] : 5, 조명[Light] : 위[Top])

▶ 지시사항이 없는 경우는 기본 값을 적용하시오.

▶ 다음과 같은 규칙으로 JPG 파일과 PSD 파일을 각각 저장하시오.
- 저장위치 : 바탕화면 – KAIT – 제출파일 폴더

JPG	파일명	dic_01_수검번호(6자리)_이름.JPG	PSD	파일명	dic_01_수검번호(6자리)_이름.PSD
	이미지 크기	600 X 400 픽셀[Pixels]		이미지 크기	65 X 45 픽셀[Pixels]

(예 수검번호가 DIC-XXXX-000000인 경우 "dic_01_000000_이름.JPG"과 "dic_01_000000_이름.PSD"로 저장할 것)
(* dic_01_000000_이름.JPG와 dic_01_000000_이름.PSD 파일 중 하나라도 누락시 "0점" 처리 됨)

디지털정보활용능력 ❷ 멀티미디어제작

소요시간 :   분

문제 02 원본파일을 처리조건에 따라 결과파일로 완성하시오.   80점

≪처리조건≫

▶ 다음과 같이 캔버스 크기를 변경하시오.
  • 캔버스 조정 ⇒ 캔버스 크기[Canvas Size] ⇒ 가로(650 픽셀[Pixels]) X 세로(450 픽셀[Pixels])

▶ '사진2.jpg' 이미지를 불러와 기존 캔버스에 복사한 후 다음과 같이 처리하시오.
  • ① ⇒ 모양 도구[Shape Tool] 이용
        레이어 스타일 – 선/획[Stroke] (크기 : 2px, 색상 : #ff9000),
               그라디언트 오버레이[Gradient Overlay] (색상 : #fff000 – #009411)
  • "Wonderful topiary" ⇒ 글꼴(Arial), 글꼴 스타일(Bold Italic), 크기(48pt), 색상(#fffd64),
           앤티 앨리어싱 : 선명하게[Sharp],
           레이어 스타일 – 선/획[Stroke] (크기 : 4px, 색상 : #da3a3a)
  • "신기한 토피어리" ⇒ 글꼴(궁서체), 크기(36pt), 색상(#00f0ff), 앤티 앨리어싱 : 선명하게[Sharp],
           레이어 스타일 – 선/획[Stroke] (크기 : 2px, 색상 : #000000)

▶ 타원 도구[Elips Tool]와 '사진3.jpg'를 이용하여 새로운 레이어를 생성하시오.
  • 원의 크기 ⇒ 180 px × 180 px (단, 클리핑 마스크 기능을 이용할 것)
        레이어 스타일 – 선/획[Stroke] (크기 : 5px, 색상 : #00a8ff, 위치 : 안쪽[Inside]),
        그림자 효과[Drop Shadow] (혼합모드[Blend Mode] : 곱하기[Multiply], 각도(Angle) : 120°)

▶ 지시사항이 없는 경우는 기본 값을 적용하시오.

▶ 다음과 같은 규칙으로 JPG 파일과 PSD 파일을 각각 저장하시오.
  • 저장위치 : 바탕화면 – KAIT – 제출파일 폴더

JPG	파일명	dic_02_수검번호(6자리)_이름.JPG	PSD	파일명	dic_02_수검번호(6자리)_이름.PSD
	이미지 크기	600 X 400 픽셀[Pixels]		이미지 크기	65 X 45 픽셀[Pixels]

(예) 수검번호가 DIC–XXXX–000000인 경우 "dic_02_000000_이름.JPG"과 "dic_02_000000_이름.PSD"로 저장할 것)
(* dic_02_000000_이름.JPG와 dic_02_000000_이름.PSD 파일 중 하나라도 누락시 "0점" 처리 됨)

디지털정보활용능력 ❸ 멀티미디어제작

소요시간 :   분

※ Gom Mix Pro 프로그램을 활용하여 [문제 3]을 작업하시오.

문제 03 처리조건에 따라 출력형태와 같이 완성하시오. 70점

《출력형태》

《처리조건》 | 원본 파일 | 이미지1.jpg, 이미지2.jpg, 이미지3.jpg, 동영상.mp4, 음악.mp3

▶ 미디어 소스의 순서를 다음과 같이 지정하시오.
 • 미디어 소스 순서 ⇒ 동영상.mp4 〉 이미지1.jpg 〉 이미지3.jpg 〉 이미지2.jpg
▶ 동영상 파일('동영상.mp4')을 다음과 같이 처리하시오.
 • 재생 속도 : 1.5x
 • 자르기 : 시작 지점(0.00s), 종료 지점(12.00s)
 • 필터 효과 : 파스텔(감마 : 140, 노출 : 10)
 • 텍스트 ⇒ 텍스트 입력 : 멋진 녹색 곰 가족
   텍스트 서식(바탕체, 54pt, FF8E24), 텍스트 윤곽선 색(색 없음), 시작 시간(5.40s),
   지속 시간(5.00), 위치 설정(화면 정가운데 아래)
 • 재생 속도 설정 후 자르기를 하여야 하며, 동영상을 자른 후 뒷 부분의 동영상은 삭제할 것
 • 원본 동영상에 포함된 오디오는 모두 음소거 할 것
▶ 이미지 파일을 다음과 같이 처리하시오.
 • '이미지1.jpg' ⇒ 이미지 지속 시간 : 6.00, 오버레이 클립 : 위 → 아래 이동 (지속 시간 : 4.00),
    영상 전환 : 오른쪽으로 덮기 (지속 시간 : 1.00)
 • '이미지3.jpg' ⇒ 이미지 지속 시간 : 6.00, 오버레이 클립 : 위 클로즈업 → 전체 화면 (지속 시간 : 3.00),
    영상 전환 : 위로 펼치며 밀기 (지속 시간 : 2.00)
 • '이미지2.jpg' ⇒ 이미지 지속 시간 : 5.00, 오버레이 클립 : 아래 → 위 이동 (지속 시간 : 2.00),
    영상 전환 : 세로 회전 날아가기 (지속 시간 : 1.00)
▶ 다음 조건에 따라 제목을 이용하여 자막을 지정하시오.
 • 텍스트 입력 : 토피어리로 만든 캐릭터
        (Topiary ar Character)
   텍스트 서식(휴먼편지체, 72pt, FFFF02), 텍스트 윤곽선 색(000000, 테두리 두께 : 30%), 시작 시간(0.00s),
   텍스트 지속 시간(4.00), 나타내기(깜빡이며 나타나기, 지속 시간 : 2.00)
▶ 다음 조건에 따라 동영상 전체에 음악 파일('음악.mp3')을 삽입하시오.
 • 시작구간 : 0.00s, 종료구간 : 25.00s, 음량 조절 : 70
▶ 다음과 같은 규칙으로 GRP 파일을 내보내기 하시오.
 • 저장위치 : 바탕화면 – KAIT – 제출파일 폴더

| GRP | 파일명 | dic_03_수검번호(6자리)_이름.GRP |

(예 수검번호가 DIC-XXXX-000000인 경우 "dic_03_000000_이름.GRP"로 저장할 것)
(* 내보내기 이외의 기능을 이용하여 저장할 시 "0점" 처리 됨)

제10회 최신기출유형

- 시험과목 : 멀티미디어제작
- 시험일자 : 20XX. XX. XX(X)
- 응시자 기재사항 및 감독위원 확인

수검번호	DIC - XXXX -	감독위원 확인
성 명		

응시자 유의사항

1. 응시자는 신분증을 지참하여야 시험에 응시할 수 있으며, 시험이 종료될 때까지 신분증을 제시하지 못 할 경우 해당 시험은 0점 처리됩니다.
2. 시스템(PC작동여부, 네트워크 상태 등)의 이상여부를 반드시 확인하여야 하며, 시스템 이상이 있을시 감독위원에게 조치를 받으셔야 합니다.
3. 시험 중 부주의 또는 고의로 시스템을 파손한 경우는 응시자 부담으로 합니다.
4. 답안 전송 프로그램을 통해 다운로드 받은 파일을 이용하여 답안파일을 작성하시기 바랍니다.
5. 작성한 답안 파일은 답안 전송 프로그램을 통하여 전송됩니다. 감독위원의 지시에 따라 주시기 바랍니다.
6. 다음사항의 경우 실격(0점) 혹은 부정행위 처리됩니다.
    1) 답안파일을 저장하지 않았거나, 저장한 파일이 손상되었을 경우
    2) 답안파일을 지정된 폴더(바탕화면 – "KAIT" 폴더)에 저장하지 않았을 경우
        ※ 답안 전송 프로그램 로그인 시 바탕화면에 자동 생성됨
    3) 답안파일을 다른 보조 기억장치(USB) 혹은 네트워크(메신저, 게시판 등)로 전송할 경우
    4) 휴대용 전화기 등 통신기기를 사용할 경우
7. 시험지에 제시된 글꼴이 응시 프로그램에 없는 경우, 반드시 감독위원에게 해당 내용을 통보한 뒤 조치를 받아야 합니다.
8. 시험의 완료는 작성이 완료된 답안을 저장하고, 답안 전송이 완료된 상태를 확인한 것으로 합니다. 답안 전송 확인 후 문제지는 감독위원에게 제출한 후 퇴실하여야 합니다.
9. 답안전송이 완료된 경우에는 수정 또는 정정이 불가능합니다.
10. [ ]안의 지시사항은 PhotoShop 영문 버전용 입니다.
11. 답안은 PhotoShop과 Gom Mix Pro를 활용하여 작성하십시오.
    ※ PhotoShop 답안파일의 해상도는 72 Pixels/inch로 작성하십시오.
12. 시험시행 후 결과는 홈페이지(www.ihd.or.kr)에서 확인하시기 바랍니다.
    1) 문제 및 모범답안 공개 : 20XX. XX. XX(X)
    2) 합격자 발표 : 20XX. XX. XX(X)

디지털정보활용능력 ❶ 멀티미디어제작

소요시간 :   분

※ PhotoShop 프로그램을 활용하여 [문제 1], [문제 2]를 작업하시오.

문제 01 원본파일을 처리조건에 따라 결과파일로 완성하시오.   50점

≪원본파일≫	≪결과파일≫

≪처리조건≫

▶ 다음과 같이 캔버스 크기를 변경하시오.
  • 캔버스 크기[Canvas Size] ⇒ 가로(650 픽셀[Pixels]) X 세로(450 픽셀[Pixels])

▶ '사진1.jpg' 이미지를 불러와 기존 캔버스에 복사한 후 다음과 같이 처리하시오.
  • ① ⇒ 복구 브러시 도구[Healing Brush Tool]를 이용하여 이미지 제거
  • ② ⇒ 색조/채도[Hue/Saturation]를 이용하여 보라색 계열로 보정
  • ③ ⇒ 색상 균형[Color Balance]을 이용하여 초록색 계열로 보정
  • 밝기 조정 ⇒ 곡선[Curves]을 이용하여 이미지 조정 (Input : 80, Output : 110)
  • 필터 효과 ⇒ 텍스처화[Texturizer]를 이용하여 필터 적용
          (텍스처[Texture] : 캔버스[Canvas], 비율[Scaling] : 110%, 부조[Relief] : 5,
          조명[Light] : 위[Top])

▶ 지시사항이 없는 경우는 기본 값을 적용하시오.

▶ 다음과 같은 규칙으로 JPG 파일과 PSD 파일을 각각 저장하시오.
  • 저장위치 : 바탕화면 – KAIT – 제출파일 폴더

JPG	파일명	dic_01_수검번호(6자리)_이름.JPG	PSD	파일명	dic_01_수검번호(6자리)_이름.PSD
	이미지 크기	600 X 400 픽셀[Pixels]		이미지 크기	65 X 45 픽셀[Pixels]

(예 수검번호가 DIC-XXXX-000000인 경우 "dic_01_000000_이름.JPG"과 "dic_01_000000_이름.PSD"로 저장할 것)
(* dic_01_000000_이름.JPG와 dic_01_000000_이름.PSD 파일 중 하나라도 누락시 "0점" 처리 됨)

디지털정보활용능력 ❷ 멀티미디어제작

소요시간 :   분

문제 02 원본파일을 처리조건에 따라 결과파일로 완성하시오. 80점

≪원본파일≫　　　　　　　　　　≪결과파일≫

≪처리조건≫

▶ 다음과 같이 캔버스 크기를 변경하시오.
  • 캔버스 조정 ⇒ 캔버스 크기[Canvas Size] ⇒ 가로(650 픽셀[Pixels]) X 세로(450 픽셀[Pixels])

▶ '사진2.jpg' 이미지를 불러와 기존 캔버스에 복사한 후 다음과 같이 처리하시오.
  • ① ⇒ 모양 도구[Shape Tool] 이용
        레이어 스타일 – 선/획[Stroke] (크기 : 2px, 색상 : #f6ff00),
        그라디언트 오버레이[Gradient Overlay] (색상 : #0e9500 – #ffc600)
  • "Fairy tale village ⇒ 글꼴(Arial), 글꼴 스타일(Bold Italic), 크기(48pt), 색상(#69e5ff),
        앤티 앨리어싱 : 선명하게[Sharp],
        레이어 스타일 – 선/획[Stroke] (크기 : 5px, 색상 : #003668)
  • "이야기가 있는 동네" ⇒ 글꼴(궁서체), 크기(30pt), 색상(#fffc00), 앤티 앨리어싱 : 선명하게[Sharp],
        레이어 스타일 – 선/획[Stroke] (크기 : 2px, 색상 : #000000)

▶ 타원 도구[Elipse Tool]와 '사진3.jpg'를 이용하여 새로운 레이어를 생성하시오.
  • 원의 크기 ⇒ 180 px × 180 px (단, 클리핑 마스크 기능을 이용할 것)
        레이어 스타일 – 선/획[Stroke] (크기 : 5px, 색상 : #fec500, 위치 : 안쪽[Inside]),
        그림자 효과[Drop Shadow] (혼합모드[Blend Mode] : 곱하기[Multiply], 각도[Angle] : 120°)

▶ 지시사항이 없는 경우는 기본 값을 적용하시오.

▶ 다음과 같은 규칙으로 JPG 파일과 PSD 파일을 각각 저장하시오.
  • 저장위치 : 바탕화면 – KAIT – 제출파일 폴더

JPG	파일명	dic_02_수검번호(6자리)_이름.JPG	PSD	파일명	dic_02_수검번호(6자리)_이름.PSD
	이미지 크기	600 X 400 픽셀[Pixels]		이미지 크기	65 X 45 픽셀[Pixels]

(예 수검번호가 DIC-XXXX-000000인 경우 "dic_02_000000_이름.JPG"과 "dic_02_000000_이름.PSD"로 저장할 것)
(* dic_02_000000_이름.JPG와 dic_02_000000_이름.PSD 파일 중 하나라도 누락시 "0점" 처리 됨)

디지털정보활용능력 ❸ 멀티미디어제작

소요시간 : 분

※ Gom Mix Pro 프로그램을 활용하여 [문제 3]을 작업하시오.

문제 03 처리조건에 따라 출력형태와 같이 완성하시오. 70점

≪출력형태≫

≪처리조건≫

원본 파일	이미지1.jpg, 이미지2.jpg, 이미지3.jpg, 동영상.mp4, 음악.mp3

▶ 미디어 소스의 순서를 다음과 같이 지정하시오.
  • 미디어 소스 순서 ⇒ 동영상.mp4 〉 이미지3.jpg 〉 이미지1.jpg 〉 이미지2.jpg
▶ 동영상 파일('동영상.mp4')을 다음과 같이 처리하시오.
  • 재생 속도 : 1.3x   • 자르기 : 시작 지점(0.00s), 종료 지점(11.50s)
  • 필터 효과 : 빈티지(감마 : 130, 노출 : 20)
  • 텍스트 ⇒ 텍스트 입력 : 재미있는 캐릭터
       텍스트 서식(돋움체, 48pt, FF8E24), 텍스트 윤곽선 색(색 없음), 시작 시간(5.30s),
       지속 시간(5.00), 위치 설정(화면 정가운데 아래)
  • 재생 속도 설정 후 자르기를 하여야 하며, 동영상을 자른 후 뒷 부분의 동영상은 삭제할 것
  • 원본 동영상에 포함된 오디오는 모두 음소거 할 것
▶ 이미지 파일을 다음과 같이 처리하시오.
  • '이미지3.jpg' ⇒ 이미지 지속 시간 : 5.00, 오버레이 클립 : 전체 화면 → 왼쪽 클로즈업 (지속 시간 : 3.00),
       영상 전환 : 오른쪽으로 덮기 (지속 시간 : 1.00)
  • '이미지1.jpg' ⇒ 이미지 지속 시간 : 5.00, 오버레이 클립 : 아래 클로즈업 → 전체 화면 (지속 시간 : 2.00),
       영상 전환 : 세로 회전 날아가기 (지속 시간 : 2.00)
  • '이미지2.jpg' ⇒ 이미지 지속 시간 : 6.00, 오버레이 클립 : 위 → 아래 이동 (지속 시간 : 1.00),
       영상 전환 : 왼쪽으로 펼치며 밀기 (지속 시간 : 1.00)
▶ 다음 조건에 따라 제목을 이용하여 자막을 지정하시오.
  • 텍스트 입력 : 거리에 숨어있는 이야기 (Secret Story)
    텍스트 서식(휴먼옛체, 72pt, 47D8FF), 텍스트 윤곽선 색(2C51FD, 테두리 두께 : 20%), 시작 시간(0.00s),
    텍스트 지속 시간(4.00), 나타내기(서서히 커지면서 나타나기, 지속 시간 : 2.00)
▶ 다음 조건에 따라 동영상 전체에 음악 파일('음악.mp3')을 삽입하시오.
  • 시작구간 : 0.0s, 종료구간 : 23.10s, 음량 조절 : 80
▶ 다음과 같은 규칙으로 GRP 파일을 내보내기 하시오.
  • 저장위치 : 바탕화면 – KAIT – 제출파일 폴더

GRP	파일명	dic_03_수검번호(6자리)_이름.GRP

(예 수검번호가 DIC-XXXX-000000인 경우 "dic_03_000000_이름.GRP"로 저장할 것)
(* 내보내기 이외의 기능을 이용하여 저장할 시 "0점" 처리 됨)

MEMO